福祉社会と市民民主主義
協同組合と社会的企業の役割

ビクターA.ペストフ 著

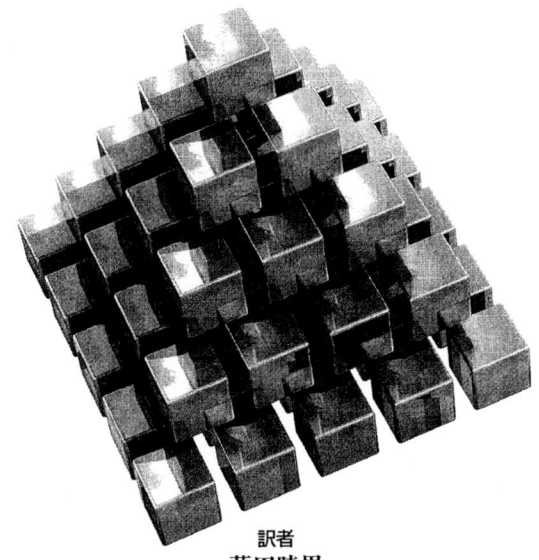

訳者
藤田暁男
川口清史
石塚秀雄
北島健一
的場信樹

日本経済評論社

Beyond the Market and State :
Social enterprises and civil democracy in a welfare society

by
Victor A. Pestoff

Copyright © 1998 by Victor A. Pestoff,
published by Ashgate Publishing Limited
Japanese translation rights arranged with
Ashgate Publishing Limited, Aldershot, U. K.
through United Publishers Services Limited, Tokyo.

日本語版への序文

　1990年代におけるスウェーデン福祉国家の政策的金融的抑制は国家と市民との間の関係を基本的に変化させ，そしてその変化はスウェーデンにおける権力と民主主義ににとって重要な意味をもつことになった。ビルド（Bild）連立政権（1991～94）による急進的な政治改革がもたらした「選択の自由を求める革命」である民営化と，その後の社会民主党政権（1994～）が推進した耐乏政策により，スウェーデンの福祉国家にこれまでの状況を一掃するような変化が起きたのである。最近，福祉国家が直面している危機もまた，90年代にイデオロギー，政治，金融，経済，および人口の変化が広範囲にわたって生じたことに起因している。

　これらの変化の結果，スウェーデンの福祉国家は，対人社会サービスを国が継続して提供することに関し，少なくとも3つの大きな課題に直面している。まずその第1は，現場でサービスを提供している職員の労働環境が急速に悪化したことが主な原因で，サービスの質が維持できないという点である。これは，1990年代に公的資金の供給が大幅に削減された結果である。第2は，福祉ミックスへのさまざまな転換の試みであり，特に第三セクターの役割が変化したことが大きく影響している。業務の外部委託によって，第三セクター組織が施策提起者や革新者の立場から専門的なサービス提供者へと変化してしまい，内部の民主主義精神が脅かされているのである。第3は，90年代にスウェーデンが欧州連合に加盟し，さらに欧州通貨同盟への加盟国候補となった後，経済的，政治的な国際化やグローバル化が急速に進んだことから，民主主義が徐々に失われたことである。

　本書の焦点は，新千年紀にスウェーデンやヨーロッパが直面する福祉国家の大きな課題の解決に，社会的企業や第三セクターが貢献できる方法について究

明し，実証し，検討することである。また，社会的企業が福祉国家を福祉社会へ転換することにどのように貢献するかについても検討する。まず，対人社会サービスの質的問題に触れるが，今後20〜30年間は対人的な社会サービスについて質的向上を図ることが現在よりもはるかに重要となり，これはサービスを享受する国民にとっても，サービスの最低保証の質を維持する責任がある国家にとっても，重要なことであると考えられる。したがって，単純な民営化モデル，選択の自由を求める革命，販売者─購買者モデルおよび総合的品質管理等々の導入を超えて，保育，初等および高等教育，障害者ケア，高齢者ケア，ヘルスケアのような主要な社会サービスにおける提供者とクライアントとの間の反復的・持続的な相互活動に注目することが重要である。誰を対象とするサービスなのか，提供者とクライアントの両方がサービスの質の向上に積極的に貢献できる方法は何かを問わなければならない。また，そのようなサービスの提供者とクライアントとの反復的・持続的な相互活動が，どのように組織されれば両グループの相互利益および社会全体の利益となりうるかについて理解を深めることも重要である。

　対人社会サービスを提供する職員の労働生活や労働環境が急速かつ劇的に改善されないかぎり，そのようなサービスに対するニーズの増加に応じられるほどのやる気のある優秀な職員を確保することは難しい。やる気のある優秀な職員を確保して質の高いサービスを提供しなければ，高い質を求めるクライアントは公的なサービスを見捨ててしまうだろう。そして1つの受容可能な水準を獲得するために最低保証の質の向上を目指す民間の利潤追求型サービスを選択することになる。このような状況下では，公的サービスは衰退の危機にさらされ，そのようなサービスは極めて貧窮したクライアントが利用するだけのものとなり，公的サービスのゲットー化に拍車がかかってしまうであろう。そして職員も質の高いサービスを提供しようという気持ちが失せてしまうであろう。したがって，将来的に対人社会サービスを改善し，サービスの提供に必要な優れた職員を確保するための唯一確かな方法は，職員の労働生活を豊かにし，労働環境を改善することである。労働生活が豊かになり，労働環境を改善すれ

ば，積極的にかかわろうとする職員も自ずから増える。積極的でやる気のある職員は，ストレスの溜まった職員よりも質の高いサービスを提供するものである。スウェーデンにおける社会的企業に関する調査によれば，社会的企業にかかわる職員は，生活の手段としての報酬や給与が多いことよりも，自ら労働条件を掌握し，改善することによってこそ，やる気が高まるという。したがって，社会的企業に業務を外部委託することは，優秀でやる気のある職員を確保する戦略ともなるのである。

　市民社会や第三セクター組織が生き残るための確実な方法は，現在公共セクターや市場が提供していないさまざまな利益の施策提起者としての役割，新しいサービスの革新者としての役割を促進することである。ただ，業務の外部委託をすると，ボランティアや低賃金労働などによって第三セクターのサービスが安価になると誤解されることが多い。しかし実際には，対人社会サービスを第三セクター組織に外部委託すると，第三セクター組織が規定のサービス提供者となり，その結果，専門的職業化が進むのである。つまり，施策提起者や革新者としての役割が低下し，内部の民主主義的意思決定が弱まることがあるのだ。これらの危険性は，さらに慎重に検討する必要があり，第三セクターの役割をさらに正確に評価するには，さまざまな第三セクター提供者がどのような社会的価値を促進するかについてバランスのとれた理解をすることが必要である。そのような理解を深めるには，社会会計が優れたツールを提供してくれる。それは第6章に述べられている。

　さらに，スウェーデンにおける民主主義の進展不足によって，主要な政策事業や対人社会サービスへの公的財政補助にかかわる支援や民主主義の双方を後退させる恐れがある。市民をいくつかの主要な対人社会サービスの共同生産者として向上させていけば，民主主義の進展不足を相殺し，社会資本の減退の信用回復に役立つだろう。また，対人社会サービスの集団的な提供や，サービスの質の保証に関する積極的な役割に確かな支柱を与えることにもなるだろう。さらに，個人的な市場に委ねるのではなく集団的政治的な方策によって，対人社会サービスの継続的な供給を妥当なものにしていくであろう。

スウェーデンにおける革新的な保育サービスに関する私の調査は次のことを示している。本書で取上げている3種類の組織，つまり親の協同組合，ボランタリィ組織，労働者協同組合の職員とクライアントは，明らかに地方自治体のサービスよりも社会的企業が提供するサービスの方がよいと考えていた。しかし，労働者協同組合の保育サービスに従事する女性は，親の協同組合の女性よりも組織の改革に積極的であった。しかし，親の協同組合では自分たちの子供（たち）の日常生活において保護者の影響力を拡大したり，保護者がより積極的に参加するといった，別な価値観を大切にしている。このように，組織の改革には明らかにコインの表裏のような異なる面があり，それはどのようなモデルが採用されるかによっている。労働者の参加が進むことによって，実際に労働者の力は向上しているが，必ずしもクライアントの全ての利益につながっているわけではない。したがって，グループの利益やグループの摩擦は，社会的企業の意思決定において単一グループの参加が進んだからといって，完全に解決されるわけではない。しかし，マルティ・ステイクホルダー組織（第5章参照）は目標を達成する責任がある最も重要なステイクホルダー（組織関係者）に発言権と代表権を与えるのである。これに関しては第5章に述べられている。

本書は，社会的企業と第三セクターが，新千年紀にスウェーデンの福祉国家が直面する試練にたいする対応を助けることができるということを強調している。それらが見事に達成され，それらの組織の潜在的な力が現実化していくならば，このような組織が基盤としている社会的価値の存続の意義を立証することになるだろう。事実，社会的企業に関する調査やスウェーデンにおける新たな保育サービスの提供は，望ましい組織的モデルが，対人社会サービスの生産への労働者参加の増大，そして労働者が求める社会サービスの生産への市民参加の増大を生み出す可能性をはっきりと示している。提供されるサービスの質的改善や，将来増加していく高齢者へのサービスの提供に不可欠な優秀な職員の増員達成も可能であろう。また，第三セクター組織への外部委託に適合する望ましい組織モデルの発展と，民主主義的意思決定の保証の達成も可能かもし

れない。さらに，共同生産者としての市民の力量向上と，民主主義の進展不足の改善や民主主義の維持に不可欠な社会資本を再生することも可能となるであろう。

　社会的企業から生まれた社会的価値の独自性は本書で取り上げているところだが，この独自性は，慢性病の長期療養，在宅および施設での高齢者ケア，在宅および施設での障害者ケア，初等・中等教育などといった，他の分野でも見ることができる。すべてのこのような分野において社会的企業は，スウェーデン，スカンジナビア諸国，それ以外のヨーロッパ諸国で最近発展してきている。このような発展に関してもっと深く考察や比較をし，労働生活の充実，労働心理的労働環境の改善，職業的技能の向上，共同生産者としての市民の力量向上，市民民主主義の促進に対してなされた独自の貢献の仕方を理解する必要がある。このような恩恵が保育サービスやスウェーデンにのみ限られた話だと考える根拠はどこにもない。むしろ，すでに述べた社会的企業や協同組合的社会サービスの有益な側面の多くが，他の分野や他の国々でも見られる現象であると私は推測している。しかし，多様なヨーロッパ社会における対人社会サービスのさまざま　な部門や，組織的・法的な束縛の多様性などの間に存在する構造的な違いによって，やや違った印象を受けるかもしれない。さらに，社会サービスの生産者と消費者の間の相互活動も，組織，部門，法的束縛の違いによって変化するであろう。

　以下に展開する研究結果に刺激されて，私は今後の5年間に，スウェーデンおよびその他のヨーロッパ域内において公的財政支援を受けている新しい対人社会サービス提供のさまざまな形態について調査を継続しようと考えている。まず，私は，主要な対人社会サービスの提供者とクライアントとの日常的で永続的な相互活動に注目している。保育サービスだけではなく，各種の対人社会サービスのさまざまな新たな提供者の組織的な要因に関する変化が，提供者とクライアントとの間の相互活動と理解，労働生活の向上，労働環境の改善，そのようなサービスの共同生産者としての利用者・市民の力量向上にいかに役立ち得るのか，そして，このような発展がさらに対人社会サービスの提供者とク

ライアントの信頼増大にいかにに役立つのかを調査してみようと考えている。それに続いて，第三セクター組織における民主主義的意思決定にたいして対人社会サービスの外部委託のもつ意味や，この外部委託が，これまで述べた組織や新千年紀初めのスカンジナビアの社会において権力や民主主義の進展や後退にいかなる影響を与えているかを研究するつもりである。さらに，職員とクライアントの民主主義的な参加がいかに信頼関係を生み出し得るか，つづいてこのような参加が社会的企業の競争優位性にいかに独自の貢献をなし得るかを探求してみたい。最後に，民主主義的参加や信頼関係が，社会資本の再生とグローバル化の波に対する地域の対抗力の発展にいかに役立つかを研究してみようと考えている。

   2000年3月

ビクター・ペストフ

謝　　辞

　この本における主張を，討論を重ねながら文章にしていくうえで非常に多くの人たちが助力をしてくださったが，ここで触れることのできるのは残念ながらその一部の人にすぎない。とくに，スウェーデンの友人，ヨハナン・ストリヤン（Yohanan Strylan）博士，ブリジッタ・ワーデル（Brigitta Wadell）博士，インゲラ・ワールグレン（Ingela Wahlgren）博士，ソルヴェク・ヴィクシュトローム（Solveig Wikstrom）教授にたいし，また同じように，カルロ・ボルザガ（Carlo Borzaga）教授，ジョン・キャンベル（John Cambell）教授，ジェジィ・ハウスナー（Jerzy Hausner）教授，レヴ・ヤコブソン（Lev Jakobson）教授，ハンス・ケマン（Hans Keman）教授，オヴェカイ・ペダーソン（Ove-Kai Pederson）教授，ジョン・スティーヴンス（John Stevens）教授，イザベル・ヴィダル（Isabel Vidal）教授にたいし，心から感謝申し上げたい。

　スウェーデン労働環境基金（AMFO），現在のスウェーデン労働生活調査協議会（SCRWL）は，1992年から96年のスウェーデンの労働環境および協同組合の社会福祉サービスに関するプロジェクト（WECSS）を積極的に支援した。この支援がなければ，この本の主張の大部分は体系的な事実の根拠をもち得ないことになったであろう。

　私は，WECSSの企画やフィールドワークを行うにあたり，修士課程院生のリリアナ・グルシュトローム（Liliana Gullstrom），アンナ・ホルム（Anna Holm）と学部学生のグスタフ・オン（Gustav Onn）に助けられ，最終原稿の作成にあたってはレベッカ・ペストフ（Rebecka Pestoff）嬢に助けられた。

　ストックホルム近郊に設立されたバルチック海大学であるソーダートーン大学の私の仲間は，1998年春私に研修に出る機会を与えてくれるとともに大学を留守にした私の補充を勤めてくれた。また，この本の諸問題に関心を寄せる日本の研究者にたいし，そして特に，この本の手直しに適当な環境を準備してくれた金沢大学経済学部の藤田暁男教授にたいし，心から感謝したい。

目　次

日本語版への序文 …………………………………………………………… iii

第1章　社会的企業と市民民主主義 ……………………………………… 1
第1節　福祉国家の政治 ………………………………………… 4
第2節　福祉国家から福祉社会へ …………………………… 10
第3節　社会的企業──協同組合とボランタリィ組織の社会的価値 ………………………………………… 14
　（1）社会的企業　15
　（2）協同組合とボランタリィ組織の社会的価値　17
　（3）労働生活の再生と豊富化　20
　（4）クライアントと消費者のエンパワーメント　21
　（5）ボランタリィ組織の利点　23
　（6）さまざまな社会的企業の社会的価値についての要約　24
第4節　市民民主主義 ………………………………………… 26
第5節　本書の計画 …………………………………………… 32

【第Ⅰ部　理論的考察】

第2章　市民社会，第三セクター，そして福祉ミックス ……………… 39
第1節　市民社会概念 ………………………………………… 39
第2節　社会秩序とアソシエーション ……………………… 45
　（1）諸セクター，第三セクターおよびその定義　47
　（2）第三セクターと他のセクターとの関連　54
第3節　福祉ミックスへの移行 ……………………………… 59
第4節　結　　論 ……………………………………………… 64

第3章　市民民主主義の社会サービス …………………………67
第1節　分割された市民——影響力と説明責任のさまざまな
チャンネル ……………………………………………67
第2節　連帯といっそうの市民参加 ……………………………75
(1) 垂直的連帯と水平的連帯　75
(2) 利用者の活力化——市場か国家か　79
第3節　消費者，クライアント，共同生産者としての市民……84
(1) 利用者の活力化——市民，消費者，クライアント　84
(2) 公的セクターに対する消費者とクライアントの権力と影響力の関係　88
第4節　社会サービスの供給と財政の分離 ……………………92
第5節　結　　論 ………………………………………………97

第4章　市民民主主義の経済的側面 ……………………………99
第1節　市場の失政，政府の失政，第三セクターの社会
サービス ………………………………………………99
第2節　準　市　場 ……………………………………………102
第3節　モノとサービスとの関係における退出と発言 ……106
(1) 退出，発言，忠誠（ロイヤリティ），モノ　106
(2) サービスの種類——非継続的サービスと継続的サービス　108
(3) 退出の取引費用　111
第4節　発言を超えて——共同して生み出す ………………113
(1) 交渉経済　114
(2) 発言を推進する方法としての市民関与　117
(3) 共同生産者としての市民，概念的議論　119
(4) 討論の場としての協同組合　124
第5節　結　　論 ………………………………………………126

目　次

第5章　コントロールとマルティ・ステイクホルダー組織 …………129
第1節　マルティ・ステイクホルダー理論への導入 ………130
第2節　マルティ・ステイクホルダー組織の理論 …………133
第3節　マルティ・ステイクホルダー組織，概念モデル …136
第4節　マルティ・ステイクホルダー協同組合，いくつかの
　　　　実例 ……………………………………………141
　（1）カナダとコオペレーターズ・グループ　143
　（2）イタリア――マルティ・ステイクホルダー協同組合と社会サービス　145
　（3）スペイン――バルセロナの統合医療協同組合　146
　（4）スウェーデンの社会サービス協同組合　148
第5節　マルティ・ステイクホルダー協同組合における
　　　　組合員 ………………………………………………150
第6節　結　　論 …………………………………………154

第6章　社会的企業の活動の会計報告 ……………………………159
第1節　成果の評価――いかにして，誰のために ………161
第2節　目標からの逸脱とボランタリィの失敗 …………165
第3節　どういうタイプの会計か，財務会計および，または
　　　　社会会計？ …………………………………………169
第4節　さまざまなタイプの社会会計 ……………………174
　（1）人的資源会計　174
　（2）企業社会報告　176
　（3）社会監査運動　178
第5節　社会的企業による外部社会会計の必要性 ………180
　（1）カナダの経験　181
　（2）イタリアのレーガ協同組合の経験　184
第6節　結　　論 …………………………………………187

第7章　労働環境と社会的企業 …………………………………191
　　第1節　良好な労働心理的労働環境をもたらす諸要因──
　　　　　　要求とコントロールモデル …………………………192
　　第2節　追加的な次元──社会的支援，消費者との接触等々…198
　　第3節　スウェーデンの労働環境と1990年代の保育サー
　　　　　　ビスの一般的発展 ………………………………203
　　第4節　結論──社会的企業は良い仕事を提供すべきである …208

【第Ⅱ部　経験的考察】

第8章　スウェーデンにおける社会的企業と労働環境……………213
　　第1節　保育サービスを提供する社会的企業のスウェーデン
　　　　　　における拡大および発展 ………………………214
　　第2節　労働環境と社会的企業に関するプロジェクト ……220
　　第3節　保育サービスを提供する社会的企業の諸指標 ……222
　　第4節　保育サービスを提供する社会的企業の労働心理的
　　　　　　労働環境 ………………………………………228

第9章　スウェーデンにおける女性の労働環境の改善……………239
　　第1節　社会的企業と地方自治体のサービス ………………242
　　第2節　社会的企業における労働生活と地方自治体の保育
　　　　　　サービス施設のそれとの全般的な比較 ……………245
　　第3節　社会的企業と地方自治体の保育サービス施設に
　　　　　　おける労働生活の詳細な比較 …………………247
　　第4節　個人的な就労の状況──出発時点と現時点 …………249
　　第5節　要約と結論 ………………………………………252

第10章　共同生産者としての市民のエンパワーメント …………259

第1節　社会的企業における子どもをもつ親の社会的背景…262

第2節　親の関与，動機，満足 ………………………263

(1) 組合員，労働義務，被選出職への就任そして影響力　264

(2) 協同組合的保育サービスの選択，長所と満足　268

第3節　地方自治体の保育サービスとの比較 …………274

第4節　要約と結論 ………………………………276

【第III部　結　論】

第11章　新千年紀の展望 ………………………………285

第1節　いくつかの理論的反省 ………………………286

第2節　実証研究成果の要約 …………………………289

(1) スウェーデンにおける協同組合的保育サービスの成長　290

(2) 労働環境と協同組合的社会サービスに関するスウェーデン・プロジェクト　292

(3) 保育サービスを提供する社会的企業の特質　293

(4) 社会的企業の労働心理的労働環境　295

(5) 女性の労働環境の充実　298

(6) 共同生産者としての市民のエンパワーメント　301

第3節　新千年紀の展望 ………………………………304

(1) 民営化への異なる道　305

(2) 今後の研究に対するニード　308

訳者あとがき ……………………………………………315

参考・引用文献 …………………………………………321

索　引 ……………………………………………………351

凡　例

1. この翻訳の原書は，Victor A. Pestoff, *Beyond the Market and State, Social enterprises and civil democracy in a welfare society*, Ashgate, 1998. である。
2. 原書の付録（Appendix）は省かれている。また，索引は新たに付けられたものである。
3. （　）は原書に直接関連する用語を示し，［　］は引用文献を示し，〔　〕は翻訳者注を示している。
4. 強調を意味するイタリックは上付きの傍点によって示されている。
5. スウェーデン語等の固有名詞は，主として日本の諸種の辞典や参考文献に依っているが，若干のものは著者の助言を参考としている。
6. 日本語の訳語として，また，かたかな表現の外来語として充分には定着していないと思われる用語については，原語を挿入したり，当該各章のはじめに出てくる用語に関し，例えば，アカウンタビリティ（説明責任），あるいはその逆の形のように表現したりしている。

第1章　社会的企業と市民民主主義

　1998年3月，福祉改革担当大臣フランク・フィールド氏とトニー・ブレア首相はイギリス労働党政府の緑書『福祉への新しい契約』（*Minister of Welfare Reform*）[1998] を発表した。それはイギリスの普遍的福祉国家の包括的改革を提案し，2020年までにそれを完全に改良するための原則を概観するものである。新しいシステムは仕事と保障にかかわって構築されるであろう。この全面的な改革は，50年前ベヴァリッジ卿が普遍的福祉国家を提起して以来の，イギリス社会の深刻な経済的，政治的，社会的変動によって促されたものである。福祉システムはこの50年間繰り返し改革されてきたが，社会の変動についていったものではなかった。イギリスは各世代の変動するニーズを満たし，昨日ではなく今日の問題を解決するように設計されたシステムを必要としているのである。

　この提案は，貧困者のための低レベルのセイフティネットだけを残して福祉国家を解体しようとするものでも，またそれにそのまま手をつけずに変化するニーズにますます合わない状態で放置しておこうとするものでもない。むしろ，次の世紀に向けて福祉国家を再建し現代化するための第3の道が提案されているのである。市民と国家との間に提案されているこの「契約」は，「ステイクホルダー民主主義」という理念に基礎を置いたものである。そこでは権利は責任と見合い，またそれは働けるものには仕事を，働けないものには保障を意味するものでもある。『緑書』はイギリスにおける福祉の発展を4段階に捉えている。むき出しの貧困を止めるための救貧法，貧困を緩和する福祉国家の初期，貧困を防止するための現行の諸提案，そして機会を促進し潜在力を開発する未来の段階である。ブレアはまた同様な方向で「ヨーロッパ左翼の新しい

道」を提案している［Dagens Nyheter & The Independent, 9 April, 1998］。

　スウェーデン福祉国家はほとんど50年の歴史が有るが，それは長年の間に増大してきた批判者と支持者の双方の福祉国家の危機に関する批判にさらされてきた。この危機はイデオロギー的，政治的，財政的，経済的および人口的趨勢から生まれたものである。この5つの趨勢のどれもがスウェーデンでよく知られている福祉国家の未来に挑戦し，かつ，その新しい集団的解決を見つけ，対人社会サービス供給の新しいモデルを開発することを緊急なものにする。さらに，20世紀の最後の10年間の福祉国家への政治的財政的制約の両方が，国家とスウェーデン市民との間の関係を急速に変化させた。新自由主義的ビルト連立政権（1991～94）の間に急進的な政治再編によってもたらされた民営化，「選択の自由革命」，および，社会民主党政権（1994～?）によって追求された引き続く緊縮政策が，すでにスウェーデン福祉国家の全面的な変化をもたらしている。

　人口変動はそれだけで，スウェーデンにおいても他の大半のヨーロッパ連合の国々においても，福祉国家への差し迫った挑戦となっている。長生きし，年をとるとともに弱くなってより多くの社会，医療サービスを必要とする幾層にも増大する年金生活者たちは「財政的な時限爆弾」と呼ばれてきた。1940年代生まれのベビーブーム世代がとりわけ問題である。彼らが定年に近づくにつれて，労働市場での活動人口の割合が不活動人口のそれに対して急速に減少するであろう。公共支出の削減は，サービスへの需要の増大とあわせて，市民が他の，しばしば民間営利の，今日明日の彼らのニーズへの解決法を探し始めることを意味する。それには公的保険によってはカバーされない部分を補足する民間の医療保険も含まれる。これは税財源に基づく普遍的福祉国家の正統性をいっそう掘り崩すものである。

　この危機にくわえて，スウェーデンの最近のEU（ヨーロッパ連合）への加盟，さらに引き続くヨーロッパ通貨同盟への加盟によって，福祉国家は生き残れるか，あるいは普遍的福祉国家は単一国内でこれ以上可能なのかどうかという問いが導かれる。「福祉への新しい契約」はイギリスでは福祉は改革も発展

も可能であると主張する。本書で示される論拠や主張もまた，もしスウェーデン福祉国家が新千年紀に福祉社会へと転換する方法や手段が見いだされるなら，この両方の問いに肯定的な解答を与えることを示唆している。しかしながら，ここではイギリスの仕事と保障の強調よりむしろ社会サービス供給へのいっそうの労働者参加，また自ら必要とする社会サービスの生産へのいっそうの市民参加のための組織モデル，つまり社会的企業と市民民主主義の発展を提案している。

　ここで提案されている福祉国家から福祉社会への転換のモデルは，残余モデルや現行の普遍的福祉国家よりもいくつかの利点がある。提案されているモデルの主要な利点は以下のように見ることができる。社会サービスを供給する女性の労働環境を改善し，同時に共同決定の水準を上げること，市民の共同生産者としての能力をつけていくこと，そしてその結果新千年紀に福祉国家を福祉社会へと転換することに役立つことである。

　この章は福祉国家の政治と，1958年にティトマスによって導入されその後ほとんど忘れさられたボランタリィな福祉国家を含む，さまざまなタイプの福祉国家モデルを検討する。われわれはまた，労働環境と協同組合社会サービスに関するスウェーデンのプロジェクト（WECSS）[1]の2つの中心的概念，社会的企業と市民民主主義について検討する。それが労働生活を豊かにし，労働環境を改善し，市民の共同生産者としてのエンパワーメントに役立つことを評価するためには，また福祉国家の再活性化とその福祉社会への転換にともに役立つことを評価するためにはこれらの概念を理解することが必要である。社会的企業は第1章第3節でより長く論議され，市民民主主義は第1章第4節で定義されるであろう。

　この序章に引き続いていくつかの章で社会的企業と市民民主主義の概念に関連する諸概念が検討される。市民社会，第三セクター，福祉ミックスへの移行，持続的社会サービス，共同生産者としての市民，マルティ・ステイクホルダー組織，社会会計，労働心理的（psychosocial）労働環境，等である。ここで提案しているように，スウェーデンに対人社会サービス供給の新しいモデル，

主として協同組合的自主管理と共同生産者としての市民に基礎を置くそれを，導入するためにはこれらの概念すべてをより長く検討する必要がある。しかしながらこの新しいモデルは対人社会サービスの公的あるいは自治体による供給に短期的に取って代りうる，あるいは代えようとする代替案として提示しているのではなく，むしろ，大きく改革された普遍的福祉国家の内部での現存の公的供給への補足である。したがって，普遍的福祉国家や税財源の社会サービスを残余的福祉国家や通常新自由主義によって促進されている最低限の「社会的セイフティネット」と取り替えようとは思わない。むしろ，それはいっそうの市民参加に基づく福祉社会へと転換されるべきと提案しているのである。

このモデルはスカンジナビア型の交渉経済から発想を得ている。それは新自由主義モデルと組織社会への計画経済モデルの双方への代替案である [Nielsen & Pedersen, 1989b]。われわれはまたこの考えを現実の事実と照らし合わせたいと考え，社会的企業と共同生産者としての市民における労働環境に関する多くの実証的資料が収集された。WECSSプロジェクトのいくつかの重要な実証的資料がこの本の第Ⅱ部で簡単に示されている。それらによって，われわれはボランタリィを基礎とする福祉国家の発展についてのわれわれの考えを検証し，それが新千年紀に新しい参加型福祉社会への一貫したモデルを成り立たせるかどうかを見ることを可能にする。われわれはもちろん，その結果はそうであることを主張する。

第1節　福祉国家の政治

市民や各世代の変化するニーズを満たすために変化する必要やその不足とは別に，福祉国家に関する論議のもう1つの理由はスウェーデン，スウェーデンの経済と社会がますます国際化しつつあるということである。スウェーデンのヨーロッパ同盟への加盟はこの過程を加速しただけではなく劇的なものにした。国民国家の権力の喪失とその上方および下方への移転は国民国家の主要な

変数の1つ，国境の内部に住む人々あるいは市民の福祉について決定しうるということ，が変化することになる [Hirsh & Thompson, 1996]。

しかしながら，国際化は主要な社会的アクターに対してまったく異なった意味をもつ。労働者や労働組合の国際化にもかかわらず，依然として国民国家は労働者の利害を進めるうえで最も重要なレベルである [Streek, 1991 ; Giddens, 1994, 1996]。普遍的福祉国家は国家プロジェクトであると同時に社会民主党のプロジェクトでもあったし，現在でもそうである [Esping-Andersen, 1990]。国民国家は労働より資本にとっていっそう急激にその重要性が減退している。商業のグローバリゼーションは社会のほとんどの他の分野，領域よりもいっそう進展した。ヨーロッパ共同体やヨーロッパ連合，ヨーロッパ通貨同盟の性質を見れば，ビジネスが国際化の先頭を走っていることは驚くに当たらない。スウェーデンのビジネスは明らかに国際化への潮流の主要なアクターである。スウェーデンのビジネスは全ヨーロッパに最も集中しており，またおそらく最も国際的に統合された1つである。

経済的な集中と国際化の1つの尺度は，ヨーロッパの大企業500社のうち各国がもつ企業数である。絶対数ではスウェーデンは4番目に位置し（イギリス，ドイツ，フランスに次ぐ），人口比ではスイスに次いで第2位である [Pestoff, 1990, 1995b]。1965年には，スウェーデンの多国籍企業の職員の3分の2が本国で，3分の1が外国で雇用されていた。80年代後半にはスウェーデン製造業の上位30社の雇用者のうち半分以上がスウェーデン国境外で雇用されている [Porter, et al., 1991]。今日では，スウェーデンの多国籍企業はその職員の39％をスウェーデンで，61％を外国で雇用している [Ben Habib, H. & F. Anderson, Dagens Nyheter, 22 May, 1997]。ストックホルム株式市場の売り上げ上位25社のうち11社はその従業員の3分の2を外国で雇用し，17社はその売り上げの4分の3以上が外国である [Selander, Svenska dagbladet, 17 May, 1997 : NL1]。このように，スウェーデン企業はじつに国際的統合の先端にある。

スウェーデン企業はまた1970年代には国内政治においてもずっと積極的な役割を果たしはじめ，ここ何10年かの間スウェーデンの政治的論議にエネ

ギッシュに参加した [Pestoff, 1995b]。企業の利益団体は最近の選挙，1988年，91年 [Pestoff, 1995b] に，また94年に再び，全政党を一緒にした2倍の金額を世論形成に費やしている。その後，94年のヨーロッパ連合加盟についての国民投票を通じて，スウェーデンの企業団体は全反対グループの10倍を賛成側で費やした [Premfors, Dagens Nyheter, 17/11-94]。

1980年代と90年代には，スウェーデン経営者連盟，SAFは福祉国家の将来について厳しい議論をした。そのキャンペーンは，福祉国家の効率性や公正さ，財政に異議を唱えることで，その正統性を奪うように企画された。さらに，スウェーデン企業のいっそうの集中と国際化は，スウェーデンのヨーロッパ連合加盟とも重なって，「あまりに高い賃金，あまりに高い税金，あまりに豊富な福祉供給」という彼らの批判への新たな材料を供給するものであった。多くのスウェーデン企業は彼らが操業する他国でのより低い賃金，税金，福祉供給水準とこれらを比較することができたのである。

このように，福祉国家の将来は，再び，20世紀の主要な社会的論議の1つの焦点である。しかし，福祉国家は市場の市民化における最終的な到達点あるいは究極の目標とは考えられないしまた考えるべきではない。すべての人間の企図と同じように，それは変化するし，また時とともに変化すべきなのである。古い解決法はしばしば新しい問題に対してはふさわしくない仕組みになっているが，にもかかわらずそれはとにもかくにも制度化されてしまっている。現行の解決法の不十分さが見つけられ論議されるにしたがって，新しい改革がおのずと提案されることになる。無数の解決法が福祉国家の危機を解決するために今世紀の最後の10年間に提唱されてきた。

断然よく知られているものは新古典派的な処方で，それはきわめて低い税率と最低限の夜警国家と市民のニーズを満たすための劇的に信頼感が増大した市場的方法と合わさったものである。しかしながらこの提案はここでは拒否される。というのはそれは価格メカニズムを導入する事によって福祉国家の多くの問題を解決し，普通の市民の手の届かないような公共サービスの価格設定を行う一方で，主に「援助に値する貧困者」を賄おうとする最低限のセイフティネ

ットと慈善だけを残そうとするからである。これは確かに，多くの裕福な人や高給取りの人の目には公的財源によるサービスの正統性を高めるであろう。しかしそれはそれほど裕福ではない人，失業者，片親家族，等を排除するであろうし，彼らの目にはその公的財源のサービスの正統性を低めることになる。したがって，われわれは福祉国家の危機の解決のために市場を越えて目を向けていく必要がある。

　スウェーデンでは公共セクターを再生し，福祉国家を若返らせるモデルを発見する政治的財政的緊急性がますます高まっている。しかしながら，イギリスの労働党政権と同じように，ビッグバンやショック療法政策で福祉国家を改革することが可能であるとは思われない。むしろ，社会的企業と市民民主主義を，その両方が多かれ少なかれ同時にラディカルである代替として探求し，提示するほうを選択する。それはかなりラディカルである。なぜなら，作用しているいっそうの共同決定と自ら必要とするサービスの共同生産者としての市民のいっそうのかかわりの両方によっていっそうの市民参加を促進しようとすることから福祉供給における大きな移行を考えているからである。しかしそれはまたそれほどラディカルでもない。というのはわれわれは社会サービスへの財政支出水準を現行で維持し，一方で現行の福祉国家に基礎を置いたより参加型の福祉社会の発展を提案しているからである。

　福祉国家の変化は，もちろん，スウェーデンでは他のヨーロッパ諸国と同様大変論争的な話題であり，まったく当然にも多くの支持者がいる。彼らのなかには改革が必要とみている人々といかなる変化も拒否する人々と両方がある。福祉国家を手をつけないままにしておくことを望み，全てのサービスが国家によって供給されるべきだと考える人々はしばしば「国家主義者」と呼ばれる。たとえば，最近の政府の研究はドイツとスウェーデンの児童保育と高齢者介護を比較している。「福祉プロジェクト」はスウェーデン社会問題省によって始められ，資金が出されているが，「事実と知識（Facts/Knowledge）」として知られるレポートシリーズを刊行している。しかしそれは，代替的ないし非自治体の保育・介護サービスをスウェーデンでは周辺的な現象であるとして示してい

ない［Antman, 1996］。この事実からはそれ以上何も引き出せない。1995年にはスウェーデンの就学前児童の通う公的財源による保育施設は，8施設のうち1つは代替的な保育サービスであった。都市部ではその比率は保育施設に登録しているうち4人に1人に近づく。さらに，このレポートは営利企業と社会的企業，協同組合形態をとる供給者との間を区別することができていない。またそれは，労働環境を改善する，いっそうの消費者のエンパワーメント，福祉国家の福祉社会への転換といった，社会サービスを供給する社会的企業によって促進される主要な価値を無視している。むしろ，国家主義者たちによれば，協同組合型の保育サービスの主要な魅力は自治体の順番まち行列を飛び越えようとしたり待機者のなかに押し入ろうとする人のためにあったし，またある。

　労働環境および協同組合社会サービスプロジェクト（WECSS）で収集され，本書で示される情報，また引き続く実証的レポート［Pestoff, 近刊］における情報はほとんどがこの新しい社会的企業の発展への否定的イメージと矛盾する。この社会現象の成長と発展に関する詳しい情報はWECSSのレポートで示されており，事実をストレートに出すために第8章以下で簡潔に要約されている。労働環境に関する章（第9章）や親たちの参加に関する章（第10章）で見いだされている資料はこの社会サービス供給の社会的企業に対する否定的イメージの誤りを明らかにしている。それらは社会的企業がいかにそこで雇用されている女性の労働生活を豊かにし，労働心理的労働環境を改善し，またその共同決定をすすめているか，そしてそうした結果として，両方の形態の経験をもつ女性の圧倒的多数が明らかに公的な保育施設より社会的企業を好んでいることを証明している（詳細は第9章）。それはまた社会的企業がいかに市民を自らが必要とする社会サービスの共同生産者としてエンパワーするかをも示している。たいていの社会的企業にある義務的な労働参加にくわえて，多くの利用者は選挙されるか名誉的な役員などの地位にある。両方の形態の経験をもつ親たちもまた明らかに公的な保育サービスより社会的企業を好んでいる（詳細は第10章）。このように，福祉国家の危機の解決のためには国家を超えて見る必要もあるのである。

社会的経済の可能性への関心や社会的企業や第三セクターの社会サービス供給への貢献への評価はスウェーデン以外のヨーロッパやアメリカにおいてより大きいように見える [Salamon & Anheier, 1996]。たとえば，1994年には社会的企業と協同組合を「公共セクターを統治する新しいモデル」として探求するための会議がバレンシアで開催された。しかしながらスウェーデンでは公共セクターを若返らせるための社会的企業や協同組合的な方法の潜在的可能性への関心は遠いように見える。むしろ，白か黒かの論議があらゆる代替的な道を，公共か民間か，国家か市場か，社会主義か保守主義か，自由放任か計画経済かといった2つのカテゴリーの一方に押し込めようとする。この白か黒かといった狭い見方からはボランタリィな，また互助的，協同組合的な解決が出てくる余地はほとんどない。せいぜい，それらはしぶしぶ限界的な役割を与えられるか，あるいは他のあらゆる代替手段が失敗したとき，たとえば現在の移民や他の不利益集団のなかの長期失業者の問題のような場合に，焦点を当てられる。以前には，それらは公共サービスのコスト低下という点で論議された。スウェーデンの社会サービス供給の社会的企業は多分これらのことを両方ともやるし，またそれらをかなりうまくやる。しかし，それでどうなんだろう。それらは，政治的に動機づけられた仕事起こしやコスト低下といった目標にくわえて，他にどのような価値を促進するのだろうか。

現在の公共的社会サービスか民間社会サービスかといった論争はきわめてイデオロギー的である。第三セクターを1つの手段として取り上げ，真剣にその可能性を考える指導者はほとんどいない。非常に重要な社会現象をこのようにわずかにしか取り扱わないことは，ボランタリィ，互助，協同組合セクターの福祉国家への現在および将来の貢献を [Esping-Andersen & Korpi, 1987 ; Esping-Andersen, 1996]，それが今日していることおよびそれが福祉国家の福祉社会への転換に寄与しうることの両方の点で，無視することになる。スウェーデン福祉国家が現在直面している諸問題への社会工学的解決は，福祉国家を壊してマーケットメカニズムに置き換える新自由主義型であれ，それを変えずにおく中央集権的国家主義的解決であれ，両方ともが誤るであろう。新自由主義的観点

も国家主義的観点も，社会資本と信頼を市民を小さな水平的グループにまとめることで創り出し，市民自ら決める目標を達成し，あるいは自ら必要とするサービスを生産するといった第三セクターの真の可能性を理解できない。第三セクターと社会的企業は，しかしながら，このイデオロギー的なデッドロックを破壊し，新自由主義や国家主義が提案する適合的ではない解決案への代替案を提案する共通の基盤を見いだす可能性がある。だから，市場と国家を超えて進む必要があるのである。

本書は互助的，協同組合的福祉供給の，また互助的，協同組合的福祉モデルのいっそうの理解と発展に寄与するものと考えたい。多分，それはこの白か黒かといった見方の目隠しを取り除き，こうした解決法が自分自身の権利から正当な代替案であると認識するのに多少なりとも役立ちうるであろう。未発展であり不十分にしか理解されてないけれども，このモデルは現存のイギリスやスウェーデンの福祉国家とも，またイギリスやスウェーデンにおける論争で唯一の代替策としてしばしば描かれる民営化された残余型福祉国家とも明確に違った特徴をもちうると確信している。さらに，互助的協同組合的モデルは明らかにスウェーデン福祉国家をその内部から再生し，同時に福祉社会に転換していくことに寄与しうると主張する。

第2節　福祉国家から福祉社会へ

今日ヨーロッパにおける社会保険構造と福祉国家には依然として大きな違いがある［Olsson Hort, 1993 ; Palme, 1990］。社会福祉や社会保険の構成，規制，資金，運営の背後の基本的戦略には文化的伝統と歴史の違いがおのずから存在する。基礎的保障に焦点を当てるシステムもあれば所得保障に当てるものもある。勤労者対象のシステムもあれば全ての市民を対象にする普遍的なシステムもある。個人の掛け金を基礎にするものもあれば税を財源とするものもある。主として生涯のライフサイクルにわたって再分配するものもあれば，より豊か

なものとより貧しいものの間の再分配により大きな公平さを見せるものもある [同上]。こうした違いは福祉供給の組織化形態の多様さやヨーロッパ福祉国家のタイプに関連している。福祉国家を区分するのに無数の次元が関連している。検討の焦点は社会的企業と市民民主主義に関連するので、この検討に関連する次元について述べるにとどめよう。他の次元は、もちろん、他の目的を持つ他の著者によって強調されるであろう。

ティトマスは [1958, Olsson Hort, 1993に示されるように]、福祉供給の4つの形態を弁別した。すなわち、ⓐ社会的、ⓑ財政的、ⓒ職業的、ⓓ自発的、である。福祉を組織する社会的形態は、近代的な普遍的福祉国家に示されるように、法制化された社会的供給で、しばしば現金および現物給付である。福祉を組織する財政的形態は現金給付に替わる税額控除や所得控除である。福祉を組織する職業的形態は雇用や付加的給付によるもので、通常は労働組合を通じた雇用者と労働者の交渉での契約によって企業レベルの供給から全国レベルになったものである。福祉を組織する自発的形態は自然発生的な連帯やボランタリィ支援、慈善活動、互助的組合等に依拠するものである。

基礎的社会サービスを供給するこの4つの形態は全て同じ福祉システムのなかで共存でき、たいていの国に普通はこのうちのいくつかがある。このそれぞれは一定の行政的な、また、あるいは、制限的な特徴をもっている。つまり、法制化された社会福祉は通常普遍的でいったん制度化されると削減することが政治的に困難である。財政的福祉は納税者とその家族に限定され、したがって、多くの貧困層を排除する。職業的福祉は現役の労働力である人とその家族にしか利用できず、したがって、景気循環や労働需給に依存することとなり [Perrow, 1988]、またしばしば労働者や労働組合の交渉力に依存することになる。自発的福祉はしばしば民間の、また、あるいは、慈善的な活動に基礎を置いており、したがって本質的につぎはぎであったり断片的であったりする [Kramer, 1981]。そして、そうであるにもかかわらず、公的な補助金や資金に依存している [同上；Salamon, 1987]。

基礎的な社会サービスを組織するこれらの4つの形態の間には、もちろんグ

レイゾーンがある。普通たいていの国が市民への基礎的社会サービスの供給の4つの形態全てを，多かれ少なかれそのうちのどれかを強調しつつも，同時に採用している。しかしティトマスは（[Titmuss, 1974; Olsson Hort, 1993] に示されているように）基礎的社会サービスの3つのタイプないしモデルを特徴づけている。すなわち，ⓐ残余的モデル，ⓑ産業業績達成モデル，ⓒ制度的モデルである。この3分法は広く用いられているが，アメリカ的な用法に従えば，残余的福祉対制度的福祉という二分法に凝縮されるのが普通である。この2つのそれぞれについてもう少し綿密に要約的に検討してみよう。

社会政策の残余的モデルは，戦後のアメリカに明らかなように，普通は全般的な適用範囲が欠落していることと関連している。戦後アメリカでは市場の支配と福祉の分配における政府関与の制限があって，それはたいていの人は自分自身の福祉の計画をしたり契約したりできる，あるいはすべきであって国家の干渉は通常の分配経路がうまくいかなかったときにのみ必要であるという仮説の上にたっている。個々の世帯筆頭者は普通は労働市場への参加によって自分とその家族を支えることが可能となるべきである。残余的福祉はしたがって，個人的なセイフティネットをもたない社会の限界部分，つまり自助の能力をもたない「貧困に値する人々」や貧窮者たちをミーンズテスト（資産資格検査）をして対象とする。貧困に値するか値しないかの区分が残余的福祉システムの主要な政治的経済的行政的関心である。

産業業績ないし達成モデルはもともとビスマルクモデルの現代版に最も近いものであり，広く西ヨーロッパに存在する。社会福祉制度や政策は経済業績や生産性に次ぐ2次的なものである。社会的ニーズは功績，労働力への参加および経済的達成を基礎にして充足される。普遍的な適用範囲はここではイギリスやスカンジナビアほどには発展していない。このシステムは細分化されていて，労働市場のそれぞれのグループごとに別の制度をもっていたかまたは現にもっている。これらの福祉制度は強制加入ではあるが，通常は雇用者と被雇用者，あるいは彼らの代理人によって運営されており，政府は時々第三者の役割を果たす。諸手当は所得に連動し，普通の賃金稼得者が標準になる。労働市場

の外にいる人は対象にならず，同じ水準では測られない。

　制度モデルは戦後イギリスで第二次大戦後の福祉のベヴァリッジ計画の下で最初に開発された。それは，福祉への関与という点で市場と国家の明確な分離を受け入れてはいなかったし，個々人の福祉は社会全体の責任とみていた。制度福祉モデルは「社会的市民権」あるいは「ソーシャルミニマム」という，あらゆる市民が平等かつ無条件に社会的にふさわしい生活水準を受けられる原理を推進する。諸手当は所得に関連するのではなく固定水準で国家によって支払われ，福祉の基本的分配ネットワークとして部分的に市場に取って代る。つまりそれは集団間の福祉再分配を狙っているのである。スウェーデンは，1990年代初期まで，積極的労働政策と完全雇用政策を通じて，産業達成モデルと制度モデルとの間のギャップに橋を架けようとした。

　1970年代半ば以降のこの三分法においてとりわけて欠落していたのが自発的ないし互助的福祉供給に関するシステムないしモデル（[Titmuss, 1958] によって導入された）である。非営利組織，NPO，あるいは非政府組織，NGOは，しかし，他の3モデルの特色である。本書は，共同生産者として市民をエンパワーするようにデザインされたモデルである互助的，協同組合的福祉供給の限界を画し一定の内容をまとめようとするものである。

　より最近には，同じような方向でライブフリード（[Leibfried, 1991; Olsson Hort, 1993] に示されているように）がヨーロッパの福祉国家の4つのタイプを特徴づけている。すなわち，ⓐ現代的普遍主義システム，スカンジナビアないし北欧諸国に見られる，ⓑ自由市場基礎的自由主義システム，イギリスとアイルランドに見られる，ⓒ大陸型労働市場参加ないし労働福祉システム，ドイツ，フランス，オーストリア，オランダ，およびベルギーに見られる，ⓓラテン地域あるいは初歩的システム，イタリア，スペイン，ポルトガル，そして多分ギリシャに見られる。

　しかし，ハバーマス（[Habermas, 1989; Olsson Hort, 1993] に示されるように）は，西ヨーロッパの対抗文化，自助および環境運動を基礎にした第5のタイプ，コミュニタリアンないし参加型モデルの出現を示唆する。それはティトマ

スによって導入され，その後忘れられたものと同様のタイプである。さらに，中東欧の強制的な企業中心福祉国家の崩壊のうえに新しい福祉国家のタイプが出現している。それは社会保険を伴う最小限のセイフティネットからなるが，古いシステムのいくつかの制度も依然として有効である［Pestoff,1995a, 1996a］。

　西ヨーロッパでは福祉システムや社会保険を改革しようと無数の努力がなされている。しかし，ハンセンによれば［Hansen, 1993］，一方では，市場保険原理に基づくシステムは通常市場の失敗という問題がある。この場合には改革は公共システムの諸特徴を導入しようという傾向になる。普遍的で税財源の公的保険システムは，他方で，効率性の欠如や予算不均衡，インセンティヴの問題といった問題を抱える傾向がある。この場合には解決法は市場メカニズムの導入という様相を呈する。西ヨーロッパで支配的な職業保険システムは市場と公共的社会的システムの両方の典型的な問題に直面しており，解決法はしばしば市場的特徴と公共的な特徴の両方を導入する方向で組み立てられる。

　福祉社会によって，ティトマス［Titmuss, 1974］の社会福祉を組織する「未完の」あるいは自発的モデルに，また，ハバーマス［Habermas, 1989］が社会福祉のコミュニタリアンないし参加型モデルと呼ぶものに言及する。また，自ら必要とする社会サービス供給へのいっそうの市民参加の新しい形態の出現についても言及する。これはしばしば社会サービス供給の協同組合的な自己統治形態を基礎にした社会的企業の形態をとる。福祉社会においては公共セクターはもはや社会サービスの唯一の供給者でなくなったばかりでなく，また必ずしも主要な供給者でさえないが，依然として社会サービスの資金調達とその質の規制について完全に責任を保持する。つまり，社会サービスの資金調達と供給とはそれぞれ切り離される（いっそうの議論は第3章第5節参照）。

第3節　社会的企業──協同組合とボランタリィ組織の社会的価値

　社会サービス供給のさまざまな代替的モデルがスウェーデン各地で取り組ま

れている。第三セクターへの外部委託，購入者—供給者モデル，協同組合社会サービス，ボランティアおよび第三者供給は，スウェーデン福祉社会が現在直面している鋭いイデオロギー的財政問題を解決するために試みられている若干のモデルにすぎない。民営化と外部委託は多くの新しい社会的企業の成長を導き，それらは社会サービスの公共的供給への重要な代替となった。

　主要な事例として保育サービスを取り上げよう。「民営」または非自治体の保育所の数は1988年から95年に3倍以上，538施設から1,900施設へと増大し，そこに通う子供の数は同じ時期に4倍以上，8,500人から39,100人へと増大した［Pestoff, 1996a；Stryjan, 1995］。これら「民営」保育所のほとんど3分の2が親たちの協同組合または労働者協同組合であるかボランタリィ組織である［Pestoff, 前掲］。前述したように，今日では非自治体保育は保育所に登録している全ての子供の10％以上になっており，スウェーデンの主要な都市部では子供の4分の1以上が含まれる。社会的企業はまた，高齢者介護［Wahlgren, 1996］や医療，障害者介護等の他の分野にも設立されている。

(1) 社会的企業

　社会的企業は同時にいくつかの目標を実現しようとする事業体で，1つだけの目標を継続的に最大化することはできないが，それらのうちいくつかを同時に十分に充足しうるものである。社会的企業は資本収益や費用を超える収入を最大化するために存在するのではなく，むしろより低いけれども十分なその活動への経済的報酬をすすんで引き受ける。社会的企業はこれを必要な経済的目標を他の重要な社会的目標と結合するために行うのであり，その目標もまた達成，充足されうる。したがって，社会的企業は従業員に対してはより価値のある職業，またはいっそうの市民参加，そしてその企業に対しては社会的意味のある目標を与える。これはスタッフの積極的な選択につながる。というのは従業員はできるだけの最高賃金や最短の労働時間といった一元的な効用最大化を求めないからである。むしろ，彼らは十分な金銭的報酬，刺激的で柔軟な労働条件，保育活動等といったいくつかの目標を同時に最大化したいと望んでい

る。それはまた親たちの積極的な選択にも導く。彼らは単に最も近い施設とか最も長い開園時間とか最も安い利用料とかに関心があるのではない。むしろ彼らは義務的に参加しなければならない労働や無給の事務に価値を見いだしており，そしていっそう親の影響を強めること，民主的な意思決定形態を望んでいる。

　社会的企業の主な競争上の優位性は，それがそのスタッフとクラインアント，利用者の間に信頼を生み出すことにある。というのはそれは明らかに，1つかそれより多い大きな社会的目標を含む1個以上の目標をもつからである。それはこれらの多様で複数の目標を同時に満たそうとし，その一方で，最大というより納得のいく資本収益ないし費用を超える収入を受け入れる。これは明らかに，そのサービスおよび生産物供給に関連する情報の不均衡を自らの個人的私的利益のために搾取しないことを示している。つまり，彼らはそのクライアントに対して機会主義的に行動しようとはしないのである [Enjolras, 1995 ; Borzaga & Mittone, 1997]。このことがそのクライアント，顧客に対し，またそれが活動する地域コミュニティに対して最低限の信頼を与える [Pestoff, 1998c]。こうした信頼は組織のマルティ・ステイクホルダーモデルの開発や年次の社会的監査の採用によって多いに高められうる（詳細は第5, 6章参照）。

　スウェーデンでは社会的企業は通常，ボランタリィ組織か協同組合すなわち経済的アソシエーションという法的形態をとっている。原理的にはそれは私的企業として法人化されたものであってもいい。しかし，後者の場合は，ヨーロッパ諸国では通常各国の法律で特権的で優先的なビジネスの扱いを受けており，それは社会的企業の主要な競争上の優位さの1つ，信頼を掘り崩しうるものである。したがって，組織の後者のタイプは通常はこの研究からは除かれる。しかし，にもかかわらず，それらはフランス，イタリア，スペインでしばしば見られる。

　次の主要な理論的考察は協同組合およびボランタリィ組織によって進められる社会的価値である。さまざまなアクターが複雑な組織のなかで異なった利害をもち，また相互に異なった社会関係をもっている。企業の利害モデルは静的

であるとして，アクター間の利害の調和を想定しているとして，またアクター間の力の相違を考慮に入れていないとして批判されてきた［Mabon, 1977, 1992］。つまり，さまざまなアクター間の社会的諸関係は，部分的には，彼らが企業内部で支配的アクターであるかどうかによって規定される。社会的企業の社会的次元についての論議にとって重要なことはこれらの利害のうちの1つが支配的位置にあることが何を意味するかである。もし支配的アクターが自分自身の利害を追求すると仮定すれば，社会関係のいろいろな形が企業の社会的次元にとっても社会全体にとっても異なった意味をもってくる。のちに，この支配をマルティ・ステイクホルダー組織における全ての重要なステイクホルダーの代表に置き換えることの意味を検討しよう（詳細は第5章参照）。

私企業は生産における効率性と資源配分への貢献の点で重視される。その活動は投下資本への収益の最大化に向かって適応していく。官僚制や公企業は効率性よりも公平さによりしばしば関連している。それはまた，さまざまな財やサービスを一般公衆が価格のことを考えずに利用できることを保障する。第三セクター組織や協同組合はしばしば公共セクターと民間セクターの両方の代替，あるいは少なくとも補完と見られている。それは市民的価値の革新，アドヴォカシー，そして促進にかかわっている［Kramer, 1981］。

(2) 協同組合とボランタリィ組織の社会的価値

ここではこの企業の社会的次元の相違がその主要なアクターの内部的な社会関係の相違にどのように関連しているかを検討しよう。社会的諸関係における相違がミクロおよびマクロレベルの両方で明白な社会的政治的意味をもつことが論議される。したがって，生産のあれこれの形態の選好は社会的企業のタイプにおける相違を考慮に入れるべきである。

社会的企業の3つの潜在的な貢献は労働生活の再生および豊富化，消費者ないしクライアントのエンパワーメント，そして他の社会的価値や公共部門の目標達成の高度化である。これらの貢献のそれぞれが社会的企業の何か1つのタイプに密接に関連しており，またそれらは次にはそれぞれの社会的企業内の社

会的諸関係の相違に関連している。これらの相違を気に留めておくことは，その社会的次元を論議したり協同組合を民間企業や公的な官僚制と比較する際に重要である。

社会的企業による社会サービスの供給は本来的に地域的であり小規模である。社会的企業は，社会サービスの生産者，これらのサービスの利用者すなわちクライアント，そしてその運営においていっそう大きな影響力をもつこれらのサービスに依拠する資源不足のあるいはリスクの大きなグループをつくりだすことができる。このことは市民の自ら必要とし依拠するサービスへの管理をいっそう大きくし，また地域的な草の根民主主義を進めることをもたらす。さらに，いっそう大きな従業員の影響力とクライアントのエンパワーメントは社会サービスの生産者や利用者のいっそうの参加をもたらすばかりでなく，通常はいっそうのサービスの改善ももたらす。

スウェーデンにおける社会サービス供給の諸改革によってもたらされた変化の意味はなんであろうか。社会的企業の社会的次元は何がどのように労働生活の再生と豊富化，市民の共同生産者としてのエンパワーメント，そして福祉国家の移行に貢献しうるであろうか。何が社会的サービスの公的供給から社会的企業による供給への変化の，これらのサービスの従業員とクライアントとの関係への，最もそれらしい影響であるかを検討したい。財政的かつ厳密な意味での経済的側面はもちろん1つの主要な相違であるが，それぞれの供給形態にはまったく異なった仕事や顧客関係が含まれてもいる。公的供給はしばしば何らかの公的に合意されたまた政治的に承認された規準にしたがった福祉サービスの標準化を含んでいる。これらの規準は通常は適当な専門家によって決定され，政治的決定を経て一定の地域的な管轄区内の全ての供給単位に適用される。画一的な高等教育が，特にソーシャルワーカーや地方公務員には，良い専門的標準とこうした規準の標準化された適用を保障する［William-Olsson, 1988；Dagens Nyheter 18/1-90］。しかし，こうした標準化はフォーディズム的な大量生産原理を対人社会サービスに適用することになり［Christensen, 23/1-90；Traschys, 29/1-90；Dagens Nyheter］，それはしばしば従業員とクライアントの両

方を疎外することになるという批判がなされてきた。ポストフォーディズムおよびポストモダンは分権化，柔軟な専門化および大量特注化を強調し，生産のテイラー・フォードモデルを拒絶する ［Nielsen,1989；Nielsen, Pederson,1989b；Pederson, 1992；Giddens, 1994, 1996；Firat, 1990；Firat, et al., 1995］（また第7章以下を参照）。

競争力のある民間営利の福祉サービス供給は，しばしば議論されるように，より大きな柔軟性，したがって供給単位間のより大きな相違をもたらす。上記のことから適用される標準的な画一的な規準は，もはや全てまたはたいていのサービスの側面さえも決定することは許容されなくなって，ごく基本的な戦略的なものになっていく。サービス供給における生産性や利潤は標準化によって規定されるのではなく，むしろ市場期待や柔軟な地域的な解決法によって規定される。また民間供給者は，彼らの運営の多くが「営業の秘密」に覆われるであろうから，常に公的供給者と同様の公的な監視や論議の下にあるわけではない。民間の社会サービスは，少なくとも最初は，相対的に小規模であろう。供給されるサービスがより柔軟で特殊化されることは労働者とクライアントの両方に歓迎されるであろう。

しかし，民間の商業的な供給を通じた社会サービスの再生には限界がある。クライアントに期待されている柔軟性や技術革新は民間の営利企業の経済的制約によって限定されるであろう。多くの従業員もまた公共セクターにおけるのと同じあるいは多分より強い民間セクターにおける経済的制約に直面するであろう ［Szulkin, 1989］。したがって，社会福祉サービス供給のこれらの民間企業のオーナーやマネジャーを除けば，労働生活の再生や豊富化に対する可能性はより小規模の官僚的な単位によって得られるよりいっそうの柔軟性に限定されるであろう。しかしこのことは従業員には一定の人間関係上の改善をもたらすかもしれない。社会的企業は民間の商業的な供給者とは異なる他の便益を社会とその市民にもたらしうる。

(3) 労働生活の再生と豊富化

　社会的企業の第1の潜在的な貢献は福祉サービス供給の変化に関連する労働生活の再生と豊富化にかかわる。とはいえ，まったく異なる労働関係が社会的企業の異なった形態に含まれている。しかしスウェーデンの社会サービス供給の社会的企業には3つの基本形態ないしモデルがある。1つは労働者協同組合モデルで，そこではすべてのあるいはほとんどの社会サービス供給者がサービス協同組合の組合員でもある。しかしまたそこではクライアントは生産者と公式的な顧客関係しかもたない。第2は消費者協同組合モデルで，それは第一義的には消費者のエンパワーメントに関連するが詳細は今後論議される。ここでは労働者は被雇用者にとどまる。第3はボランタリィ組織であるが，それは従業員とクライアントとの関係に明確な変化を含んでいる。ここでは従業員とクライアントはボランタリィ組織の目的に関連する共通の社会的価値を共有している。したがって，ボランタリィ組織は労働生活の再生という点ではより拡散したカテゴリーからなるように見える。

　労働者協同組合モデルは労働生活の再生と豊富化に対してより大きな可能性を示唆している。というのはそれは企業所有という役割を従業員であるという役割とを結合しているからである。ハーシュマン［Hirschman, 1982a］は，労働生活へのいっそうの参加とそれに関する論議は従業員の道具的態度と自己表出的態度の間のギャップに架橋することに役立つという議論をしている。これは仕事をより道具的でないものにし，より自己表出的な側面，つまり仕事を大半の従業員にとってより満足し報いのあるものにするもの，を導入することになる。従業員の満足度と関与は，サービスの質に前向きにかかわると考えられる。

　しかし，労働者所有に関連して若干の問題がある。労働環境およびあるいは共同決定の過剰ないし過小消費のリスクが1つの問題である。労働者タイプの社会サービス協同組合の組合員は，たとえば労働環境の改善のための投資において従業員としての自分自身の利害を無視するかもしれない。彼らは高度な競

争状態において自分の仕事を守るためにこうしたことをしようとするかもしれない。しかし，良い労働環境は，職員がより関与を強めるといった利点をももたらしうるし，クライアントもまた多くの便益を共有するであろう。しかしまた，社会サービス協同組合のこのタイプの組合員である労働者は，この社会サービスのクライアントや資金提供者を犠牲にしてその労働環境を改善する，つまり過剰消費へと導くかもしれない。労働者協同組合社会サービスのスタッフはまた，社会サービスの他の2つの代替的形態の従業員より共同決定にいっそう優先権を与えると考えられる。

　労働者協同組合社会サービスの組合員がその他のところでクライアントの利益より自分たちの利益を選好する危険もある。給与上昇への選好はより良いサービス環境や適度な価格での高い質のサービスへのクライアントの選好よりも重くなってしまうかもしれない。端的に言えば，労働者協同組合モデルは第一義的には労働者の力を強める。

(4) クライアントと消費者のエンパワーメント

　協同組合社会サービスの第2の主要な潜在的貢献は消費者のエンパワーメントの領域に見られる。社会福祉における消費者の影響は2つの原理のうちの1つ，つまり退出か発言か [Hirschman, 1970]（第4節(3)以下も参照）のどちらかによって左右される。社会福祉サービスの民間供給は商業的な基礎の上に行われるが，それに対し公的供給は政治的意思決定に依存している。前者は主として消費者の退出の，後者は市民の政治的発言の下にある。政治的発言はそれ自体としてはそれほど頻繁な間隔では出されない。たとえば2年ごと，3年ごと，4年ごと，5年ごとあるいはもっと間隔を空けてという具合で，それは選挙と選挙の期間や選挙キャンペーンで社会福祉に関連する課題が重点になるかどうか次第である。社会福祉の民間供給者だけではなく，労働者協同組合を基礎に経営される社会サービス協同組合も，そして多分より少ない程度に，商業的な制約の下に運営するボランタリィ組織も，もしその時の市場が競争的であれば，主として退出あるいは市場の反応の下に置かれるが，要求の反応の下にはほと

んどあるいはまったく置かれない。

　社会福祉サービスをこれらのサービスの消費者としての組合員に供給する地域の消費者協同組合は，しかし，その活動原則のなかで退出と要求のオプションの両方を生産レベルで容易に結合できる。この活動原則のなかの両方を結合することは彼らには可能であり，そのことがクライアントの消費者としてのエンパワーメントを議論することを可能にする。というのは，消費者協同組合はクライアントに生産されるサービスの責任を直接おわせ，したがって，彼らを共同生産者にするからである。組合員を協同組合の日常運営に巻き込み，くわえて協同組合全体の経営における要求を出すことによって，クライアントかつ組合員は社会福祉サービス供給における要求の制度化を得ることになる。この要求はサービスの質の標準や生産レベルを決定する際に取り入れられうる。この要求の制度化は通常は他の福祉サービス供給の形態には見当たらない。つまり，クライアントとしての顧客は，社会的協同組合の組合員制度を通じて可能となる要求の制度化の力で権利と責任をもつようにエンパワーされる。

　しかし，組合員所有に関連する若干の問題がある。従業員のなかにはクライアントを組合員および雇用者として処遇することに憤るものがいるかもしれない。なかにはそれを彼らの専門職の特権を侵害するものとさえ考える従業員がいるかもしれない。労働環境の過小および過大消費はまた深刻な問題の様相を呈するかもしれない。組合員は必ずしも常に労働環境改善の投資が必要であることを理解するわけではないかもしれない。しかし，労働環境はこのサービスの生産者と消費者の両方で共有されること，つまり，両方のグループは何処であろうと，毎日6時間から8時間あるいはそれ以上同じ場所で過ごすということを心にとどめておくべきである。だから，反対に，労働環境の投資は社会的協同組合の経済的発展や生存を傷つけるまでになるかもしれない。さらにいえば，協同組合の活動を決定するのはクライアントであって職員ではない。だから，従業員にとって共同決定という点では消費者協同組合と公的サービスの間の違いはほとんど無いように見える。端的にいうと，消費者協同組合モデルは消費者の力を促進する。

(5) ボランタリィ組織の利点

　社会福祉サービスを供給する社会的企業の最後の形態はボランタリィ組織に関連する。それは協同組合と同じ特徴をいくつかもっているが，それ自身の独特の特徴も持っている。ボランタリィ組織の特徴や対人社会サービス供給におけるその役割については各国間に大きな多様性が見られる [Kramer, 1990a]。北欧の観点から見ると，ボランタリィ組織はしばしば理念を基礎にしたあるいは目的的なグループに依拠しており，通常は福祉サービスを会員に供給している。しかし，ボランタリィ組織は，社会全体の要求を満たそうとはしておらず，そのNPOの基本的価値を認めた人，あるいは少なくともそれを拒絶しない人のみを対象にする。こうした価値の共有によって従業員と対人社会サービスのクライアントととの対話が促進されうる。したがって，ボランタリィ組織は労働生活の豊富化と消費者のエンパワーという点では不確定な便益を与えることになる。そこで，この実証的な研究では，ボランタリィ組織は中立的ないし中間的なカテゴリーとして扱うことにする。

　ボランタリィな諸機関と福祉国家に関するその独創的な研究において，クレイマー [Kramer, 1981] は，障害者へのサービス供給におけるボランタリィ組織の役割について，アメリカ合衆国，イギリス，オランダ，イスラエルの比較を行っている。彼は，ボランタリィな障害者機関は大半の福祉国家で公的機関や営利機関のどちらのサービス供給にも通常は関連しない3つの独自の機能を結合しているという議論をしている。すなわち，特殊化による開拓あるいは革新，アドボカシー，そしてクライアントの参加という特殊な市民的価値すなわち消費者中心主義の保持である。しかし，ボランタリィ組織は特殊な特徴をもつクライアントに公的セクターが手を差し伸べることを可能にすることにも貢献しうる [Pestoff, 1992 ; Walden, Laing & Pestoff, 1997]。たとえば，ボランタリィ組織がなければ，ほとんどのHIVつまりエイズ保菌グループに公的機関が接触し，彼らに情報を提供し，検査し，カウンセリングとサービスを提供することは不可能であった。そしてまた，HIV保菌者の状況がより深刻になったとき，

彼らに人間的な環境と治療を提供することもできなかったであろう。

　政府とボランタリィ組織との関係は，国によって，時間の経過のなかで，またその時々に問題となっている課題によって異なっている。クレイマーは，対人社会サービス供給における政府とボランタリィ組織との関係について5つの主要な戦略を論議している［前掲書］。それらは，国有化，政府支配，「実践的パートナーシップ」から「エンパワーメント」，および「再民営化」といった幅のなかにある。彼は，彼の研究において4カ国の政府の間でこの戦略のなかのどれかをもった発展を特徴づけている。

　より一般的な意味では，もしクライアントが自助グループに組織されれば，彼らは社会サービスの企画や提供においてその会員の利害を明確化し促進することにより積極的な役割を果たすことができるであろう。これはこうした社会サービスにおける彼らの影響力をいっそう増すことになる。彼らの参加は最初はこうした自助グループと公的機関との間に，サービスの質と量をめぐった不一致を広げるかもしれない。しかし長期的には両者の間のいっそうの対話をもたらすはずである。端的にいうと，ボランタリィ組織は，主として労働者協同組合や消費者協同組合とは異なった種類の社会的価値を促進するが，そうしたものも含みうるのである。

　(6)　さまざまな社会的企業の社会的価値についての要約

　消費者協同組合ならびに労働者協同組合とボランタリィ組織の社会的次元は，もしその役割が対人社会サービスの供給において増大されれば，公共セクターの再生と福祉国家の豊富化に独自の貢献をなしうる。労働者協同組合は，これらのサービス供給をする女性の労働生活を豊富化，再生し，またその労働環境を改善することができる。消費者協同組合はこのサービスのクライアントと消費者をエンパワーできる。また一方で，ボランタリィ組織という他のタイプは，特殊なグループの，そしてそれによって福祉国家の目標を達成することにおけるいっそうの利用者の影響力の増大といっそうの効率性をもたらすことができる。つまり，福祉国家の単純な民営化よろりむしろ，社会的企業のさま

表1-1 社会サービスを供給する多様な組織の社会的価値の強さ

社会的価値 代替的組織	労働環境	退出	要求	公的プログラムの効率性	平等なアクセス
労働者協同組合	x x x	x x (x)	x (x)	x (x)	x x
消費者協同組合	x (x)	x (x x)	x x x	x (x)	x x
ボランタリィ組織	x (x)	x (x)	x (x)	x x x	x x
民間企業	x	x (x x)		(x)	x
公的団体	x (x)	(x)	x (x)	x x	x x x

注：x＝低位，xx＝中位，xxx＝高位，(x)＝潜在的
原資料：Pestoff, 1992を修正。

ざまなタイプに社会サービスを供給させることによって福祉国家の民主化や協同化をするという強力な理論的論議が存在するのである。

表1-1は代替的諸組織の利点を以下の諸点との関連で要約している。つまり，労働生活の豊富化および公共セクターと福祉国家の再生との関連，退出および要求として特徴づけられる市場と政治的反応との関連，公共セクターの効率性の上昇との関連，および対人社会サービスへの全ての市民の平等なアクセスとの関連である。1つの"x"は社会福祉サービス供給の代替的形態との弱い関係を示し，2つの"xx"は中間的な関係，そして3つの"xxx"は強い関係を示す。カッコ内に"x"があるのはその代替的形態の潜在的影響が一定の環境に依存していることを示す。つまり，社会福祉サービスの民間供給者への退出の影響は高度に市場競争の存在に依存している。明らかに，これは国と国とで，またある国の地方と地方とで違うばかりでなく，ある地域と他の地域とでもまた異なっている。

この章は，公的および民間の社会サービスに対する，しばしば無視されがちな3つの代替的形態を検討することを目的にしている。公的および民間の社会サービス供給は，引き続いて議論されるが，このなかでは要約的にしか扱われない。主要な焦点は社会的企業にあって，それは表1-1で相互に対比され，対照される。公的セクターを再生し福祉国家を豊富化することに対する労働者協同組合の主な貢献は，直接に労働生活を豊富化し，労働環境を改善し，共同決

定を増大する点にある。要約すれば，それは労働者の力を伸ばすのである。それはまた，一定の環境の下では，市場すなわち退出の代替を再活性化し，公共目標のいっそうの充足に間接的に貢献する。

　消費者協同組合の公的セクターの再生と福祉国家豊富化への主な貢献は，直接的にはこのサービスのクライアントすなわち消費者をエンパワーし，彼らに要求の制度化を準備する点にある。それはまた間接的には労働生活を豊富化し公共目標の充足を高めることにも貢献する。要約すれば，それは消費者の力を伸ばす。ボランタリィ組織の公的セクターの再生と福祉国家豊富化への主な貢献は，直接にはその組織の社会的目標を高めること，そしてまた公共セクターの効率性と目標充足を進める点にある。要約すれば，それは他の社会的価値のより大きな力を伸ばす。それはまた間接的には，一定の環境の下では，クライアントのエンパワーメントと労働生活の豊富化にも貢献しうる。

第4節　市民民主主義

　次に市民民主主義という概念についての論議に注意を向けてみよう。それはR．プットナムの独創的な著作『民主主義を動かす——近代イタリアの市民的伝統』[*Making Democracy Work‒Civil Traditions in Modern Italy*, Putnam, 1993] に見られる社会資本という考えに直接に関連している。この著作で彼は，イタリアにおけるボランタリィ組織の歴史的ならびに現代的な重要性とその経済的社会的発展への貢献について論議している。他の著作で彼は合衆国における「社会資本」の消失について探求している [Putnam, 1995]。はじめの著作で彼は，集合的行為におけるジレンマの克服の成功は，人間的な相互関係が生じるより広い社会的文脈に依存していると述べている。「ボランタリィな協同は社会資本の実質的ストックを受け継いできたコミュニティにおいて，市民が参加する相互関係やネットワークの形態で，より容易である」[Punam, 1993 : 167]。彼は社会資本を定義して次のように述べる。

信頼，規範，そしてネットワークといった社会的組織の特徴は，コーディネイトされた行為を用意することによって社会の効率性を高めることができる。他の形態の資本と同じように，社会資本は，もしそれが無ければ得られないであろうある目的を達成することを可能にする［同上］。

社会資本のほとんどの形態は，例えば信頼のように，A. ハーシュマン［Hirschman, 1970］が「道徳資源」と呼んだもので，それはその供給が使うことで減るのではなく増えるもので，またもし使わなければ消尽してしまう資源である。さらに，社会資本は普通は公共財で，全ての公共財と同様，民間機関には過小評価，過小供給されがちである。これは，社会資本は，他の形態の資本とは違って，他の社会活動の副産物として生産されなければならないことを意味している。コミュニティ内で信頼のレベルが高ければ高いほど協同の可能性はいっそう高まるが，今度は協同が信頼を育てる［Putnam, 1993 : 169-71］。

もし市民が参加する水平的なネットワークが，参加者が集合的行為のジレンマを解決することに役立つのであれば，組織構造が水平的であればあるだけそれはより広いコミュニティでの制度的な成功をいっそう進めるであろう。したがって，水平的に秩序化された集団の会員制は，スポーツクラブやコーラス，協同組合のように，優れた統治と前向きに関連するであろうが，逆に階層的に秩序化された組織の会員制は，マフィアやカソリック教会のように，優れた統治とは後ろ向きに関連するであろう。こうした考えは彼がイタリア研究で見いだした証拠［同上 : 176］と一致する。

福祉国家の正統性への現在の1つの政治的挑戦はスウェーデンにおいて増大しつつある「民主主義の赤字」から生じている。この赤字は地方政府のレベルで最も鋭く問題になり，自治体の数は1950年の約2,500から70年代の自治体改革後その10分の1である280へと減少した［SOU, 1996 : 162 ; Jönsson et al., 1997］。これはより大きな自治体単位という結果をもたらしたが，また多くの非専門的でパートタイムの政治家を減らすことにもなった。さらに最近では，地域サービス供給への市場モデルの利用の拡大がこの民主主義の赤字を大きくしてい

る。公的なアカウンタビリティ（説明責任）が自治体所有の有限会社による公的資金のサービス供給によって回避されている。過去10年の間にさらに9,000の非職業的ないしフリータイムの政治家がその任を解かれた。意思決定は地方の官僚機構に委任され，売買モデルが公共サービスのますます大きな部分を奪い取り，営利企業供給者への委託契約が劇的に増大し，市の有限会社はアカウンタビリティと従業員がその運営について公に情報を明らかにする可能性の両方を制限した。公営企業の管理者たちへのあまりに常軌を逸した「金のパラシュート」がこうした展開への批判に火をつけた。市の有限会社の管理者や市の政治家たちが巻き込まれた金銭的な許認可やセックスに関連する無数のスキャンダル等である。

　近代福祉国家において，民主主義論は近代生活の3つの主要な側面への公式的な参加の機会に関心をもつが，第4の側面についてはない [Saltman & v. Otter, 1992]。参加は，選挙を通じた政治的諸制度への，労働組合を通じた社会的諸制度，とりわけ社会保険への，そして共同決定および労働組合を通じた経済的諸制度への関連で表現されうる。しかし，除かれているものは市民的諸制度，とりわけ保健，教育，保育，高齢者介護といった居住関連の人的サービスへの公式の参加である [同上：99]。スウェーデンでは1920年代の普通選挙制度による政治的民主化の導入につづいて，20世紀半ばには社会的権利の全市民への拡張があった。最終的には，1970年代の労働者基金による公式的な共同決定と経済民主主義の確立という努力がなされた。後者は完全な失敗に終り，経済民主主義という課題は実際には死んで，次に出てくるまで何年もの間うずめられた。それにもかかわらず，いまや民主主義の第4の形態あるいは波，すなわち市民民主主義を考察する時期がきた。

　大規模な組織は拡散した消費者ニーズを充足するよりもむしろ自己の内的な目的や自己利益を追求するであろう。もしそうでなければ，もちろん，公的なアカウンタビリティや市場に促進されるアカウンタビリティはより良く発展する（社会会計についての第6章参照）。市民民主主義は個人をエンパワーし，彼らに対人サービスのなかでの彼らに不利な意思決定のバランスを矯正するため

第1章　社会的企業と市民民主主義

の不可欠の調整策となっている［前掲書：100］。しかしソルトマンとファン・オッターは，各地域ごとの代議制を改善して地域ごとの意思決定プロセスに市民を直接に統合しようとする試み，あるいはコミュニティを基盤にしたサービスの企画や提供への市民の参加を高めようとする試みを拒否する。むしろ彼らは，多面的な再参入と結合した退出という代替を示唆する。彼らは公的供給者に相互に競争，民間の競争は含まないが，させることによる市場の強制力の導入を提案している［同上：103］。

彼らが共同生産者としての市民の直接的参加という第三セクター的な代替を排除して専ら国家的市場的解決に焦点を当てるのは，部分的には彼らの主要な関心が保健医療にあることから説明される。彼らは，病院はじつに資本集約的で，北欧のボランタリィ組織は成功裡に競争するのに必要な資本は多分蓄積できないであろうという論議をしている[2]。それで，彼らはボランタリィ組織であれ協同組合であれ，施設社会サービスの全てのタイプの供給への国家や市場への発展性のある代替と考えることをただ拒否してしまう。対人社会サービスの資本集約的な方の先端，つまり病院に専ら焦点を当てることによって，彼らは「お湯と一緒に赤子も流してしまう」。地域的な社会サービスがその市場のニッチを見いだすのに希望がもてるのは，その秤の逆の端，人的集約的な介護である。

彼らの議論は啓発的ではあるが，的に達するものではないと思う。エンパワーメントに代替する彼らの旗印は，専ら市場や退出に帰する力を通じるもので，第三セクターや集合的な要求の力を通じるものではない。われわれは市民民主主義というもう1つのタイプ，われわれ自身の旗印を示唆したい。それは要求，小規模地域社会的企業による社会サービス供給の第三セクターおよび協同組合的自主管理に強調点をおくものである。

市民民主主義は民主主義の第4の波，市民的諸制度と対人社会サービスの民主化に基盤を与えうる。われわれは，対人社会サービスの第三セクターと協同組合的自主管理は社会資本の蓄積を促進する諸組織を創り出す永続的な基盤をもたらすと提案する。つまり，市民民主主義という用語は，ここでは対人社会

サービスの協同組合的自主管理による市民のエンパワーメントに関連して用いられており，そこでは市民は社会的企業のメンバーとなり，自ら必要とする地域サービスの生産にそのサービスの利用者および生産者として直接参加し，そしてそれゆえにこのサービスの共同生産者となる。

「市民民主主義」の主要な土台の1つは，民主主義は本質的に，つまり，支配者と被支配者の間の関係において相互の働きかけであるということの認識である。市民に2年か3年か4年か5年おきの投票をさせるだけで，それ以外ほとんどあるいはまったく期待させない民主主義は市民の民主主義的精神を萎えさせることにつながる。さらに，市民に公共サービス供給への能動的な参加を期待せずに，市民ニーズのほとんどないしすべてを満たそうとする試みも，少なくとも一時的には，市民を自ら必要とするサービスの活動的な共同生産者よりも公共サービスの受動的な消費者にしてしまう。

民主主義は道徳的な基盤の上にあるのであって，活動的なときには成長するが，あまりに長く空洞化されるとやせ細る。プットナムの概念である社会資本 [Putnam, 1993] も，もし明確に市民民主主義や地域の意思決定への参加を含まないのなら，それもまた受動的な資源になる危険に直面するであろう。もし対人社会サービスや他の地域サービスが専ら専門的公務員の領域にとどまるなら，もしそれが市民の日常生活において市民を巻き込んだり関係をもったりすることが無ければ，社会資本は萎えていくであろう。スウェーデンでは市民はしばしば，よい方向性をもちよく組織された，しかし専門的官僚によって決定され運営されている普遍的福祉国家の受動的対象物になっている。税金を支払うだけでは連帯を維持し社会資本や市民民主主義を生きたものにしておくには不十分である。社会資本を多くの市民が経済的政治的社会的局面で利用できる資源にするためには，それは年次総会とか総選挙とかよりもっと頻繁に活動させなければならない。

イギリス労働党政権によって進められているステイクホルダー民主主義は，ここでは社会のすべてのグループ，つまり全ての市民に明確な権利と責任，したがって社会における明確な利害関係を与える道として，それが運営され機能

する道として理解される［Hutton, 1995］。スウェーデンにおける民主主義の赤字と社会サービス供給の専門化は，ほとんどの市民が，自ら必要とするサービスを満たす活発な主体より，むしろなだめられ，社会的プログラムの対象物になるという意図せざる望ましくない状況という結果をもたらした。市民は今日国家や自治体の公共機関に対していくつかの役割をもっているが，そのほとんどは税金を払ったり，サービスの利用者またもしくはクライアントであったりといった受動的なものである。市民の活動や影響は総選挙に参加したり政党の党員になることに限定されている。

市民民主主義や市民を自ら必要とする対人社会サービスの共同生産者にするという考えは，実際にいる平均的な市民の利益を増大し，福祉国家や公共セクターの効率性を高める戦略の一部である。こうした戦略は，税を支払い公共セクターから社会サービスを受け取るという，また定期的に投票をするという受動的な市民を，自ら生活する社会の活動的なステイクホルダーに変える試みである。それは市民に機会を与えることによって，市民に自ら必要とする重要な対人社会サービスのいくつかの共同生産者としての役割を果たさせること，エンパワーすることを提案している。それは彼らに集団的解決と基本的社会サービスの集団的供給において個別的利害をもたらす。それは彼らに義務と責任を与えるが，またこれらのサービスを制御するためにつくられた民主的意思決定構造における権利と影響力ももたらす（詳細は第3章を参照）。

さらに，市民は自らの要求や期待を抑えるために，しばしば困難な選択を迫られる現実世界の状況に積極的に参加しなければならない。彼らは1日1時間の保育か，より高い保育料，あるいは親たちの協同組合保育所を閉鎖へと脅かすほどの受け入れがたい赤字の間の選択を迫られるかもしれない。彼らはより多くの資金を少女のためのトレーナーやスポーツ活動にふり向けるか少年のためのサッカー場やアイスホッケーリンクにふり向けるかどちらか決めなければならないかもしれない。盛んな社会資本や市民民主主義を広く育てるのに大変必要となる道徳的資源が生じてくるのは，こうした日常的だがしばしば厳しい選択からなのである。定期的な活動が無ければ，また積極的な参加が無けれ

ば，市民も社会資本も市民民主主義も民主主義や福祉国家の生きた資源にはならないであろう。

第5節　本書の計画

　福祉国家改革という主題は広範で，多くの局面や次元からなる。本書ではそのなかの若干をカバーすることしか期待できない。ここでは主として3つの論点を探求することにかかわっている。それは，労働生活の再生，市民と国家の関係の変化，そして福祉国家の福祉社会への転換である。労働生活の豊富化とは労働環境の改善，共同決定の増進，そして労働者のエンパワーメントを含むものである。市民と国家の関係の変化とは市民を自ら必要とする公共サービスの共同生産者としてエンパワーすることと市民民主主義の発展を含むものである。福祉国家の福祉社会への転換とは，社会的企業と市民民主主義を通じて福祉国家を若返らせ再生し，再組織化することを含むものである。

　関連した論点には，公共セクターの再組織化，公共セクターにおける新しい労働モデルの促進，対人社会サービス供給の分権化，福祉ミックスおよび福祉国家再生におけるボランタリィ組織の役割，外部委託化，社会サービスの供給者，消費者としての女性のエンパワーメントに関するジェンダー視点，そして，社会的経済の変化する性質と役割，くわえて地域経済民主主義およびコミュニティ開発におけるその貢献を含む。また，他の論点は，供給する社会サービスの経済的効率性やコスト，失業の緩和や仕事おこし，あるいは連帯や社会的挿入のためのプロジェクトによる社会的に排除された人々への援助，への社会的企業や第三セクターの貢献からなっている。

　これらの論点のほとんどが直接，間接に相互に関連しあっている。最初の論点グループにのみ焦点を与えることは必ずしも他のグループの重要性が欠けていることを意味しているのではない。その多くは実際には続く他の章でふれられている。しかし，それらは本書での注目の主たる焦点ではない。この焦点の

選択というのは，もともと，努力を集中し，資源を節約する必要からくるものである。とはいえ，これらの論点を学ぶ人たちが以下のページにある新しい知識や発想を見いだすことが望まれる。

　社会的企業やそれ自身が本来もつ市民民主主義を研究することを奨める主な理由は，もちろん，労働心理的な労働環境の改善，良い仕事の開発，市民の共同生産者としてのエンパワーメント，そして福祉国家の福祉社会への転換である。こうした社会的目標に価値を置かない人は社会的企業や市民民主主義に引きつけられることはない。同じ社会的目標が公共サービスや民間企業によって進められるという論議をする人がいるかもしれないが，それには決して同意できない。以下の章はこれらの重要な社会的価値をスウェーデンや他の国で社会科学の課題のうえに据えることに役立つであろうし，また多分，福祉国家の将来とその新しい参加型福祉社会への転換に関する広範な論議に役立つであろう。

　さまざまなタイプの社会的企業の相違，各タイプの協同組合やボランタリィ組織に関連する価値の違いに留意しつつ，スウェーデンにおける社会サービス供給の社会的企業の実際の詳細な世界を考察する前に，概念的な検討から始めることにしよう。第2章において市民民主主義，第三セクターおよび福祉ミックスへの移行が考察される。第3章では市民民主主義の政治が，現代社会における市民の無数の役割と市民の公共セクターへの統制と影響力の確保の可能性についての論議によって検討される。第4章では市民民主主義の経済的側面が，市場の失敗，政府の失敗と社会サービスの第三セクターによる供給，財やサービスのさまざまなタイプに関連する退出と要求，継続的サービスからの退出の取引費用，共同生産と公開の場としての協同組合を含めて論議される。

　第5章では，マルティ・ステイクホルダー組織の発展が理論的実践的観点から検討され，それにはカナダ，イタリア，スペイン，およびスウェーデンの事例が含まれる。第6章では，社会的企業の活動成果の達成度評価と目標転換の点からの会計報告が論議される。また，ソーシャルレポートと社会監査のさまざまなタイプが考察され，カナダ，イタリアの協同組合の社会会計の開発にお

ける実践的経験が示される。第7章には社会サービスを供給する社会的企業の労働心理的な労働環境の検討による理論的討議が含まれる。カレセックとテオレル（Karesek & Theorell）の統制・要求・支援モデルが発展させられ，洗練され，そして保育サービス供給公共セクターの女性の労働心理的な労働環境の悪化についての最近の兆候が記録される。最後に良い仕事が悪い仕事と対照される。

　本書の実証的な部分は第8章のスウェーデンの社会的企業とその労働環境についての簡単な概観から始まる。第1に保育サービス供給の社会的企業の成長が跡づけられ，それからWECSSプロジェクトとその3つの研究が示される。その3つとは組織研究，職員研究そして親研究である。組織研究は保育サービス供給社会的企業のパラメーターを準備するものであるのに対し，職員研究は社会的企業の3つのタイプの労働心理労働環境を比較するものである。第9章は，社会的企業と市立の保育所の両方で働いた女性の経験を比較して労働環境の豊富化について述べる。第10章は共同生産者という概念を親たちを対象とする研究から得た素材から発展させる。それは親たちの参加と彼らの社会的企業の特定のタイプの選択の動機とを対照する。それはまた，社会的企業によって供給されるサービスと市立の保育サービスを，両方の形態を経験した親たちを対象に比較対照する。

　労働環境と協同組合社会サービスプロジェクトからここで示される事実資料と公的財源による社会サービスの職員とクライアントについてのその研究は，こうした社会サービスがスウェーデン福祉国家の福祉社会への転換に貢献しうることを示している。ここで示される戦略は，社会サービス生産におけるいっそうの労働者参加を要求し，また自ら必要とする社会サービス生産における市民のいっそうの参加を要求する。この戦略はこれらのグループに公的財源福祉サービスの存続における決定的に重要な利害を与える。WECSSプロジェクトは市場と国家の両方に対する代替の発展が可能であることを示している。それは市場と国家を超えて進むビジョン，新千年紀にスウェーデン福祉国家を福祉社会へと転換するビジョンを与える。

福祉国家を若返らせ発展させるビジョンがなければ，新しい参加型福祉社会の発展がなければ，社会サービス生産におけるいっそうの労働者参加がなければ，そして市民民主主義の発展がなければ，今日の普遍的福祉国家はそれ自身の重みの下に崩壊し，過去の遺物になる危機に直面する。現在の福祉国家の危機や増税への抵抗の増大にくわえて，資本が重税国を避ける可能性が増大しスウェーデン経済が急速に国際化することで普遍的福祉国家への支持が侵食されるであろう。ビジネスの国際化がソーシャルダンピングをもたらすばかりでなく，グローバル競争と多国籍企業によって進められる同型化傾向がしばしば福祉国家の普遍的価値の徹底的拒絶をもたらす。ビジネスによって組織された大量の「巻き返し」キャンペーンには福祉国家を若返らせその新千年紀における福祉社会への発展へのビジョンだけが対抗しうる。本書がそのビジョンの発展にささやかにでも貢献できればと願うものである。

注

1) WECSSプロジェクトとはスウェーデン労働環境基金の資金を1992～96年に得た。スウェーデン労働環境基金は今日ではスウェーデン労働生活研究会議という名前に変わっている。

2) 病院の資本集約性に関する彼らの懸念には同感だが，第4章第4節（3）で論議する東京近郊にある埼玉医療生協の4つの病院は1,000以上のベッドをもっており，第5章第4節（2）で論議するバルセロナの協同組合病院は414ベッドをもっている。くわえて，カナダ，日本，ラテンアメリカのいくつかの他の協同組合病院は，協同組合保健医療に関する否定的な考えに対する明らかな例外となっている。

第Ⅰ部　理論的考察

第2章　市民社会，第三セクター，そして福祉ミックス

　本書の目的は，社会的企業，市民民主主義，福祉国家の移行についての研究に必要な主な概念を討議することである。ここで導入される概念は，市民社会，非営利組織，および第三セクターである。第1に，市民社会という概念が慎重に議論される。次にボランタリィな非営利組織が理念型から見た社会制度として考察される。その後，セクターおよび第三セクターという概念が導入される。これに続いて，第三セクターと他のセクターとの関連が議論され，最後に福祉ミックスへの移行が考察される。同様に，「共同生産者としての市民」という概念が第4章で導入され，一方でこの研究に関連する2つの付加的な概念，つまり「マルティ・ステイクホルダー組織」および「社会会計」が第5章第6章でより長く論議されるであろう。

第1節　市民社会概念

　市民社会という概念は長く豊富な理論的遺産をもっているといえるが，広範に異なった文脈において異なった意味で用いられてきた。それは公的な論述からは長い間ほとんど完全に消滅していたが，国家と第三セクターとの関連にかかわって新しい定義と意味をもって再び現れてきた。この概念が現代的な魅力をもつのはそれが意味合いの多重的なレベルや層に現れてくるという事実からであろう。しかし，定義がばらばらであるということは概念があれこれ移動して使われる結果をもたらすだけでなく，不確実な結果をももたらす。クマール[Kumar, 1993] は，こうした豊富な歴史的用語の今日の公的な論述における潜

在的可能性について重大な問題をなげかけた。市民社会概念はその柔軟性の故に問題提起的である。というのはそれは大変多くの異なったことを意味するからである。これはこの概念を自由民主主義論に関するたいていの伝統的な論述，また制度主義，市民，民主主義といった諸概念と区別することに重大な困難を引き起こす［同上：392］。市民社会は日常的分析のための中立的な社会科学的カテゴリーではないが，このことを意識することは国家と第三セクターとの関係の性質についてのあまりに遠大あるいはカテゴリー的な結論を避けることに役立ちうる。

　ヘンリクセン［Henriksen, 1994］は，市民社会概念の3つの異なる側面を見落とし，もしくは合成してしまう陥穽を指摘している。市民社会は，社会の特殊なセクター，国家および市場と並列される経済的法的カテゴリー，および社会学的構成原理と見なしうる。しかし，当初それは特定の政治的性格を備えた哲学的概念であって，その決定的に重要な可能性は，未だ最も便利だという貢献をしていることにあるのかもしれない。その概念のイデオロギー的性質，とりわけそれが現在用いられている形においては，学術的議論において無視すべきではない第4の側面を生み出す。

　市民社会の認識は，自由主義者（ロック），民主主義者（ルソー），保守主義者（ヘーゲル），社会主義者（マルクス・エンゲルス）によって異なる。これらの相違には，科学的および政治的帰結の両方がありうる。自由と個人主義は，西洋政治思想の中心におかれる価値であり，しばしば私有財産および公私の領域の区別と関連づけられる［Berg, 1987］。「市民社会」という理論的に装備された概念が，スウェーデンの論争において（再）提議され，国家と対照されている。この展開は，共産主義崩壊時の中東欧における出来事によって触発された［同上］。公私領域間の分岐および両者の不可避的な軋轢の認識は，ヨーロッパ政治思想の異なる理論的流派によって多様である。

　ルソーやホッブスといった理論家には，市民社会は国家と同義語である。一方，ロックやペインといった他の理論家は，それ自体の形態と原理を備えた社会の明確な領域を，必要に応じて国家という悪より防護されるべき奪うことの

できない人権に基づいて詳細に論じる。また，ヘーゲルやマルクスは市民社会が市場と同一であると考え，グラムシは経済のみならず社会的市民的制度組織を含む複数の定義を与えている [Kumar, 1993]。

コント，ド・トクヴィル，デュルケーム，テンニエスらもまた，一方での「競争的市場社会の原子化」と他方での「国家に支配された存在」に対する代替を創り出そうと試みた。彼らは，個々の市民が社会的連帯や市民参加についての感覚を発展させるボランタリィグループや組織を全体として指し示そうとする。したがって，ド・トクヴィルは国家・社会の二分法に第3の領域を加えている。国家は，議会，裁判所，官僚制，警察および軍隊を擁する公式の政治的代表制度である。市民社会は本質的に私的な利害と経済的活動の領域であり，マルクスが市民社会として規定する資本主義経済にほぼ直接対応するものでもある。

しかし，マルクスが非国家社会の全体を市民社会としている一方で，ド・トクヴィルは批判的にもう1つの次元，「政治社会」という次元を付け加え [Kumar, 1993：381]，彼が人間社会を統制する最も重要な「法」すなわち「アソシエーションの技」と呼ぶものを引き出す。文明化された社会では地方政府や法曹，政党，世論といった政治的なアソシエーションがあり，また，教会，道徳運動，学校，文芸団体や学術団体，新聞，出版社，職業団体や商業団体，レジャー・リクリエーション団体といった市民的アソシエーションがある。これらのアソシエーション全ての活動が政治的社会を構成する。政治的アソシエーションは，「全ての市民がアソシエーションの一般理論を学びに来る偉大なフリースクール」と考えうる。市民的アソシエーションは政治的アソシエーションへの地ならしをする。潜在的に集中化しすぎた国家を，とりわけ民主社会においてコントロールするのは政治的社会を通じてである。したがって，政治的社会はわれわれを，政治のために，われわれの情熱を静めるために，そして和らげられない私的利益追求を押えるために教育する [同上：382]。アンビョーソン [Ambjösson, 1988] は，前世紀転換期のスウェーデン民主主義発展における国民運動の役割りについて同様の見解を述べている。

ヘーゲルにとっては市民社会は国家と対照して存在しており，諸個人や特別の特殊利害の領域からなっている。この中心にあるのが資本主義的市場であり，その成長は伝統的な宗教的，倫理的，政治的つながりをしだいに侵食する。しかし，国家が市民社会のそれぞれの意思を合理的な社会秩序にまとめ統合していくことのできる唯一の力であるというわけではない。というのは市民社会は統合する力と分離する力の双方を含んでいる。市場では人々は同等に利己的な人々との利己的な競争に入る。統合は連帯や集合的アイデンティティや公的な関与を生み出すボランタリィ組織や社会的な法人を通じて達成される。したがって，社会的統合は国家の市民の紛争への介入を通じて，またゲームのルールを決めることによって，あるいは，そのメンバーを社会全体のなかに教育し社会化する市民社会自身の諸組織・制度によって達成されうる［同上：375］。

　マルクスの市民社会の経済問題への還元は，他方で，マルクス主義を市民社会の社会的構造から遠ざけることになった［同上：380］。グラムシの国家に関する位置の定式化の多様な試みは［Gramsci, 1971］，国家と市民社会の境界を確定するような種々の定義へと発展している。すなわち，国家は「政治社会プラス市民社会」であり，そこでは政治社会は強制と支配のアリーナ，市民社会は同意と指示もしくは「リーダーシップ」のアリーナである［同上：208］。彼はまた国家を「政治社会と市民社会のバランス」と考える。つまり，「市民社会と国家は1つであり同じもの」である一方で，「経済構造と規制と強制を伴う国家との間に市民社会が存在する」［同上：208］。最後に彼は「'国家'によって政府装置とばかり理解するのではなく'ヘゲモニー'の'私的'装置，つまり市民社会をも理解しなければならない」と述べている［同上：261］。

　クマールは以下のように結論づける

　　ヘーゲルの市民社会概念は，国家と相互浸透するアソシエーションの領域として，最も十分なものの1つにとどまる。それは，国家と市民社会の補完的な性格，つまり，個人性と社会性，私的利益と共同目的，自由と規制の両方を相互に維持する必要を認識するというメリットがある。

クマール［Kumar, 1993］とヘンリクセン［Henriksen, 1994］は市民社会概念の社会学的な強調を弱めることを重視している。ヘンリクセンはニスベット（Nisbet）の「コミュニティ」概念が社会学的現象を多くの場合今日市民社会と呼ぶと記述するのによりふさわしいと考えている。コミュニティとは，ニスベットによれば，

> 単なる地域コミュニティを超えるものである。その言葉は，高度な個人的親密性，感情的深さ，道徳的関与，社会的まとまり，そして時間的な継続性によって特徴づけられるあらゆる形態の諸関係を包み込む19世紀20世紀思想の多くに見られる。コミュニティはその全体性において理解される人間を基礎に成り立っており，社会秩序において保持する別々に負っているあれこれの役割においてではない。コミュニティは，感情と思想とが，伝統と関与とが，一員であることと意志力とが融合したものである。それは，地域性，宗教，民族，人種，職業あるいは改革運動に見られる象徴的表現を与えられる。その原形は，歴史的にも象徴的にも，家族である［Nisbet, 1966 : 47-48 ; Henriksen, 1994: 366］。

国家と市民社会の伝統的区別と公的セクターと民間セクターの相違はスウェーデンにおいては最近までそれほど論争されなかった。ボランタリィ組織は，1930年代以降の北欧福祉国家においてどの問題，どの責任が公的でありそれをどう解決するかの理解に決定的なインパクトを与えた。さらに，それは福祉国家の組織発展と価値基盤に肯定的な影響を与えた［Henriksen, 1994］。スカンジナビアタイプのいわゆる「国家に親しむ社会」［Grindheim & Selle, 1990 ; Kuhnle & Selle, 1992］では，市民社会とボランタリィ組織が1930年代の新しい社会的政治的プロジェクトにおいて重要な統合機能を果たした［同上］。したがって，これまではスカンジナビアにおいては市民社会と国家の福祉国家発展に関する対立はなかった。これは，スウェーデン経営者連盟の最近の言動や，新自由主義パラダイムへの移行をもたらして普遍的福祉国家を補助金とミーン

ズテスト（資産資格検査）に基づく残余的セイフティネットに置き換えようとするその努力に示されるように，もはや事実ではない。

しかしながらヘンリクセンは，ハバーマスに続いて，市民社会は民主的政治的目標をもったアソシエーションによって世論形成を取り扱うと主張する。それは行政の一部ではないが，にもかかわらず，マスメディアを通じて，公共的なコミュニケーションへの直接参加という形態であれ，伝統的な知恵に代替する政策プロジェクトを通じてであれ，政治的インパクトをもつように運営する。というのは，こうした活動はそれが実質的に公共的な議論へ貢献する事例を提供する [Henriksen, 1994]。ハバーマスは市民社会の公共的対話に関して次のようにいう。

> 憲法上制度化された政治的意志の形成や同時的なコミュニケーションの流れは，意思決定に向かっては一気に進まないが問題の発見と解決には進む。そしてその意味で非組織的である公共圏の内部では，権力によっては倒されない [Habermas, 1992：451；Henriksen, 1994：373]。

スウェーデンにおける過去20年の公共的対話は，しかし，ハバーマスの市民社会に関する見解のこの特殊な側面を修正する必要があることを示唆している。最近数十年間スウェーデン経営者連盟（SAF）は新自由主義パラダイムへの移行促進に多額の金をつぎ込んできた。SAFの世論形成は，とりわけ，福祉国家のドラスティックな縮小と公共セクターへのいっそうの市場機構導入を求める考えや議論を進めるものである。それは選挙時に全政党を合わせた世論形成に費やした額の2倍であり，25年間にわたって行われた [Pestoff, 1995b]。したがって，SAFの役割は，「市民社会自身による問題発見と問題解決」に限られず，むしろ公共的政策形成の内容に影響を与えようとするものである。

福祉国家が過去30年間にわたってスカンジナビア諸国において社会の支配的統合力であったというヘンリクセンは正しい。しかし，われわれは，市民社会はもはや忘れられた問題ではないという論議をするのである。SAFは今日，スウェーデンの議論において市民社会の新自由主義的な，時にはリバタリアン

的な概念を活発に促進している。その論議は，福祉国家の諸問題を公共対民間，国家対第三セクター，そして個人的自由対集団的紐帯という枠組みで展開されている。SAFの努力は1980年代後半には実を結びはじめ，90年代までには交渉経済 [Nielsen & Pedersen, 1988, 1989] は，労働市場，農業，住宅政策，消費者政策など [Pestoff, 1995b]，スウェーデンのますます多くの中心的な分野で市場経済に取って代わられた。

そうして，市民社会概念はスウェーデンの公共的な対話においてもう一度高度に論争的イデオロギー的になった。それゆえに，この概念に関する警告に留意し，それを特定の政治的性格と決定的に重要な潜在的可能性をもった哲学的問いとして保持しておき，特定のセクターや経済的ないし法的カテゴリー，あるいは社会学的構造原理として扱わないようにする，あらゆる理由が存在する。

第2節　社会秩序とアソシエーション

ポランニー [Polanyi, 1944, 1957] は近代社会における4つの基本的社会秩序に言及している。ⓐ市場，ⓑ国家，ⓒ専制，ⓓ対称性，である。それぞれの社会秩序の主要な機能は異なる。その機能は，市場にとっては交換を促進すること，国家にとっては再分配を促進すること，専制にとっては家庭内管理を促進すること，そして対称性にとっては互酬を促進することである。財とサービスの生産と分配を確保するように設計された経済行動の4つの関連する原理は，ⓐ交換，ⓑ再分配，ⓒ家事，ⓓ互酬である［同上］。物々交換や現物払い，交換はその効率性のための市場に依拠した経済行動の原理を構成する。再分配原理は生産を中央当局に割り当て，それはまたその再分配の責任を負う。家事は，その集団の必要に応じた自分自身の消費のための生産からなり，その一方で，互酬は数人の人々の間で構築される永続的な相互関係のうえに成り立つ［同上］。これらの社会秩序，およびそれに関連する経済行動は，相互に調整し

ながら発展してきた。

　ラヴィユ［Laville, 1992］は，経済制度を商業的，非商業的，非貨幣的の3つに区分したが，それらはポランニーの社会秩序モデルに広く対応している。そのそれぞれが財サービスの生産分配における確固とした秩序のなかでのそれ自身の独自の役割をもっている。商業経済は市場にとって存在するものであり，非市場経済は福祉国家の再分配活動を促進し，そして非貨幣経済は互酬に基礎をおいていて，ボランタリィ組織や家事によって促進される。3つのタイプ全てが混合経済のなかに存在し，または相互に並んで共存している。

　同様に，ストリークとシュミッター［Streeck & Schmitter, 1985］は，市場，国家，コミュニティといった基礎的な統治制度について述べる一方で，アソシエーションの役割を台頭する潜在的な第4の統治制度として探求している。彼らによれば，それぞれがその独自の行動原理や支配的アクターと資源，そして主要なモチーフや生産の仕方等をもっている［同上］。包含（あるいは排除）の異なったルールが異なった社会秩序に適用される。所有やあるいは購買は市場への包含の基盤を生み出し，市民権やあるいは最低生活費はその国家への包含を構成する。そしてその一方で血族関係やあるいは友人関係はコミュニティへの包含を促進する。アソシエーションへの包含の基準は会員制やスポンサーシップである。

　同様に，異なった社会秩序を研究している社会科学者間に分断がある。市場組織・制度の活動や機能は経済学者の焦点であり，国家組織・制度の活動や機能は政治学の素材を構成し，そしてコミュニティの組織・制度の活動や機能は社会学の焦点を創り出す。アソシエーションの混合的な性質は，どの単一の学術的専門分野の主要な焦点でもなく，むしろいくつかの専門分野で限界的な関心をもたれているし，またそのことがその学際的な性質に寄与しているという事実によって多分強調されるであろう。もちろん，アソシエーションは経済的，政治的社会学的観点から理解されうる。経済学者にとっては，ボランタリィ組織は集合的行為と選択的インセンティヴの論理［Olson, 1965, 1971］または市場の失敗の論理［Hansmann, 1980, 1988 ; Weisbrod, 1988］で理解される。政治学

者にとって，ボランタリィ・アソシエーションはコミュニティの一部を構成するとともにメンバーであり市民であるものと国家との対立する利害を媒介するものでもある［Truman, 1951 ; Lipset, 1960, 1963 ; Schmitter, 1974］。社会学者にとっては，ボランタリィ・アソシエーションは社会と孤立化した個人との間に存在するもので，国家と対立するコミュニティの建設をさせるものである［Rieman, 1948 ; Kornhauser, 1960 ; Coser, 1956 ; Simmel］。

エヴァースとウィンタースバーガー［Evers & Wintersberger, 1990］の福祉トライアングルはこの社会秩序とそれらの関係の描写に役立ち，したがってわれわれの研究のこの段階の良い出発点になっている。エヴァース［Evers, 1993］はまた，ボランタリィ・アソシエーションは国家と市場とインフォーマルセクターの中間領域にあるとも主張する。しかし彼らのモデルはいっそうの具体化が必要で，さまざまな社会秩序の限界の定義が必要であり，3つの主要な社会秩序のミクロ，メゾ，マクロレベルでの関連におけるアソシエーションの位置の明確化が必要である。福祉トライアングルとこの社会秩序の相互連関を検討する際，いくつかの重要な社会的区分に留意する必要がある。本質的な社会次元は，公共と民間，営利と非営利，および公式と非公式である［Pestoff, 1996a］。この3つの社会次元は，理念型として，3つの社会秩序をその相互から，そしてアソシエーションから限界づけ，特徴づけるのに役立つ。それはまた，アソシエーションを混合的秩序として描くことにも寄与する。

(1) 諸セクター，第三セクターおよびその定義

社会秩序や統治制度の概念はセクター概念と混同すべきではないし，とりわけ対人社会サービスを検討する際にはそうである。前者が抽象的な理念型であるのに対し，後者は経験的な現象であり［Henriksen, 1997］，対人社会サービスを供給するものもあるししないものもある。ここで，焦点をボランタリィ・アソシエーションや非営利組織が存在する現実的世界に移し，それらの現実の国家や市場，コミュニティとの関連について探求しよう。そうすることで，用語法も抽象的なものから移行し，理念型のアソシエーションよりやや広いカテ

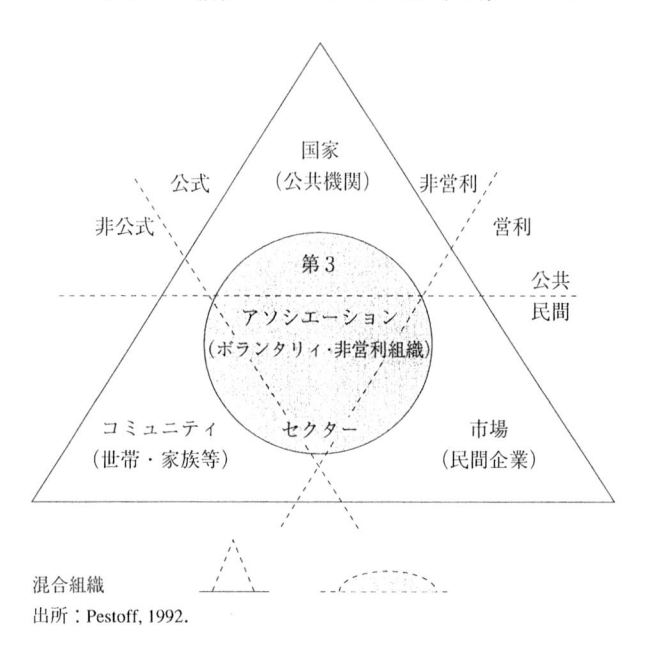

図2-1　福祉トライアングルにおける第三セクター

```
                        △
                       ／ ＼
                      ／国家 ＼
                  公式／(公共機関)＼非営利
                   ／             ＼
                非公式              営利
                 ／    ┌第3─┐     ＼
         ───────／──┤      ├──────公共
                 ／    │アソシエーション│     ＼民間
                ／   (ボランタリィ・非営利組織)  ＼
               ／      │ セクター │      ＼
              ／コミュニティ└──┬─┘  市場  ＼
             ／ (世帯・家族等)       (民間企業) ＼
            ／_____｜_____＼
                               ┆
```

混合組織　　△　　⌒
出所：Pestoff, 1992.

ゴリーとしてここで理解される「第三セクター」について語ることにしよう。図2-1に示されるように，第三セクターは実際にはアソシエーションの厳密な領域を越えて広がり，国家や市場，コミュニティの領域にまでかぶさっている。

　エヴァース［Evers, 1995］は国家，市場，媒介すなわち第三セクターといった主要な社会セクターそれぞれの具体的な合理性について議論している。グリンドハイムとセレ［Grindheim & Selle, 1990］は次のように主張する。

　　社会福祉生産組織を4つの主要なセクターに分割することは有効である。すなわち，家族，コミュニティといったインフォーマルセクター，営利セクター，そこでは利潤追求および利潤分配組織によって社会的財が提供される，非営利組織の公式化されたセクター，そして公的セクターである［同上：63］。

第2章　市民社会，第三セクター，そして福祉ミックス

同様に，クラウセン［Klausen, 1989］は福祉サービス供給者の4つのタイプを区別している——国家：公的ないし法定のサービスを供給する，市場：営利サービスを供給する，第三セクター：公式化された非営利サービスを供給する，そしてインフォーマルセクター：家族や親族，地域の社会的ネットワークを通じてサービスを供給する［同上：245］。ヘンリクセン［Henriksen, 前掲書］は，アクターないし福祉供給者としての非営利組織は，他のアクターとは区別される，また国家や市場やコミュニティにさかのぼれないようなある特徴をもった独自の階級，あるいはグループ，セクターに属する，という議論をしている［同上：1］。

　第三セクターの分類とは離れて，それをどう定義するか。第三セクターは他のセクターと対抗するその位置との関連で定義されうる。それはここでは部分的に他のセクターと重なり合う灰色の円で限界づけられている。その重なり合った部分ではそれは他のセクターと接触し，相互にかかわりあう。これらの社会セクターは第1，第2，第3，第4セクターというように呼ばれる場合がある。その場合，国家が第1セクターを構成し，市場が第2，アソシエーションが第3，コミュニティが第4となる。第三セクターは，図では灰色に塗られた円からなるのだが，他の社会セクターの中間の交差点に位置し，その混合的性格を示す。しかし同時に，この混合性あるいは異質性そのものが第三セクター概念をより不確かなものにする。

　第三セクターに見られるアクターに対して用いられる英語用語は以下のものを含む。

　　ボランタリィ・アソシエーション，非営利組織，民間非営利組織，非政府ないし非法定組織，フィランソロピー団体，財団チャリティ，チャリティ信託，地域ないしコミュニティ・イニシアティヴ，第三ないし独立セクター機関，コモンズ，疑いなくさらに多くある。他の言語では正確にはあるいは明らかには英語に対応しない用語がある。その例としては，フランス語の社会的経済（économie sosiale），ドイツ語の公益機関（gemeinnüzige

Träger) および組合・非営利企業 (Vereine und Nicht-Erwerbsbetriebe) そしてイタリア語の非営利組織 (orgaznizzazioni senza fine di lucro) と第三セクター (terzo settore) である [Anheier & Knapp, 1990 : 4]。

ここに急いでスウェーデン語のフォルクレーレスレル (folkröresler) とノルウェー語のフォルケベヴェーゲレス (folkebevegeles) を付け加えなければならない。それらはおおまかには「国民運動」と翻訳される。しかし，すでにフランス語の社会的経済やそれに匹敵するスカンジナビア語の用語にかかわって，一定の問題が生じており，それを以下に見よう。

市場と国家とコミュニティの間には極端に多様な一連の組織，すなわち，厳密には政府機関でもなく利潤最大化追求の企業でもない公式化された組織がある。これがヨーロッパやアメリカで，ボランタリィセクターや非営利セクターよりもむしろ「第三セクター」という用語が広く用いられる理由を説明する [Girdon, et al., 1992]。第三セクター概念は，「……無数の組織形態，統治構造，活動，所得や他の援助の源泉，期待，指向，制約，歴史，そして未来に対する」[Anheier & Knapp, 1990 : 3] 短縮語と通常見なされる。第三セクターのようなこの陳腐な要約的表示の使用は，この多様性に留意する場合にのみ正当化される。

これらの組織には会員，非会員にサービスを提供するものもあれば本質的には権利擁護の代表的な役割をもつものもある。その提供するサービスには多くの形態があって，それには，保育所，大学，交響楽団や劇場，障害者介護，養子縁組機関，診療所や病院，さらには業界団体や労働組合，政党，町内会，自助グループ，そして多様な原因に対して権利主張するグループ，環境保護団体から市民権擁護組織まで含まれる。これらの組織を特徴づけるものは，それらが憲法的に政府から独立しており，また，それらが第一義的には商業的利潤追求の目的をもたないということだけではなく，それらが自ら自己統治の手続きをもち，何らかの公共目的に役立っていることである。比較研究のために，アンハイアーとナップは日常生活レベルの定義，法的定義，統計的な約束事と学

術的定義を区別している［Anheier & Knapp, 同上］。後者は，ここでの例のように，残余的な定義を基礎にすることもできるし，あるいは第一義的な諸原理を基礎にすることもできる。除外するという操作というのは，いったん政府セクター，商業セクターおよびインフォーマルセクターを別にして残ったものだが，市場の失敗，政府の失敗論と関連していることがある。第一義的な原理による定義は共通の特徴を特定し核になる諸構成要素と重要な組織の属性を強調しようとする［同上：5］。

　ボランタリィ組織の主要な特徴の1つは，今日世界的に定義されているように，非分配制約の必須性，あるいは，所有者や組織を管理する会員や経営者，理事などの個人への剰余収入の分配不可能性の堅持である［同上：6; Hansmann, 1980］。利潤や剰余は獲得されうるが，それらは組織あるいはその活動に再投資されなければならない。しかしながら，これらの組織に対して異なった国々が異なった法的資格や租税政策をもっている。上記のアンハイアーとナップによる第一義的原理に基づく定義はアメリカの税法にその起源がある。それは剰余を分配しない組織に法的な非営利の資格と，その結果として税控除を与える。合衆国税法は非常に複雑で，ワイスブロッド［Weisbrod, 1988］が記しているように，個人所得税控除資格のある個人寄付者による寄付を受けとる組織から法人税のかからない所得のある組織や事業外活動等にかかる税のある組織まで，非営利組織はきわめて多様なカテゴリーである。一定のタイプの組織への租税的な支援は多くのヨーロッパ諸国にも見られるが，その規則はアメリカで見られるものとは大きく懸け離れている。事業外所得の取り扱いも国によってまったく異なっている。

　したがって，単一の国の税法に基づく「非営利」という用語の第一義的原理の定義は，そのアメリカへの偏りのために，比較研究には有効ではない［Gidron, et al., 1992：3-4］。さらに，非分配制約は，学術的な比較研究にはふさわしくない，意図しない理論的，法的，文化的，経験的な含意がある。それはアメリカやイギリスにおいては，社会福祉サービス生産において重要な役割を果たす裕福なグループによる慈善活動の研究を進めるが，同じメダルの裏側で

は，それはヨーロッパや他の地域での普通の市民による協同組合や互助組織，自助活動の研究を沮喪させる。

さらに，アメリカの研究者は利潤分配制限を一定の福祉サービスの消費者の，また公衆一般の信頼をうるために必要な条件と考えている。しかしながら，利潤とその分配は組織の目的と関連していることは間違いない。協同組合も，その経済的剰余の一小部分を分配するにもかかわらず，その組合員と公衆一般のなかで信頼を得ている。つまり，利潤非分配制約は，誰があるいはどのステイクホルダーのグループが組織の活動から最も便益を受けているのかに関連している。それは多数の利用者自身だろうか，それとも少数の匿名の資金提供者グループだろうか。協同組合や共済組合はそれ自身の集合的努力と経済活動が創り出した剰余の小部分を分配する。構成員に対する選択的な経済的インセンティヴは集合的行為の本質的構成要素である [Olson, 1965, 1971]。配当は組合員に対して組織内部での彼ら自身の経済活動に応じて，つまり間接的には，彼らが協同して創った協同的経済剰余ないし付加価値への彼ら自身の貢献に応じて，分配される。非分配制約はこれを考慮に入れることができていないし，それによって協同組合を多国籍コングロマリットと同じカテゴリーに入れることになってしまっている。

1人1票という代替的な原理が協同組合研究にとってはより重要だと見なされる。つまり，スウェーデンの主要な地域生協は近年その商業活動を組合員組織から分離してきた。しかし，商業活動を株式会社として再組織することによっては，組合員は地域の生協の経営においてもはや発言力をもたないのである。組合員であることの影響力はほとんどのスウェーデンの生協では効果的に弱められてきており，「組合員」という言葉そのものはアメリカンエキスプレスの「会員制」ほどの意味ももたない。

ヨーロッパでは「第三セクター」は「非営利」より包括的でより広い意味をもつと理解される傾向にある。つまり，それはアソシエーションとともに，協同組合と共済組合をも含むのである [6 & Pestoff, 1994]。大陸ヨーロッパの多くでは第三セクターにこの3つの構成部分が含まれていることは自明のことで

あって，したがって協同組合と共済組合は西ヨーロッパで毎年5,500万から6,000万人の組合員がいると主張しうるのである［EC, Economic & Social Committee, 1986］。さらに，それらは通常多くのヨーロッパ諸国で非営利セクターに統合される部分と考えられている［Borzaga & Mittone, 1997］。それらはまたフランスの社会的経済（économie sociale）の一部［Defourny & Monzon, 1992］と，またスカンジナビアの国民運動（folkrörelser/folkbevegelse）の一部［Pestoff, 1977, 1991, 1996 ; Stryjan & Wijkström, 1996］と考えられている。協同組合や共済の文化的な意味で人を引きつける点はそれが直接的な草の根の経済民主主義を実践しているという事実に見られる。第三セクターの文化的にもともとあるアイデンティティはヨーロッパではより多様である。しかしながら，こうした文化的差異があるので，非分配制約を第1原理として選択することはヨーロッパではそれほど明白であるようには見えない。多くのヨーロッパの研究者にとって，人的，個別的な組合員制をとる組織の間の相違が，内部の民主主義を考察に入れながら，非分配制約よりもその研究の焦点にとってふさわしいであろう。

　何十年かにわたってつづいたボランタリィセクター，非営利セクター，第三セクターの最も適当な定義に関する論議や論争にもかかわらず，研究分野の範囲を決定するための定義の利用，とりわけこのセクターの範囲についての所与の文化的政治的考えには依然としていくつかの問題がある［6 & Pestoff, 1994］。研究は容易に種々の定義のとりこになりうる［Lundström & Wijkström, 1994］。単一の国やグループの研究者の制度的文化的限界に基づいた定義ではなく，真の一般的な第一義的定義へのより集中的な努力が，もちろん，強く望まれる。しかし，その時までは，潜在的にせよ顕在的にせよ，第一義的原理は道を照らすものとしてよりもむしろ文化的に目を閉ざさせるものとして役立つ。したがって，第三セクターを定義するのに残余的アプローチがここでは維持され，協同組合と共済組合が双方とも，非分配制約を要求するボランタリィ組織とともに第三セクターの部分として扱われる。

(2) 第三セクターと他のセクターとの関連

第三セクターは媒介セクターであり，他の3つのセクター，国家，市場，インフォーマルセクターと密接に関連している。第三セクターを媒介セクターと考えることは研究に際して少なくとも4つの点で重要な相違を生み出す [Evers, 1995]。

ⓐそれは第三セクター組織の社会的政治的役割の重要性への注意を喚起する。そうでない場合，それらは通常たいていのアメリカの研究者たちによって代替的なサービス供給者としてのその経済的役割を認められるだけである。

ⓑそれは第三セクターの媒介的役割を，国家や市場との関連だけでなくインフォーマルなコミュニティ分野との関連でも強調する。

ⓒそれは，明確に分離されたセクター間の補完や同化過程よりむしろこのセクターの組織が利用できる資源の相乗的混合や理論的根拠を強調する。

ⓓそれは，セクターの周りに境界を設定しようとしたりその大きさを位置づけたりするよりもむしろ，媒介組織がハイブリッドとして行動しさまざまな資源をかみ合わせさまざまな分野を結びつけるきわめて多様なやり方の認識へ結びつける [同上：160]。

歴史的には第三セクターは異なった福祉システムにおいて異なった役割を発展させている。社会的なサービス関連目的をもつ組織の役割は，合衆国，ドイツ，北欧諸国の簡単な比較が示すように，歴史的政治的伝統にしたがって異なる。第三セクターの特徴は国家制度や市場のアクターや家族等のインフォーマルセクターのそれぞれの影響によって形づくられ，同時にそれを形づくる [同上：162-163]。つまり，一方での媒介分野，すなわち第三セクターと他方での市場，国家，インフォーマルセクターとの間の境界には恒常的な緊張があるのである。第1のタイプの緊張は市場の道具的な合理性と第三セクターおよび国家双方の連帯的社会的民主的価値との間の矛盾に関連している。次のタイプの緊張は国家制度とその普遍的価値と関連しており，それは第三セクターの特殊主義的論理と対照される。

第2章 市民社会，第三セクター，そして福祉ミックス

　最後に，第三セクターと家族，個人的関係，近隣，社会的ネットワーク等のインフォーマルな世界との間にある緊張である。それは援助と自助の領域にあるこの両者の間に明確な線を引くことをさらに困難にする［同上：167］。これは第三セクター組織に多価でハイブリッドな性質を与え，これら組織は他の3セクターからの複合的な影響の下にあってそれに依拠して行動せねばならず，極端な場合には組織転換にも結果する。したがって，第三セクター組織はしばしば複合的な目標を同時に追求する。たとえば，会員や他の人にサービスを供給する，そして法や規制を変化させるためにロビー活動を行う，等である［同上：170-71］。さまざまな活動の間のバランスをとることは非常に難しく，また第三セクター組織のマネジャーとその戦略的なステイクホルダーとの間はいっそうの透明性が必要である。この論点については第5章と第6章で立ち戻ってより詳しく論じるであろう。

　第三セクターにある組織の多様性とその媒介的性格は，それがいったい独自のセクターを構成するかどうかという問いに十分な理由となる。しかし，これは図2-1に見られたように他のセクターについても同様である。市場は小さな田舎の「パパママ」ストアとあらゆる国で活動する巨大な多国籍企業の双方からなる。国家は地域，地方，国家レベルの公共機関，国民あるいは連邦政府，ヨーロッパ連合のような統合地域政府，さらに国連，IMF，世界銀行等の国際団体からなる。コミュニティは伝統的大家族，核家族，単親家族，単身者世帯等からなる。つまり，セクターという概念は問題ではあるが，それは社会の他のセクター以上に第三セクターが問題であるということでは必ずしもない。

　最後に，第三セクターを構成する図2-1の円のさまざまな部分は，他の3つの社会セクターのうちのどれか1つにより接近している。円の中のアクターたちは，民間性と公共性，非営利性と営利性，そして公式性と非公式性の異なる程度を表しうるし，それぞれ他の3つの社会セクターのどれかの近くに位置する。したがって，ヘンリクセンによれば［Henriksen, 1993a］，非常に高度に公共セクター指向で同様の仕事の方法を採用し，同様のサービス供給と同様の制度構成をもつボランタリィ組織を見いだすことができる［同上：13］。一部ない

しほとんどの活動が，宝くじを保有することから協同組合が通常行っているような工場や店舗をもって財の生産販売をすることまで，商業的追求を指向するボランタリィ組織を見いだすことも同様に可能である。また，ホームレスへのシェルター提供や病気災害に苦しむ人への安息を提供する自助グループないし組織のように，多かれ少なかれ自発的連帯を表すボランタリィ組織を見いだすこともできる。

　さらに，第三セクターと他のセクターの若干の重なりも挙げられる。この重なり合っている領域にある組織には特別な特徴がある。それらを一つずつ取り上げると，第三セクターと市場との間に重なりあう領域が見られる。ここには，商業的非政府ないし非営利組織，NGO，NPOといった混合組織の例が見られる。消費者協同組合や農業協同組合はこのサブカテゴリーの中心的要素を構成しており，こうした媒介的位置づけに固有の危険を例証している。目標の多様性は目標設定の変更や矛盾した目標を追求することと関連して起きる組織の委縮といった危険を増す。協同組合は実際に普通の民間企業になりうるし，それはスウェーデンの消費者協同組合が証明している［詳細はPestoff, 1991，1996を見よ］。

　非営利と営利の境界にはまたビジネスの利益のためのアソシエーションがある。それらはしばしばペアで存在しており，スウェーデンでは主として税控除を目的に双子組織として機能している。しかし，それらの両方とも普通は同じ会員企業のために働く。一方は年会費を集め，したがって非課税の留保金を維持できるNGO，NPOであり，双子のもう一方はサービス会社として設立され，会員にサービス料金の低減をさせる。同じ会員にサービスすることに加え，こうした双子組織は通常は同じ理事会（取締役会），同じ理事長（社長），そして執行責任者等をもつものである［Pestoff, 1988, 1989］。法的には，この双子の一方はそれにもかかわらず，NGO，NPOであり，もう一方は民間営利企業である。しかしながら，一方を非営利として他方を営利として扱うことはその双子という性格を見誤らせ，その結合的な活動と資源についての理解をひどく歪めることになる。

国家と第三セクターの間の重なりに見られる組織に目を向けると，公共と民間との間がますますぼやけてきて新しいハイブリッドな組織が生まれていることを見ることができる。一例は準公共組織，つまりストリークとシュミッターが「民間利益政府」と呼んだものに見られる［Streeck & Scmitter, 1985］。そこでは公共と民間との間の区別はほとんど消えている。民間非営利組織は公共政策を定義し，決定し，執行する点で明らかに公式的な公的責任を与えられている。こうした準公共組織はしばしば，ある分野を規制することにおいて相互に利害をもつ公共団体と民間団体のネットワークの連鎖を構成している［Kenis, 1990］。これは，農業生産，価格，輸入割当て，輸出補助金の規制にかかわっている農民組織など，一定の公共問題の規制にかかわっているNGO，NPOに見られる事例である［Pestoff, 1991, 1996］。

 さらに，国家と第三セクターとの境界には政党がある。それは自分自身を公共機関に転換させる独特の能力をもっており，限られた時間の間に主要な政府機能を身につける［Pestoff, 1977］。それは選挙結果や連立交渉にしたがって政府を形成でき，その後，異なった政治的結果が与えられれば自由に野党に戻る。他のボランタリィ・アソシエーションでこれほどシステマチックに柔軟性を要求されるものはほとんどない。

 最後に，コミュニティと第三セクターとの間の重なりを検討すると，無数の混合組織の例がある。1つの事例はHIV，エイズの領域に見られる［Walden Laing & Pestoff, 1997 ; Marin & Kenis, 1997］。ここでは公式化された非営利組織が，組織の公式の会員ではないが，にもかかわらずその時間やお金を組織の活動に援助しその目標達成を助けることに貢献する無数の個人の援助を集めるだろう。もう1つの事例は，多様な互助および自助グループに見られる。ここでは「会員」は公式的なアソシエーションを形成しもしなかったし，あるいはアソシエーションはまたその活動対象を公式化された組織の「会費納入義務を負っている会員」に限定することもない。むしろ，それはこうした互助，自助グループが役立とうとするコミュニティの全てのふさわしい人びとにオープンである。社会的企業や消費者協同組合社会サービスは他のタイプの協同組合より，

コミュニティと第三セクターとが重なるところにより近く見られる。

　この議論を第三セクターと他の3つのセクターとの間の関係を考察することでもう一度振り返ってみよう。国家と第三セクターとの関係ではじめると，ギドロンほか [Gidron, et al., 1992] とクーンレおよびセレ [Kuhnle & Selle, 1992] は双方とも，支配的ではあるが十分には正確ではなく情報もない第三セクターと国家との間の競争や矛盾というパラダイムと考えられるものをカテゴリー的に拒否した。フランス，ドイツ，ハンガリー，北アイルランド，イスラエル，イタリア，オランダ，ノルウェー，スイス，スロベニア，そして合衆国を含め，無数の国を徹底的に照らしつつ，彼らは拡大する福祉国家がボランタリィセクターの領域を侵食するという「いかがわしい，長生きしている神話」に言及している [Kuhnle & Selle, 1992：1]。この信念は実証的資料ではなくイデオロギーと政治的機会主義に基づいたものである [同上：6]。第二次世界大戦後の予期せぬ福祉国家の拡大は，競争パラダイムに従えば，ほとんどのヨーロッパの国で第三セクターの消失につながったはずであったが，事実は明らかにその反対であった。

　ギドロン他は，社会サービスの資金源泉とサービス供給の区分に基づいて，対人社会サービス供給における第三セクターと国家との間の考えうる4つのモデルを提案している。ⓐ政府支配，ⓑ並列的供給，ⓒ協働的関係，ⓓ第三セクター支配，である [Gidron, et al., 前掲書：17-19]。後者のモデルの存在を指示する証拠は見られない。同様に，地方公共機関とボランタリィセクターの間には，デンマークのアールボルグという町の社会事業において5つの特徴的な相互作用が見られる [Henriksen, 1997]。そのうちの3つは，公共機関とのさまざまな程度の協働に基づいており，他の2つは公共セクターとは最小しか，あるいはまったく関係がない。さらに，政府と第三セクターとの関係には通常，直接的には補助金や外注契約を通じたサービス購入，間接的には税控除や第三者を通じた償還といった資源の流れを含んでいる。それには，規制やアカウンタビリティの必須化，所得税法による個人寄付や会社寄付の奨励，補足的補完的サービスの計画化，公共政策の政府構造や組織自立性へのインパクトがある。

会社のフィランソロピーやスポンサーのような営利セクターとのリンクは第三セクターとって重要な資金源である。しかし，いくつかの国で第三セクターと営利セクターとの間の競争が大きくなっていることは両者の緊張を高めることに帰着しうる。合衆国の非営利組織に対する税の特典はその営利の競争相手から，合衆国や他の場所で民間小企業との不公正競争でるというクレームの下に，ますます頻繁に問題にされている［Rose-Ackerman, 1990］。

世帯やインフォーマルセクターもまた第三セクターと強い結びつきをもっている。それはボランティアや給与雇用者を供給するし，ボランタリィ組織のマネジメントにも参加する。さらに，それは定期的に多額のお金を寄付し，サービスを購入し，会費を払い，またそれは第三セクターの補助金に役立つ多額の税金を払わなければならない。最後に，多くのやり方で，それは第三セクターからサービスや援助を需要し受け取る［Anheier & Knapp, 1990］。

第3節　福祉ミックスへの移行

福祉ミックスという概念によって，変化している福祉サービス供給者の配置を評価する一連の組み合わせを明らかにすることができる。マクロレベルでは，福祉ミックスという考えは社会の統治におけるコミュニティ，市場，国家，アソシエーションの諸制度のそれぞれの重要性の違いを示すことができる［Evers, 1993］。そしてミクロレベルでは，社会福祉供給においてさまざまなセクターが果たす役割の違いを示すことができる。公共と民間，営利と非営利，公式と非公式という分離は何処でも同じというわけではないし，いったん決めたら固定するというものでもなく，むしろ政治的社会的な点でも時間的な点でも変化する。ある国ある時期に国家にとってふさわしい役割と見られたものが他の国，時期には当てはまらないかもしれない。

現代の政治闘争の多くは，国家は何をすべきか，市場は何をすべきか，第三セクターに残されるべきものは何かといったことにかかわっている。普遍的福

祉国家では，残余的福祉国家と比べて，より多くの責任が公共セクターに帰せられ，市場には少ない。北欧諸国のように，高度に発達した福祉国家として有名な国がある一方，合衆国のように，基礎的社会サービスの商業的供給により密接にかかわっている国もある。しかし，統治の伝統的なパターンは時間や政治的移行とともに変化している。というのは，1990年代初頭スウェーデンは保守連立政権の下に福祉国家を解体する決定的な試みを経験したし，一方で合衆国はクリントン大統領の下で，ほとんどの市民に医療へのアクセスを用意するという，失敗はしたが最初の重大な試みを経験した。

制度選択はまたメゾレベルでは，つまり政策領域の間では異なりうる。ある領域で公共，商業，非営利，非公式の混合がある一方で，他の領域で他の混合が一般的であるかもしれない。つまり，あるタイプの福祉混合が社会政策に見られ［Pestoff, 1996a］，他のタイプが産業政策に存在し，また第3のタイプが消費者政策で支配的である［Pestoff, 1984, 1989］といったことがあるであろう。さまざまな社会秩序に帰せられる役割もまた，中東欧の脱社会主義国に見られるように，体制の変化に伴って劇的に移行しうる。以前は，国家が福祉トライアングルを支配しており，コミュニティ，市場，独立的アソシエーションにかかわるアクターや組織の余地はほとんど無かった［Pestoff, 1978］。ツェマンはハンガリーにおける国家支配から国家中心，さらにはボランタリィセクター中心の福祉ミックスへの移行について言及している［Szeman, 1995］。しかしながら，転換を成功させるのに必要な新しい制度をつくるという仕事は容易ではない。ノースは，中東欧に根本的な変化をもたらすには予期した以上時間がかかるし，旧ソ連ではもっとかかるであろうと推測している［North, 1993］。

最近の福祉国家の民営化に関する議論の多くは，さまざまな社会秩序の特徴的な相違について考慮に入れていない場合が多い。さらに，財やサービス供給のあるタイプの社会秩序から他のタイプへの移行は，それぞれの社会秩序に関連する支配的価値における移行をも含んでいる。スウェーデンにおける民営化の賛成派も反対派も双方ともこの現象を白か黒かという見方をしてきた。このきわめて論争的な議論は民営化の違った道やまたその違った価値，結果を認識

第2章 市民社会，第三セクター，そして福祉ミックス

することができていない。したがって，福祉国家の理論と実践の両方から，こうした相違とそれぞれにかかわる広範囲な結果とを明確にする必要がある。

対人社会サービス供給の民営化は3つの独特な道，ないし軌道のうちの1つを，社会に対する異なった価値や意味をもってたどりうる。これらの独特な社会的な価値はその遂行に異なった社会制度を必要とする。第1に，より大きな市場の役割という結果をもたらす民営化は社会サービスの商業化，商品化を意味する。この代替案はサービスに支払う消費者，クライアントの能力に依存する。つまり，社会の多くのグループをこのサービスから排除することになる。第2に，より大きなコミュニティの責任に基づく民営化は，社会サービス供給の補助金づけ，女性依存および非専門化を意味する。女性は労働市場から引き離されるか，離れたままでおかれて，家族への対人社会サービス供給に追いやられる。これが中東欧の社会サービス民営化の主要な道である［Pestoff, 1996b］。第3に，非営利組織やボランタリィ・アソシエーションのより大きな役割に依拠する民営化は社会サービス供給の民主化，協同化を意味する。一定の環境の下では，このタイプの民営化は市民民主主義を促進し，市民を自ら必要とするサービスの共同生産者としてエンパワーする。さらに，これら3つの全てのタイプの民営化はより低い税金と権力の縮小，国家機能の再分配を，多かれ少なかれ，含む。さらに，民営化は財サービスの消費者によるいっそうの個人の貢献と，それゆえに，社会の個人とグループの間の財政的権力的資源の移動をも含む。

これを，あるセクターの成長が自動的に他のセクターの縮小を意味するゼロサムゲームの例と解釈することは誤りであろう。第1に，現実の世界ではサービス生産をあるセクターから他のセクターへ移すことは容易ではない。コミュニティなり市場なり第三セクターなりにいっそう依存するということは，単に公的社会サービス供給から民間へと資源を方向転換するという問題ではすまない。新しい制度が創設されなければならないし，コミュニティや市場や第三セクターはしばしば，簡単な告知で新しい責任を負うのに必要な能力や資源を欠いている［Grindheim & Selle, 1990；Pestoff, 1996a；Henriksen, 1993b, 1997；Stryjan,

1995, 1997]。第2に，コミュニティや市場，ボランタリィ組織に社会サービス供給をいっそう依拠することが自動的に国家の役割を縮小することを意味するわけではない。たとえ社会サービスが外注化されたり競争相手によって供給されるにせよ，国家は依然として本来的に社会サービスの資金源と見られている。最後に，第三セクターと政府は制度的な構成や政治，政策形成の国民的スタイルに埋め込まれている [Seibel, 1990]。つまり，政府・第三セクター関係は相互補完という点では，経済学者が示唆するよりははるかに柔軟ではない。

　セクター間および社会サービス供給組織間のよりふさわしい「混合」を見いだす議論において鍵となる問題は，ミクロ，マクロ両方のレベルで，より相乗的な福祉ミックスを探すことである [Evers, 1995, 173]。ミクロレベルでは，1つ以上のセクターの利点を混合するハイブリッドの解決法がより「知的な」解決法をもたらしうるし，そこでは，公共と民間の貢献が，ボランタリィな協力を伴う専門性と一定の状況に応じた特定の方法を伴う一般的な規律と標準の両方を促進するあり方でかみ合う [同上]。ここで検討してきた協同組合社会サービスはこの相乗効果のよい例を与える。ミクロレベルでは相乗的解決法は市民の環境や態度や優先順位によって変化するであろう。自ら必要とするサービスの供給への積極的参加に他の人々よりも関心をもつ市民もいるであろう。またそうする能力がより高い市民もいるだろう。したがって，高齢者介護も保育も，数多くの環境が介護・保育へのより積極的な利用者参加を整備しうるのである。

　さまざまな混合が考えられるし，いっそうの柔軟性や個別事例の注文仕立てのような解決法さえありうる。サラモンは，ボランタリィ組織に高度に複合的でバラバラな社会におけるサービス供給の優越性を与え，それに収入を生み出すことと国家の民主的優先権設定を伴う，「非営利連邦主義」を合衆国に対して示唆している [Salamon, 1987]。これが可能なのは国家の弱さに対応したボランタリィセクターの強さであり，またその逆でもある。画一的な性格をもつ国家に基礎を置くサービスは個別的ニーズへの対応に深刻な問題を抱えており，素早い対応の供給はほとんどできない。しかし，コミュニティに基礎を置

くボランタリィ活動は新しいニーズにより素早く対応できる。スウェーデンにおける1980年代の協同組合保育サービスと90年代の協同組合社会サービスの成長はミクロレベルとマクロレベルの両方でこのタイプの相乗効果のよい事例となっている。他方で，国家供給は信頼性を表しており，そこではボランタリィ活動はしばしば不均等に広がるか一定のグループを排除する傾向がある。つまり，国家は，その規則設定の能力を通じて，誰もがサービス利用が可能であることを資金提供の前提的必須条件にする［同上：174-75］。

　エヴァースは，市場機構と国家供給との組み合わせは，例えばサービスバウチャーの利用を通じたいっそうの柔軟性など一定の便益を生みだしうる，といった議論をしている。エヴァースは，福祉ミックスや福祉プルーラリズムが国家主義や経済的自由主義とは根本的に異なる何かに貢献するかと問うている。彼の答えの焦点は，サービス供給コストやさまざまな解決法へのいっそうの開放性ばかりではなく，第三セクターがそれ自身の倫理に基礎をおいてサービス供給する明白な役割が与えられる程度にも置かれている［同上：176］。

　潜在的な政治的経済的貢献という点でのこれらの性質の違いについては，以下の章でさらに詳しく，そしてその実際の遂行という点については簡単に本書の最後の方で見ることにしよう。しかしエヴァースは，ボランタリィ組織や協同組合をボランティアや労働参加義務等による安いサービスとのみ考えることは完全に重要な点を見逃すことになる，といっている。第三セクター組織は単なるサービス供給者ではない。それは，参加や連帯等といった公共的倫理を維持し，耕していくという役割をもっている。それはまた圧力団体活動を通じて政治的経済的社会的変化を進め，またその経験はしばしばサービス供給の革新として役立つ［同上：177］。エヴァースが強調するのは国家と第三セクターの変化する関係の長い見通しの含意である。社会サービスの第三セクターへの支出は「社会資本の基礎的ストックへの投資であって，単に社会的支出の一形態と」見られない［同上：179］。

　コミュニティや社会的ネットワーク，ボランタリィ組織，協同組合によって代表される社会資本は国家の継続的支援が無ければ侵食されうるし，そうなる

であろう。しかし，政府のボランタリィ組織への補助金の，多様な活動を伴った補助金から，たとえばサービス供給のような特定プロジェクトへの外注化への移行は危険である。こうした移行は第三セクターを「単に重荷をわけて持たす活動にとっての安売り場として植民地化し使おう」とする結果をもたらしうる（［同上：179；Kuhnle & Selle, 1992］もまた同様の警告を発している）。

第4節　結　　論

　対人社会サービス供給における第三セクターの役割についての，市民社会の性質についての，また第三セクターと市民社会との関係についての多くの今日の論争は，第三セクターと国家の間のまた市民社会と国家の間の競争や矛盾についての歪められ誤解されたパラダイムに基づいた新自由主義を明らかに反映している。この観点は不正確で無知であるばかりではない，それはまた学問的探求にイデオロギー的な重荷を負わせ，袋小路へと追いやることになる。その主要な目標がスカンジナビア諸国の普遍的福祉国家の正当性を剥奪し，縮小し，ミーンズテストを伴う最低のセイフティネットに置き換えることであることは明らかである。こうした活動の目的は学術的であるよりも政治的イデオロギー的であるようにみえる。市民社会概念に関しては，それを社会学的研究として採用するよりも哲学的論議にとどめるほうがよいようにみえる。というのは，第三セクターと市民社会の具体的レベルでの関係は，市民社会の厳密性や適切さがないためにあいまいなままになっている。

　第三セクター概念は十分に探求され，また市場，国家，コミュニティといった他の社会秩序と関連させられている。アメリカとヨーロッパの両方の研究の伝統が第三セクターの研究に貢献している。「非営利セクター」という第一義的定義はあまりに相対主義的すぎる，つまり，アメリカ税法に基づき，それゆえに合衆国外で適切なものが無いために拒否された。第三セクターは福祉ミックスにおける移行と関連している。民営化の異なった道，またはモデルが，そ

れが進める社会的価値という点から考察された。第三セクターは対人社会サービス生産の民主化，協同化を進めることができるが，他の2つのセクターは他の価値を進める。市場は対人社会サービスの商品化，商業化を進め，他方，主としてコミュニティに依拠する民営化は対人社会サービス生産の非専門化，女性化，を進める。

第3章　市民民主主義の社会サービス政策

　市民民主主義は，先の第1章第4節で規定したように，対人社会サービスの協同的自主経営を通じた市民の活力化だと規定した。そこでは市民は市民が要求する地域サービスの生産に直接的に参加する。したがって，市民はそのサービスの共同生産者である。この章では市民民主主義のさまざまな政策的側面を詳しく見ていく。そのためにわれわれはまず初めに別々の市民グループとその影響力のさまざまなチャンネルを検証する。ついで，われわれは市民，消費者，クライアントとしてのさまざまな役割，およびそれらと公的セクターと公的サービスをコントロールする市民という古典的考えとの関係，さらにどのようにそうしたコントロールが外部委託化によって修正されていくのかを検証する。最後にわれわれは社会サービスの生産または供給から財源化を分離することの議論，およびデンマークにおける社会サービスの供給へのいっそうの市民参加の発展を議論する。

第1節　分割された市民——影響力と説明責任のさまざまなチャンネル

　市民の生活はいくつかの異なる役割に分割されている。それぞれの役割は別々の社会的ガバナンスの構造によって規則化されており，別々の組織や活動因子がそれぞれのガバナンス構造と結合している。これらの役割の相互関係性は，現代福祉国家の重要な特徴である。しかし，それらは通常別々に研究されており，おおかたの研究者はそれらの役割の1つだけに焦点を当てるのである。このような狭い焦点ではわずかに20世紀末のヨーロッパ社会の複雑さの

図3-1　市民の役割と混合経済ネットワークにおける市民の影響力のチャンネル

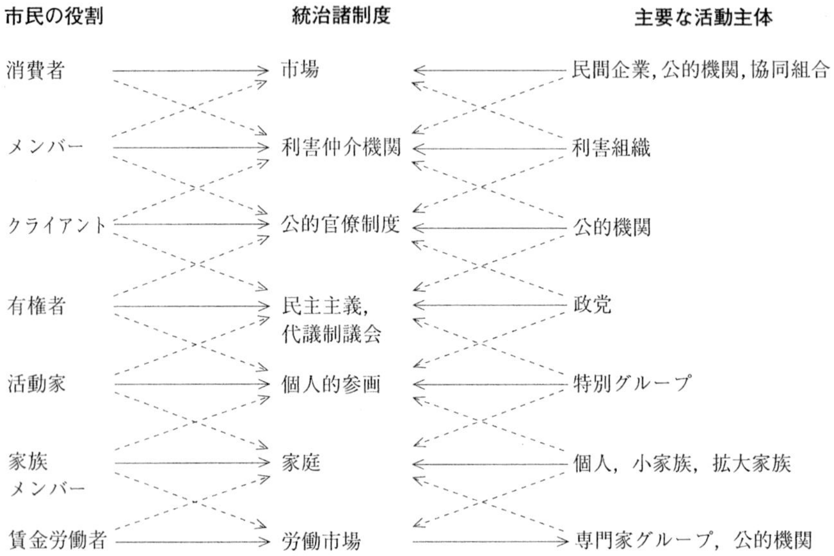

市民の役割	統治諸制度	主要な活動主体
消費者	市場	民間企業,公的機関,協同組合
メンバー	利害仲介機関	利害組織
クライアント	公的官僚制度	公的機関
有権者	民主主義,代議制議会	政党
活動家	個人的参画	特別グループ
家族メンバー	家庭	個人,小家族,拡大家族
賃金労働者	労働市場	専門家グループ,公的機関

注：実線 ――→ 影響力の主たるチャンネル　点線----→ 影響力の2次的チャンネル
出所：Pestoff, 1996a, adapted from Berrefjord, NOU.

部分を示すにすぎない。このことは教育研究目的を正当化するかもしれないが，しかしながら多様な顔をもつ現実の小さな部分を構成するだけである。混合経済の見取り図は，北ヨーロッパにおける市民のいくつかの異なった役割と社会制度の相互関係性を描くうえで役に立つ。

スカンジナビア諸国における市民の重要な役割のうちの5つが，1970年代のノルウェーの権力構造研究によって詳しく検証されている。この市民の5つの役割とは，消費者，利害組織のメンバー，公的官僚制におけるクライアント，有権者，活動家である。見取り図では，2つの追加的な役割も含まれる。すなわち，家族メンバーと賃金労働者である。修正した混合経済のネットワークは図3-1に示す。

市民の影響力の各チャンネルはそれぞれの役割と社会の統治構造とを結合している。図のように消費者の役割をとるならば，その影響力の主要なチャンネ

ルは市場であり，図では実線で示されている。しかし，もし消費者が1つまたは複数の理由により，市場の機能に不満な場合，消費者はその影響力を他の役割と結びつけて，いくつもの第2のチャンネルに切り替えることができる。それを図では破線で示している。消費者はある組織のメンバーになって，モノやサービスの品質と価格や市場機能の方法の変更要求をするかもしれない。消費者は消費者団体に戻って，製品安全最低基準や反独占法制を要求することもできる。彼らは政党に投票していっそうの価格統制やさらなる厳しい消費者法制を要求することもできる。もし，そのいずれもがうまくいかなければ，彼らは「特別な」消費者グループあるいは環境グループをつくり，自分たちの利益を消費者としてより直接的に推進することもできるだろう。最後に，家族メンバーは自分たちの購買力を調整し計画することができる。それは単にお金の節約だけでなく，市場へのいっそうの影響力を獲得することである。賃金労働者もまた，インフレや増加する消費者物価を補填するために，共同してより高い賃金を要求することができる。

　こうした市民の役割の多様性は，混合経済における市民の影響力の多様なチャンネルを開く。通常，資源をたくさんもった市民は，不愉快な状況を影響力のひとつだけのチャンネルを通じて是正することにとどまらず，いくつかのチャンネルを通じて行おうとする。同時に，もしわれわれが公的サービスに満足しない場合，われわれもまたクライアントである以上にいくつかの役割を通じて対応することができる。われわれは政党に目を向けることもできるし，さまざまな利害組織に近づくこともできるし，必要とするサービスの民間供給者に直接的に向かうこともできる。われわれとしては公的サービスに対する影響力にかかわる政策的チャンネルをもっと詳しく見ていき，またそれらの政策に対する市民のいっそうの統制と影響力の可能性を検討することにする。

　公的行政の古典的理論によれば，民主的社会において市民に対して政策過程へのいくつかの影響力のチャンネルを伝統的に用意している。それは図3-2に示す。公的サービスに対する不満の表明は，伝統的に選挙によってチャンネル化されている。それは図のⓐに示されるが，そこでは市民は選んだ政党を通じ

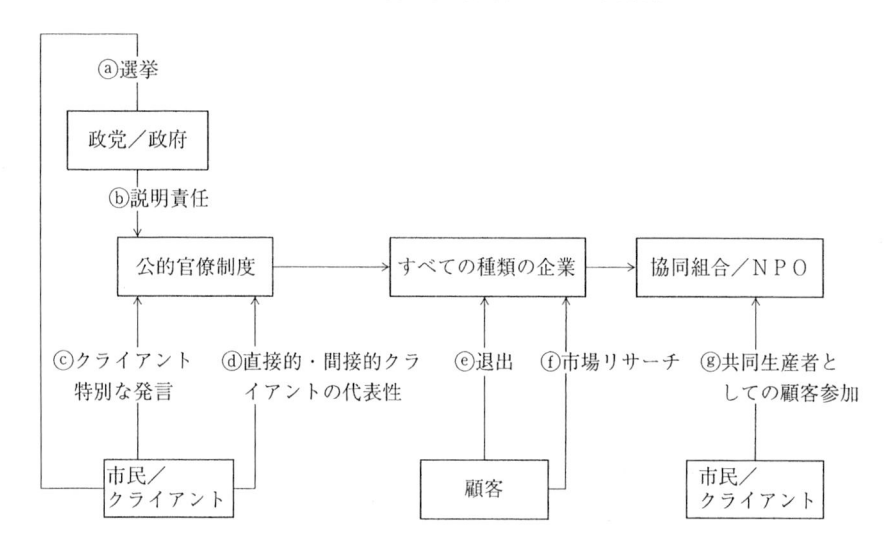

図3-2 公的官僚制度の市民統制のための代案諸モデル

```
            ⓐ選挙
         ┌─────────┐
         │ 政党／政府 │
         └─────────┘
            ⓑ説明責任
              ↓
  ┌─────────┐    ┌─────────────┐    ┌─────────────┐
  │ 公的官僚制度 │ →  │ すべての種類の企業 │ →  │ 協同組合／NPO │
  └─────────┘    └─────────────┘    └─────────────┘
       ↑     ↑            ↑    ↑              ↑
   ⓒクライアント ⓓ直接的・間接的クラ  ⓔ退出 ⓕ市場リサーチ  ⓖ共同生産者と
    特別な発言   イアントの代表性                    しての顧客参加
  ┌─────────┐                ┌─────┐        ┌─────────┐
  │ 市民／    │                │ 顧客 │        │ 市民／    │
  │ クライアント│                └─────┘        │ クライアント│
  └─────────┘                                └─────────┘
```

て間接的に公的セクターに影響力与え統制する。この市民影響力のチャンネルの有効性は，もちろん国によって選挙の多様性と効力性との性格によって異なる。選挙で選ばれた政府は公的セクターの機能に責任を負う。そして翻って市民サービスに一定の基準での説明責任（アカウンタビリティ）をもつ。これは図のⓑに示す。市民はまた公的サービスに対して直接的に個人的で任意な「特別」の発言をもって不満を表明できる。それをⓒに示すが，サービス供給者やその監督者にたいして直接的に不平を表明できる。

　間接的な市民影響力の欠点は，さまざまな公的サービスに付属する相談機関におけるクライアントの代表派遣の制度化により是正されることがある。すなわち図のⓓ。イギリスのいくつかの公益事業機関，たとえば石炭理事会，ガス理事会その他は，戦後数十年にわたってこうした消費者代表を入れている。この種の直接クライアント代表型の機能については，体系的な実効性は確証されていない。しかしながら，表面上そんなに「こんがらかった」問題はない。クライアントグループの代表者は諮問会議の代表となるだろうし，長期間その地位に留まることができ，次第に通常の消費者との接触がなくなる。むしろ彼ら

は自分の個人的な戦いを，自分が見つけた公的サービスの欠陥に対して行うるのが常である。

スウェーデンの消費者政策は，戦後一貫して，消費者の小さなの声を組織化しようとしてきた。しかし，伝統的に，公的サービスは組織化の対象外としてきた［Pestoff, 1984, 1989c］。

戦後のスウェーデン政府は当初，このような消費者政策を推進して，消費者組織のためにいくつもの障害を解決しようとした。その後，消費者団体を組織して公的団体にもその代表者を入れるなどして，発言権をもたせるようにしてスウェーデンの消費者政策に監視の目をもたせるようにした。しかし新自由主義的政府が1990年代初めに誕生して，「民営化」によって消費者政策の見直しを図り，ボランタリィ団体に消費者の責任を任せるような方向に転換した［Pestoff, 1992: 63］。ボランタリィ団体はこのような責任を引き受ける準備がほとんどなかった。それでこの方針は1994年に政権復帰した社会民主党政府によって凍結された［Pestoff, 1994/95: 100］。さらに，消費者を組織する古いスウェーデンモデルは，スウェーデンがヨーロッパ連合に加盟したことで当初の重要性を失った。

イギリスの首相 J. メージャーが主唱した市民憲章は，公的サービスへの消費者の影響力についての議論の手段として提示された。説明責任については3つの型がある。すなわち「上部や官僚に対する上に向けての説明責任」，「専門家や同僚に対する外に向けての説明責任」，「商品やサービスの受け手に対する下にむけての説明責任」である［Elock, 1993: 19-20］。市民憲章は主として下に向けての説明責任を強調しており，不満を言う権利のような，市民としてよりも消費者あるいは顧客としての大衆がもっている権利の拡大を行っている。しかし，市民憲章は「上に向けて」や「外に向けて」の説明責任にはあまり重きを置いていない。

サービスマネージメントもまた，個人消費者に焦点を当てる傾向にある。個人消費者は消費者調査を通じてその意見を表明できる。消費者は，そのやり方は多様にせよ，一連のサービスについて選択したりとりそろえたりすることに

発言権をもつ。消費者はまた苦情手続を通じても発言できる。しかし、公的サービスの利用者は必ずしも字義どおりの顧客ではない。ただし、民間サービス以上に公的サービスでの支払を自由に選べるならば別である。公的サービスが固定した顧客をもっているのだという考えにより、イギリスの多くの地方自治体が「サービス基準」を導入し始めた。これは基準に満足しないときに、なにを要求するかどのように苦情を申し立てるのかを明示したもので、全国レベルの「市民憲章」と類似したものである。しかし一方、各市民や消費者は、その発言を解ってもらう能力や選択する能力は著しくばらばらなのである [Taylor, et al.,1992]。

市民全体ばかりでなく消費者に対して特別なサービスについての説明責任をもつことは可能か、またこの両者の間で紛争がある場合にはどのようなことが起きるのか。福祉国家の断片化は、上への説明責任を薄めることにはならないようだ [Day,1992]。市民はサービス提供者に対して、行われたサービスへの評価や、しなかった場合の罰則を与える権利能力がある。たとえば、有権者は政治家を追放することができる。しかし、下へ向けての説明責任の概念に関しては問題が別となる。単なる説明義務だけでなくて罰則の存在がこの説明責任の中核である。さまざまな社会サービスにおいて、特定の消費者に説明責任をもつことの議論だけをいっているのではない。

公的サービスの顧客は、法的強制執行の場合などに見られるように、いつでも提供されたサービスの直接的な受け手であるとは限らない [Chandler, 1993]。公的サービスの直接的な受け手の要求は、世間一般の多様なその他の人々の要求とバランスしなければならない。市民権には同等な取り扱いとサービスの供給権利とともに、たとえば公共サービスに対して財源提供のための税支払いなどの義務を含む。政策形成への参加はさらに重要な権利である [同上：9]。メージャーの市民憲章は、政府の分権化によるいっそうの参加の促進という枠組みから注意をそらせる。市民憲章はサービスに対する個人としての消費者の役割を強調する。しかし、公的政策形成に参加する市民としての集団的役割と権利は強調されない。

第3章 市民民主主義の社会サービス政策

　スウェーデンでは，公的サービスの質改善と費用削減についてのさらに根本的な解決をどうしたらよいかが議論されている。公的サービスと行政公務員の説明責任は，もし民営化や外部契約化により公的サービスの提供が民間会社や非営利組織に移行したならば，もっと改善されるだろう。スウェーデンでは，公的サービスの提供を政治的にコントロールすることが依然として間接的なやり方で行われている。官僚は依然として政治家と政府に対して自身のサービスの質を説明する責任がある。しかしこれらの公的サービスはもはや公的セクターでつくられているというよりも，どちらかというと民間会社や協同組合や非営利組織などが創り出しているのである。したがって，すでに弱体化した市民／クライアントの影響力は，以前よりさらに弱体化してきている。かくして公的サービスの民営化と外部契約化には，間接的な説明責任が消えてしまったことを補うために，サービスの質に対する直接的な市民の影響力を並行して強化することが伴わなければならない。クライアントに対する新たな直接的な説明責任は，もちろん，市場や協同的な解決の場合にしなければならないものである。しかし，この2つの説明には疑問の余地もあろう。民営化と協同化はともに政策的説明責任について新しい多くの問題を投げかける。

　民営化の場合，市場メカニズムは，新たに民営化されたサービスを提供する企業の経営陣に対して，市場操作におけるクライアントや消費者の選好についての情報を提供するものと見なされる。消費者の市場での行動とは，あるいは消費者の市場からの退出とは，次のようなものである。すなわち図3-2ではⓔに示してあるが，資源の希少性を配分し投資決定を行うために必要な情報を経営陣に提供すること。しかし，消費者向け耐久商品や一般商品を製造しているほとんどの営利企業でも市場が提供する情報シグナルの発信元探しのためにたくさんのお金を使っている。とりわけ，マーケットリサーチ業界は，ⓕで示しているが，市場のシグナル情報の発信源探しに集中している。

　われわれはまた説明責任を考えるときに，購入者と提供者と顧客を区分しなければならない［Day, 1992］。イギリスでは購入者とはすなわち政府であり，政府には説明責任が従来どおりあるが，しかし準市場化や外部委託化がその他

の多くの事柄を変えている。準市場化はイギリスでは国民保健サービス（NHS）と社会サービスに導入された。これは購入者の役割と提供者の役割を分離することを前提にしているので、説明責任の新たな異なる側面が現れてきた。その真の変化は購入者と提供者との関係のなかに見られる。

過去において、サービス提供者は説明責任において同一の位置づけがされていたが、将来はもはやそんなことはない。説明責任は契約のなかで実行され、契約が更新されるときにのみ説明責任の責任が問われる。理論的には、購入者は制裁力をもつ。しかし、現実には多くの購入者は提供者を取り替えることは難しい。それは社会サービス供給の地域的な独占という問題があるからだし［同上］、結ばれた契約の期間の長さということもあるからである。社会サービスの購入者と提供者との新しい関係では、政策をどう決めるかの取引費用（トランスアクションコスト）がきわめて増加する。交渉費用、契約遂行監視費用の取引費用の増加はいうまでもない。このような取引費用については次の章で論じる。

消費者に対する説明責任という考えは論理的ではない。市場との対比では、公的に財政支援を受けたサービスを論理化できない。というのも上への説明責任と下への説明責任の結合は、市場メカニズムの導入によって実際上壊されてしまうからである。民間取引においては、競争があるために経営陣はその顧客に敏感に反応する。経営陣が誰かに対して説明責任があるとするならば、それは株主と取締役会である。なぜ経営陣が顧客の反応に敏感なのかは、そうでなければ彼らは株主に罰せられるからである［同上］。

外部委託化では協同組合や非営利組織を公的サービスの提供者になることがある。ここでもまた政策的な統制が間接的で弱い場合が多い。契約は通常2～3年程度で行われる。しかし非営利組織に対する外部契約化は、市民／クライアントの影響力をいっそう高めることにもなる。クライアントもまたサービスの共同生産者として組み込まれることができる。図⑧に示したように、自分たちの要求するサービスの生産ができる。その場合クライアントはその社会的企業のメンバーであり、みずからにサービスを提供することになるのである。

第3章　市民民主主義の社会サービス政策　　　　　　　　　　75

第2節　連帯といっそうの市民参加

　本書は市民が社会サービスの共同提供者となるときに消費者の影響力が強まることを理論的，経験的にどのような意味があるのかを探ることを目的にしている。このために，われわれは，福祉国家と，公的サービスにおけるいっそうの市民参加モデルと，公的サービスの共同生産者としての市民，という3者の連帯的関係を見ていく。

(1)　垂直的連帯と水平的連帯

　さまざまな社会グループの間における制度化された連帯が福祉国家の特徴の1つである。デュルケームは，機械的連帯と有機的連帯を区分した。機械的連帯は伝統社会に基礎を置くものであり，有機的連帯は産業的都市社会と結びついている。連帯という用語のいろいろな使用の議論のなかでは，いくつかの側面が提示されている。すなわち，制度的連帯と自然発生的連帯対称的連帯と非対称的連帯，伝統的階級的連帯と階級横断的連帯，地域的連帯とグローバルな連帯である［Juul,1996］。別の視点は，水平的連帯と垂直的連帯が，所与のグループの歴史的階級的位置を論理的な出発点として採用している［Christensen, 1996］。かくして労働者階級の連帯は水平的な連帯である。それはこの連帯が同一階級内部で発生しているからである。一方，上部階級のフィランソロピーは垂直的連帯である。それは金持ちが社会における貧しい諸個人に寄付をすることだからである。

　しかしながら，本書では，水平的連帯と垂直的連帯に対して別の解釈を与えている。すなわち，個人またはグループと別の市民や市民グループとどのように関係するかという観点である。福祉国家は再配分の考えのうえにつくられている。したがって，通常は資源をあるグループから他のグループへ移転するという考えを含んでいる。すなわち，社会グループ間における制度化された連帯

といったものである。この制度化された連帯は若者と老人との間で，暮し向きの良い人間とそうでない人間の間で，健康な人間と病気または障害をもった人間の間で現れるかもしれない。社会グループ間での連帯的関係は，福祉国家のあり方の違いによって，異なって制度化される。2つの主要パターンが垂直的連帯あるいは水平的連帯関係を通じて明示される。「垂直的連帯」は，ある社会グループから他の社会グループへ資源を移転するときの国家の積極的関与に基礎を置いている。等級分けされた課税すなわち通常は累進課税はほとんどの市民に課せられるし，資金は国家からグループ的連帯の諸対象に直接的間接的に移転される。政府は通常，垂直的連帯を採用し，その歳入の徴収者としてまた社会政策への財源者としての能力を発揮する。一方，市民個人としてはそのような垂直的連帯的関係には必ずしも直接的に関与しない。

　それにくらべて「水平的連帯」が含むものはいっそうの個人的な関与，福祉サービスの生産への積極的な市民参加，公的サービスの供給における政府の直接的関与の低化である。だだしその財源への国家の支出関与が減るわけでは必ずしもない。水平的連帯は個人の選好や集団の選好を求めることであるし，また異なる目的と目標をもつこともある。さまざまな社会サービスについての個別的消費者／クライアントの間の水平的連帯は，「参加的連帯」と呼ぶことができる。ある職種や区分における従業員間の連帯は「相互扶助」と呼ぶことができよう。一方，暮し向きの良い市民と暮し向きの悪いグループとの間の連帯は「慈善的連帯」といえるかもしれない。

　すべての福祉国家は，多かれ少なかれ，垂直的連帯と水平的連帯の関係を結合したものである。しかし福祉国家の型と連帯関係の型にはしばしば相関関係がある。連帯的関係は普遍主義的福祉国家においてはまずもって，垂直型に制度化されている。産業化を達成した福祉国家においては多かれ少なかれ，垂直的連帯関係と水平的連帯関係に分割されている。一方，産業化が終了していない福祉国家においてはまずもって水平型として示される。普遍主義的福祉国家は慈善的連帯関係を排除しない。むしろ，普遍主義的福祉国家は社会福祉サービスを市民の権利と見なして，基本的に公的セクターが全市民に提供すべきも

第3章 市民民主主義の社会サービス政策

表3-1 連帯関係の種類と福祉国家制度

連帯関係	企業的	普遍主義的	産業化達成的	残余的	
水平的	（家族）	参加的	相互利益	救済的	家族と慈善
垂直的	労働の場を通じて全市民	全国民	従業員とその家族		
				特定者	最小限
国	中欧，東欧	スカンジナビア諸国	ヨーロッパ大陸諸国	イギリス，北アメリカ	南欧，ギリシャ

注：1) 波線はその上下の周辺的な現象の存在を示す。中央ヨーロッパと東ヨーロッパにおける企業的福祉国家における家族，またはラテンアメリカ周辺福祉国家の最低限国家支援を示す。
出所：V. Pestoff, 1996a

のとして見なしている。したがって慈善に依存する必要性は減じている。産業化を達成した福祉国家は，通常相互扶助と自助の両方の明確な諸要素を含んでいる。それは集団的雇用保険制度などを含むし，社会サービスの提供における非営利組織の役割も含んでいる [Fölster, 1996]。産業化を達成していない福祉国家はたいてい博愛・慈善グループの活動に大きく依存しているし，また受給のための資産資格検査（ミーンズテスト）をして「劣等処遇すべき貧困者」にたいしてのみ公的福祉サービスを提供する。福祉国家の追加的な2つの型を本書では「企業的」福祉国家と「発育不全」福祉国家と呼ぶ。

　福祉国家のこれらの異なる型と連帯関係はそれぞれ理念型であることに留意すべきである。現実にはもちろん多くの複雑な要素があり，ほとんどの福祉国家はこれらの理念型のいくつかの組み合わせである。福祉国家の型と連帯の型におけるこれらの相違は，表3-1に示す。明確にすべきは，中央ヨーロッパや東ヨーロッパにおける企業的福祉国家 (the enterprise welfare state) は，スカンジナビア諸国に見られるような普遍主義的福祉国家とは類似性がいささかもなかったし現在もない。ただし表3-1に見られるように似たような連帯関係のパターンはある。普遍主義的福祉国家は現在も過去も，ヨーロッパにおける労働組

合と労働運動が自分たちの組合員や住民一般の福利改善のための長い闘争の結果である。中央ヨーロッパや東ヨーロッパでは共産主義国家の憲法によってもともと共産党に独占的な権力が与えられているために，このような可能性は全然なかった。したがって，労働組合は労働交渉などを通じて組合員の利益を守ることがいつも妨げられた［Pestoff, 1978］。また，企業的福祉国家の福利はその貧弱さでよく知られていた［Deacon, 1992］。

　福祉国家体制における変化と福祉混合における配置の仕方は，いずれもひとつの福祉国家体制の型から別の，市民への供給体制のあり方への転換，もしくは多かれ少なかれ垂直的もしくは水平的連帯関係の配置転換のいずれかあるいは両方の転換を含む。これらの戦略によって追求されるものは，まずもって政策的およびイデオロギー的問題である。ポスト共産主義国家における企業的福祉国家は，「劣等処遇の貧困者」向けの最小限のセイフティネットに置き換わることになる。世界銀行とIMFの勧告によれば，これらの国は発育不全の福祉国家としてのラテンアメリカ周辺モデルにより近づきつつある。しかし，家族や慈善，さらには非営利組織も，普遍主義的社会給付の不在による穴埋めをすることはできない。普遍主義的福祉国家は，産業化達成的福祉国家（an industrial achievement welfare state）によって，残余的福祉国家（a residual welfare state）によって，あるいはその両方によって掘り崩され取って代わられる。それはスウェーデンの普遍主義的福祉国家に対する新自由主義論者がいつも主張していることである。普遍主義型のいくつかの特徴は一部のサブセクターに残る。一方，産業達成型のいくつかの特徴は他の諸セクターにおける指標的原則および目標となる給付として置き換わるかもしれない。

　垂直的連帯から水平的連帯への移行あるいはその逆もまた，同一の福祉制度内部でのいっそうの制度的混合を促進できる。普遍主義的福祉国家は社会的企業や非営利組織の役割拡大を促進できるし，市民が必要とするサービスの生産への市民自らの参加もいっそう促進できる。すなわち社会的企業がデイケアサービス，高齢者介護，医療などを供給するといったことである。残余的福祉国家は，多かれ少なかれ貧困グループに対する給付を拡大したり契約したりする

ことができるし，多少なりのサービスと給付を供給することができる。

(2) 利用者の活力化——市場か国家か

　市民がその要求する社会サービスの生産にもっと参加する意味について考えたい。いくつかのアングロ・アメリカ諸国における公的サービスの最近の変化［Peters, 1994］と中立的な公的サービスの古典的モデルに対する4つの代案すなわち，市場モデル，参加型国家，柔軟な政府，規制緩和型政府を示す。これらの代案の登場にはいくつかの理由がある。第1に，非政治的な市民サービスの原則はもはや続かない。第2に，公的サービスにおける上下階層的な規則がらみの運営という考えはもはや適用できない。組織的な権力や権限のさまざまな代案がいまや存在しているのである。第3に，部分的には，これらが発展している結果，公務員はもはや彼らの名目的な主人，すなわち，政治家たちから与えられた政策指令に機械的に対応するだけではすまない。むしろ，公務員はみずからの権利として運営担当者となり，公的サービスの説明責任を統制し実行するように変わることである［同上］。これらの代案モデルにはいくつかの類似性があり，いずれもが国家を「空洞化する」と国家を社会における単なる実行者の1つとして，その意義づけを減じている。

　われわれはまず第1に，参加型モデルを示そう。これは市民が社会サービスの共同生産者であることを目指すわれわれの目的にもっとも叶っているモデルである。しかし，まず指摘すべきは，テイラー他［Taylor, et al., 1992: 16-17］が提示したモデルとの類似性である。テイラーたちは地域レベルでのコミュニティケアの供給を行う福祉モデルの可能な4つのモデルを論じている。これは財政と社会サービスの供給の異なる組み合わせに基づいたものである。社会サービスは公的資金からも個別市民からも財源を得ることができるし，そのサービスは公的機関からも非営利組織からもさらには混合型供給者からも民間業者からも供給を受けることができる。この4つのモデルとは次のようなものである。

　ⓐ　福祉国家モデル——国家は財源提供者でありかつ介護の主要な供給者で

もある。利用者はその影響力を民主的な制度を通じて行使する。この制度はもっぱら参加のための限定的な機構を含む。

　ⓑ　準市場モデル——このモデルはイギリスでつくられつつある。国家を介護の購入者と見なす。しかし，消費者の選択はケアマネージャーの媒介を経て調整される。購入者たる国家によって定められた品質基準に関する調整システムによってバックアップされている。

　ⓒ　純粋市場モデル——このモデルは消費者またはクライアントを介護の購入者としようとするものである。必要ならば引換券の供給を通じて行う（ただしこれは技術的には準市場的である）。消費者は供給者と契約を結ぶ。サービスは公的基準を満たさなければならないが，欠陥サービスの場合の再調整システムがなければならない。

　ⓓ　権能付与モデル——ここでは行政当局は地域における柔軟性のある多様な介護の指揮者の役割を果たす。すなわち，多数の供給者がいる市場を財源やその他権限を通じて活性化させる。これらの供給者は利用者と介護員に選択の余地を与える。また利用者に対して供給の範囲についての意見・情報・法的相談を提供をし，質の高いサービスを受ける権利を実行できるようにする。また供給者がこれらの条件を満たせるように援助する［同上：17］。この代案モデルは市民の多様な役割を示している。すなわち，市民は福祉国家における納税者であり，準市場におけるクライアントであり，私的市場における消費者であり，権能付与型モデルにおける参加者である。市民であり消費者でありクライアントであるという役割が異なることについては第3章第3節で論じる。

　市場モデルの理論的な根拠は公共選択学派または合理的選択学派を密接に織り合わせたものであり，国家および政府のもっとも一般的な代案となるものである。すなわち，

　　公的セクターの伝統的構造における主要問題のひとつは，その環境からの合図にたいして効率悪く対応する巨大な独占的な諸部門への信頼の問題である，と思われる。政府諸機関の規模と複雑さが，価格がないモノとサービスの提供とあいまって，とりわけ公共選択学派にとってみると，政府の

第3章　市民民主主義の社会サービス政策

（はっきりとわかる）非効率性と非有効性の非常な根拠に見える［Peters, 1994: 5］。

　これらの問題の解決はむしろはっきりしている。すなわち，非集権化，民間組織または準民間組織への外部契約化によりモノとサービスの提供をさせること，同一賃金基準を市場と同様な格差報酬に基づいて業務に対して支払うことに取って代えることである。個々人の貢献度を正確に計測する一般的困難さ以上に大事な問題は，政策決定である。とりわけひとたび公的サービスが分権化されると，おそらく調整と統制が難しい問題になる［同上：8］。また消費者の権利と法的な地位が低下し，消費者としての市民のあり方が問題になり，また政府が購入と販売を削減する場合については第3章第3節で論じる。

　イギリスにおける保守党の民営化計画の実施は，消費者としての市民の役割に関しての概念的明確化をいくつかもたらした。消費者への配慮は，ユーザー自身の取り組みによってもたらされた。有権者によって1979年に政府は選択と効率の名前の下に福祉国家に戻った。また96年にも再び同じことが起こった［Taylor, et al., 1992: 5］。この最初の総選挙の後に，サッチャー政権は利用者の活力化という自分たちのやり方を実践に移した。これは，市場はサービス利用者のニーズと選好に対してもっと効率的にもっと敏感に反応すべきだと主張する新自由主義に基礎をおいていた［Flynn, 1992］。これを背景にして，国有企業は運輸部門，公共部門が民営化された。

　市場原則もまた福祉や教育に導入されてきており，購入者と供給者を分離し，いくつかの分野では強制的な競争入札の併設や「選択制」が導入されて，医療における内部市場とコミュニティケアにおける「契約文化」が展開している［Giddens, 1994, 1996 ; Le Grand, 1990］。民間のサービス供給を奨励する諸政策が，福祉への支出責任を可能なかぎり減らそうとする並行的な政策を背景にして，福利供給の改正，地方自治体の財政改革，個人責任や積極的な市民活動の推進などを通じて行われている［Taylor et al., 前掲書: 6 ; Gastere & Taylor, 1993：23］。

「参加型国家」モデルはあまり理解されていないのでピーターズの説明に大いに頼ることにしよう［前掲書］。このモデルは政策的な考えとしては市場指向の対抗案かもしれない。しかし，その提言内容は大変似たものになっている。たとえば「コミュニタリアリズム」，参加型国家，「活力化された国家」「推論的民主主義」のような，しばしば違った命名のもとで議論されるが，ここでは，通常は上下階層的モデルでのもとでは排除されるようなさまざまなグループが，組織的な関与を大いに許される。上下階層制度もまた，効率的経営やガバナンスにとって非常な障害になると見なされる。しかし，公的サービスの経営陣がその解決策を必死になって探すよりも，末端労働者層や組織のクライアントに対する取り組みを強めるほうが得策である［同上：11］。ピーターズは次のように述べている。すなわち，

> この取り組みの基本的な考えは，末端階層のエネルギーと能力をあまりにも活用していないということである。公的セクターにおいて，労働者やクライアントはモノやサービスの実際の生産に最も近くにおり，その内容計画についてもっとも情報をもっている。したがって一般的な解決策とは，これらの末端グループが，通常は意志決定から排除されるような政策集団のなかの一部として，さらなる参加と関与を行うことである［同上：11-12］。

ブリストルの都市研究学派が提案している「活力化の梯子」とこの考えには共通な点があるし，社会サービスの供給における民営化といっそうの競争に対する代案を示している［Taylor, et al., 1992］。ここには社会サービス供給への市民関与の7つの階梯が示されている。この民主的なアプローチは，社会サービス供給へのいっそうの発言権を市民に与えており，退出権の選択肢にどちらかといえば依拠している消費者活力を重視する市場指向とは対照的である。

参加型国家はより平らな構造を提案する。というのも良い品質のモノやサービスのためには上部からの統制者をほとんど必要としないからである。参加に筋道をつけるためのさまざまな構造が，とりわけクライアントと末端の従業員

のために必要とされている。したがって，さまざまな委員会や相談グループなどがつくられる必要がある。このモデルは市民の役割を強調し，投票行為以外の諸手段によって民主的な参加を導入しようとしている［Peters, 1994: 13］。

　したがって，われわれは市場と消費者の活力化のための民主的取り組みとを区別する。すなわち「市場」指向は，消費者に各代案のなかから選択させることによって消費者を活力化しようとするし，もしサービスに満足できなければ，あるサービスもしくは供給者から「退出」するという選択肢を与える。一方，「民主的」指向は，公的セクターにおけるいっそうのサービスを保持しようとするが，利用者に対してはサービスに対する発言権を与えようとする。それによって既存のサービスまたはサービス提供組織を変えよう（すなわち転換させよう）とする［Taylor, et al., 1992 : 8］。

　したがって，参加型国家は市民が政策についてなんらかの選択をすることに基礎をおく。さらにまた市民に消費者としての選択を与え，また市場モデルと同様に，計画に対して直接の統制力を与える。消費者の選択が参加型国家でどのように行われるかは，なんらかの政策過程を通じてである。この参加は政策への一般投票制度をとるだろうし，地域においては，学校委員会への父母参加のような形をとるだろう［Peters, 1994: 15］。

　　結局，参加型モデルは公共選択モデルのようには明確には整理できない。しかし統治型社会における市民のサービスの役割というこの考えから，なんらかの意味を引き出すことは可能である。同様に，ガバナンスそれ自体の性格からも引き出すことができる。この考えはイデオロギー的には公的選択という考えとは非常に違ったものである。同様に組織における人間の行動の考えとしても違ったものである。これらの違いにもかかわらず，この2つの指向におけるあり方は，全然似ていないわけではない。とりわけ，主要な考え方は分権化でり，一部の権力が組織の低い階層やクライアントへ移行することである［同上：15-16］。

　新自由主義者たちの考えと参加型国家の考えとはいくぶん似ているかもしれ

ないが，この意味するところは明らかに同じではない。市場を活発化するためにサービス供給者の間での競争を創り出す手段であるよりも，参加型モデルにおける分権化は，新しい参加型あるいは民主的諸制度機関を通じて，まずもって一連の官僚たちやクライアントにたいする統制を導くことが目指されている[同上：16]。一方，ピーターズの議論では，公的セクター全体を組織するための諸モデルあるいは代案が区別されている。もちろん政府の役割との関係で4つのモデルすべての混合型を考えてもよいだろう。

第3節　消費者，クライアント，共同生産者としての市民

われわれは次に市民，クライアント，消費者といった用語の意味を考えよう。まず消費者における権力や影響力を論じ，ついで公的セクターにおけるクライアントとの関係を論ずる。

(1) 利用者の活力化——市民，消費者，クライアント

現代社会において市民は異なる役割があるので，多くの人々が地域レベルでの公的サービスの機能についてまっとうな関心をもっている。その役割とは自治体への納税者として，余暇をどう過ごすか決める人として，児童の通学手段を選択する人として，地域の社会救済担当者を選挙する人としてなどである。さまざまな個人やグループが地方自治体との関係において異なった影響力を行使している。「顧客，市民，消費者，サービス利用者」といった言葉は，互いに交換可能な言葉である。しかし，サービスの関係では非常に違った意味をもつ [Gastere & Taylor, 1993：7]。したがって，その用語表現については注意を要する。

> 消費者とは，製品への人の関係を示す。顧客とは，〔民間セクターにおいて〕サービスを提供する他人へのサービスを受ける人間の関係を示す。クライアントとは，〔公的セクターにおいて〕サービスを受ける人間のサービ

スを提供する他人への関係を示す。市民とは，個人の国家への関係を示す［Burns ; Taylor, et al., の中の引用 1992: 2］。

　市民と顧客との違いは単に意味論的な違いでもないしレトリック的な違いでもない。問題は，顧客とての市民が公的セクターの効率性を増加させるという目的に間接的に関与し，個人としての選択と選好に責任をもつということを意識する一方で，国家と個人の間の相互の権利と義務という非常にデリケートで微妙な制度をねじ曲げているということである［Pierre, 前掲書：58］。市民制度とは，物質的にも非物質的にも，資格権利の制度であり，顧客という概念との関係では補完的なものであり，矛盾するものではない［同上：59］。市民から顧客へと用語的に強調することは，もっと説明が必要な意味あいがある。社会学者や政治学者にとっての市民制度との関連で主要な問題となるのは，いかに政治的民主主義が資本主義経済内部で調和し持続できるかである［Marshall, 1977, 1981 ; Lindblom,1959］。マーシャル［1977, 1981］にとって，福祉国家はこの疑問に回答を与えている。福祉国家は資本制度が生み出した富を，すべての社会経済グループに成長の果実を分けることによって，また疎外された社会グループをコミュニテイに戻すことによって，再配分するからである［Turner, 1986, 1994 ; Pierreによる引用 1995：60-61］。

　新自由主義的「国家の追い出し」は，市民制度の物質的諸要素が廃止されたり民間の支援で準備されたサービスに転換したりするにつれて，市民の諸権利に関しては「真空」を生み出している。かくして，市民制度は福祉国家が改革されると同時に再定義されまた再確認されなければならない。市民制度の定義のほとんどは，諸個人の社会への包含を強調し，またメンバーシップと結びついた権限と責任を強調する。たとえばターナーは次のように述べている。「市民制度は一連の（法的，政治的，経済的，文化的）実践として定義される。これは人間を社会の成員と定義しており，その結果，各個人と社会グループに対する資源の流れが形成される」［Turner, 1994: 2 ; Pierreによる引用 1995: 62］。

　このように，公的サービスの供給における顧客志向モデルと市民との相違の

分析において，市民制度の核となる側面は，それと結びついた物質的な権利である。市民制度に関するこのような物質的な意味あいは，アメリカ的見解よりもヨーロッパ的見解においていっそう強い。「社会的市民制度」の概念［Esping-Andersen, 1990 ; Pierre, 1995］は，アメリカでの議論において典型的なのは，市民制度を法制度的およびメンバーシップ的な側面を含んだものとする。ヨーロッパでは，貧困からの自由といったような物質的な権利を規則化した議論が典型的である。したがって，ヨーロッパにおける「社会的市民制度」は，しばしば多くの福祉国家プログラムからの給付における諸権利を含む。ヨーロッパにおける福祉国家のより拡大的な給付の統合的，非選別的特質が「社会的市民制度」を重要な概念とさせている［Pierre, 1995: 64-65］。

市民から顧客への移行によって，社会的物質的諸権利は明らかに損失を被ることになる。だから「市民制度」の最近の明白な再承認は，国家の巻き返しにとって必要だという説明になる。イギリスでは，こうした国家の巻き返しの諸手段が「市民憲章」の形で社会的市民制度の実質的低下を補完するものとして導入された。公的サービスに対して質の確保という点で市民権の強調が行われた。しかしまた，諸個人と国家との間の関係の再定義も提起された［同上：65］。

市民制度は政策的な能力も伴う。諸個人にその能力がないにしても，消費者の活力化や政治的な活力化という民主的指向として立ち現れる。一方，顧客モデルは特定の権利を伴うがなんらの義務もないので，市場指向すなわち「経済的活力化」を推進する。

> しかし，ここで重要な点は政治的な活力化は市民制度の政治的な側面に関係していることである。そこには普遍主義が内包されている。他方，経済的活力化は本質的に市場に対する顧客の位置の強化にかかわる。これは政治的活力化にくらべてずっと選択的で個別的な手段である［同上：16-67］。

異なるサービスから選択するということであれば，サラモンとフォン・オッ

ター［1992］が提案したように，それぞれのサービス供給者が「公的市場」をリードする。あるいは公的供給者と民間供給者がさまざまなサービスによって競争で顧客を奪い合うという競争的空間がつくられる。しかしながら，

「国家の市場化」はまた，国家の非政治化を意味する。公的サービスの伝統的な制度が計画されたモノをつくりだし，市民から政治家を経由して官僚へとつなぐコミュニケーションチャンネルを通じて再計画される一方，顧客指向モデルは直接的に市民／顧客から公的サービスの供給者につながるチャンネルを開こうとしている［Pierre, 1995：68］。

「公的市場あるいは計画市場」は，公的セクターと民間セクターとの間の資源配分をいくつかの公的支援すなわち規制，行政的統制または財政的統制によって供給する［Saltman & von Otter, 1992］。しかし，ほとんどのイギリスの研究者は「準市場」という用語を好む。これについては第4章第2節で紹介する。「公的市場」は，市民を公的供給者と民間供給者が異なるサービスをするなかから選択をする顧客とみなす。『『公的市場』の概念はここでは公的サービスの共同修正，公的なモノとサービスの生産と配分の新しい形態，これらのサービスの受益者を'市民というより顧客'とみなす考えに導くものとして使われる」［Pierre, 1995: 73］。「公的市場」の出現はまた，説明責任の制度が，選挙された管理者や，政党，政策機関などから第一義的に顧客の満足という言葉で計られる説明責任に移行させる。

市民の「顧客化」はまた公的サービスの選択化と制限化の考えをもたらす。これらのサービスは一部の市民にとって入手可能であるが，市民すべてに平等に配分されない。明らかなことは，これが伝統的な市民制度の意味と衝突することである［同上：73］。さらに，市民を顧客と規定することは，市民がその発言権を行使する権利を奪うことになる。しかし，もっとも中心的な福祉政策の分野では，クライアントは財政的あるいはその他の損失を被ることなしには，そこから退出することはできない。また「『公的市場』の売り手寡占的および規制的性格からして，『公的市場』において退出することは，顧客にとっ

て，供給者以上に損害を引き起こすであろう」［同上：74］。社会サービスの内容に我慢できなくて退出して生ずる取引費用は，しばしば高いものにつく（第4章第3節(3)を見よ）。したがって，非常に皮肉っぽいことであるが，「公的市場」の主唱者はサービス供給者とクライアントとの間で双方向コミュニケーションを推進するといわなければならないことである。すなわち，市場の論理そのものが成立しないことと，ほとんど売り手寡占的な市場において実際上の状況と矛盾することになる。むしろ，市民がひとたび単なる顧客となると，発言しなくなり黙りこくってしまうことが真の危険である。

「国家の市場化」は行政の非政策化と再政策化を同時的に起こす。行政は政策範囲を制限することによって，程度を引き下げるか規模一般を引き下げるかあるいはその両方を引き下げるに違いない。このような変化は真空状態のなかで起きない。国家の規模や市民制度の機能の再編を目指す政策過程によってもたらされる。さらに政策シグナルを市場シグナルに置き換えることもまた政策過程の1つである［Pierre, 1995: 77-78］。

(2) 公的セクターに対する消費者とクライアントの権力と影響力の関係

消費者とクライアントが権力と影響力をもっていることは通常当然であると見なされている。消費者は，モノとサービスの購買によって市場に対して権力と影響力をもつと見なされている。同じく，クライアントもその発言権と選択権により民主的社会における公的セクターに対して権力と影響力をもつとされている。権力と影響力はそこでは自明のものとされる。そこで必要なことは，合理的な消費者であり活動的な市民である。権力と影響力は「ゼロサム」とも関係性とも見なされていない。消費者やクライアントにいっそうの権力や影響力を与えることは，民間業者や官僚の権力や影響力をより小さくすることだとは考えられていない。市場の隠れた手と公的セクターの政策説明責任の両方によって，権力と影響力がたやすく意のままに消費者とクライアントに可能になると考えられている。このような考えは，消費者とクライアントの権力の分析や市場や公的サービスにおける彼らの影響力の増加をさせるためのまじめな努

第3章　市民民主主義の社会サービス政策

力を駄目にする。

　権力と影響力はしばしば同義だと見なされる。権力の古典的政治学的定義とは個人aの権力が個人bの行動に影響力を与えて，他のことをしないように何かをさせることである。ここでは権力をマクロ的な属性と影響力と，中間的あるいはミクロ的な属性とに区分している。個人的なレベルでは，消費者あるいはクライアントは，モノやサービスを提供してくれる民間組織や公的機関の決定に影響力をもつかも知れない。しかし，われわれは個別的消費者やクライアントの権力を問題にしているのではない。むしろ，権力は集団的あるいは構造的属性のなかに保持されているのである。消費者とクライアントは，モノやサービスの生産にかかわる決定に参加するための中身と，その品質に影響力をもつのである。このことがしばしば消費者の活力化といわれる。

　権力は市場の構造的属性に関係している。属性としては，需要側と供給側の多くの活動因子，その資源の特殊性と転換性，モノとサービスの供給者と買い手の知識の不均衡，「外部性」の存在などがある［Sjöstrand, 1993, 1993］。個別的な消費者とクライアントは特定のサービスの生産者または供給者のモノとサービスの質に対して影響を与えることができるものの，市場や公的サービスに対しては権力を行使できない。すなわち，彼らがもっている影響力は，市場の構造的属性からくる権力や公的な政策決定力によってきびしく制限される。かくして，影響力や権力をもっていることは，消費者とクライアントの属性と連動するものではない。

　組織制度と意志決定における従業員の関与についてのリッカートの議論は，公的サービスに対するクライアントとの影響力についてのわれわれの議論と密接な関係がある。リッカートは労働（労使）関係の制度に基づいて企業を基本的に4つの型に区分しており，さらに決定参加に関与する4つの従業員モデルをそれに対応させている。「搾取的権威主義的な組織」は従業員の影響力を，企業における意志決定に行使することをまったく認めない。「慈善的権威主義的組織」も従業員に対して意志決定に関与することをけっして認めない。しかし，場合によっては労働関係事項について従業員に相談することがある。「相

談的組織」はたいていは従業員と重要事項を相談する。しかし，従業員は直接に意志決定に関与しない。「参加的組織」は完全に従業員にその労働にかかわる意志決定の関与を認める［Likert, 1959, 1961］。参加的組織はおそらく従業員所有制度，労働者協同組合がその実例であろう。これらの組織の関係は表3-2で示す。

　同じように，クライアントの影響力に基づいて公的サービスを提供する組織制度について，その最小の影響力を受容している組織から最大に受容している組織にいたるまで研究すべきである。「権威主義的官僚的」公的機関は直接にクライアントの影響力を受けないし，彼らが意志決定に参加することもまったくない。したがってこれらの典型的なクライアント／官僚的関係は多くの公的サービスにおけるトップダウン的な関係を示す。「慈善的官僚主義」組織が公的サービスで伸びることは，クライアントが相談を受けることにもつながるときもあるが，クライアントは公的機関の意志決定にはなんらの影響力をもたない。これによってクライアントの不満が増大して，改善すべきだという声がたかまり，サービスの質の評価についてのクライアントの意見が採用されるかもしれない。「相談的官僚主義的」組織は，消費者代表を諮問機関やしっかり決めた計画に入れて，もっとクライアントに相談をするメカニズムをつくる。「共同生産者としての市民」組織はクライアントの権力と影響力の最も明確なモデルである。西側世界での社会サービス供給は，いまやクライアントのいっそうの参加を巻き込みつつある。さまざまな自助グループが成長し，社会サービス企業と社会サービスを協同組合や非営利組織（NPOs）に外部契約化することが進んでいる。これらの関係はまた表3-2で示す。

　相談的官僚主義的関係の一例は，ストックホルム市が失業移民を実用言語クラスと技術訓練計画に組み込んで，労働市場に（再）参入しやすいようにした取り組みに見られる。もうひとつの例は，ストックホルムの移民地区における，地域仕事起こし銀行や失業者のための仕事センターの設立である。3つ目はマルメ市のホルマ住宅地区における建物と土地の管理について市の住宅局が市民をかかわらせる取り組みである。

表3-2 民間組織および公的官僚主義組織の意志決定への関与

a) リッカートの組織制度と従業員の意志決定関与

組織の性格	搾取的権威的	慈善的権威的	相談的	参加的グループ
従業員関与なし	決定関与なし，ときどき相談	いつも相談，決定に関与なし	完全に決定に参加

b) 公的サービス供給における官僚的組織と市民関与

組織の性格	行政的官僚的	慈善的権威的	相談的官僚的	共同生産者としての市民
クラウントの影響力なし 典型的トップダウン，クラアント／官僚的関係	消費者がときに相談を受ける 顧客アンケート準拠集団	相互目標，顧客はホルマ地区の住宅計画化，その維持のための参加者になる	NPOへの社会サービスの契約老人デイケア，高齢者協同組合，エイズ，NPOサービス

出所：V. Pestoff, 1996a.

　共同生産者としての市民という概念は，第4章第4節でその定義を論ずる。共同生産者としての市民の好例は，ヨーロッパ諸国においてはHIV/AIDSの運動にみられる [Marin & Kenis, 1997]。スウェーデンなどでは，非営利組織は独特な連絡機能と発言力をもち，「ハイリスク」グループを助けている。ハイリスクグループとはHIV/AIDSなどによってなんらかの傷や社会的傷を負ったグループである。したがって自助グループと非営利組織は，これらの新しい取り組みへの集団的個人的努力にかかわる公的決定および民間の決定に影響を及ぼす独自の立場に立っている [Walden-Lang & Pestoff, 1997]。別の増加現象としては協同組合，社会的企業，ボランタリィ組織に基礎を置いた，クライアントを通じて社会サービスの提供を行うものである。これらの組織は自分たちのメンバーの要求に基づいたサービスの提供を行う。スウェーデンでは，社会的企業はデイケア，障害者ケア，高齢者などを行っている。公的セクターはこれらのサービスに財政支援を継続している。しかしもはや直接的には行っていない。どちらかといえば，それらのメンバーは社会サービスの管理と供給に自分たち

でするよう責任を与えられている。したがって，他のモデル以上に，社会サービス提供に関する意志決定に多くの影響力をもち関与している。このような社会サービスにおいては，市民はクライアントつきメンバーつきの顧客である。彼らは要求しなおかつ支払もする。支払いは税金を通じてであり，社会サービスの協同組合を運営することに時間を費やすことを通じて要求するのである。

第4節　社会サービスの供給と財政の分離

　スカンジナビア，ノルウェー諸国型の普遍主義的福祉国家においては，社会サービスは通常公的セクターによって財源化されて，サービス提供および規則化される。すなわち，ビスマルク型や大陸型福祉国家モデルでは，しばしば社会サービスの供給と財源が分離され，またサービスの質についての規制とサービスの生産が分離される。スウェーデンでは，社会サービスの財政，生産，規制という3つの要素が国家セクターや公的セクターには当然そなわっていると見なされている。しかし実際は，同じ公的組織や当局がこれらの2つ3つを同時に満たすというわけではない。財源はしばしば中央政府が集めた税金によることが多い。そしてこれらの資金は地方自治体に移転される。サービスはその後，地方自治体が供給し，中央政府および地方自治体の両方により管理され規制される。

　スウェーデンでは，公的セクターと民間セクターとの間での社会サービスの財源と供給に関する明確な分業とパートナーシップいくつかの好例が見られる。すなわち，社会サービスの公的財源と非営利的供給である。この場合社会サービスは現物供給と現金支給の両方がある。行政はまた，当局が供給するものであれ非営利組織が供給するものであれ，供給されるサービスの質と公的財源の使用を統制する。スウェーデンでは成人教育は，地方自治体や地域の学校区によってよりも，伝統的に民間の非営利の「教育協会」によって提供される。これらの講座の大部分は，公的財源の「失業基金」に基づいて，スウェーデン

の労働組合が組織した独立法人として運営される。スウェーデンはいまやヨーロッパではもっとも低い失業率であるが、このような失業基金による行政からの総額は最高となっている。

　実体的な経済的財源に関する公的セクターと民間セクターとの関係の別の事例は、食品価格規制協会である。これは法的にはスウェーデンの経済組織法人である。これらのうち8つは国内での食品生産を行っている。牛乳、乳製品、穀物、食肉、卵、家禽、砂糖その他などを生産し、食品の輸出入価格を調整している [Pestoff, 1991, 1996]。このように公的セクターと民間セクターとの間のパートナーシップの事例が他にもたくさん存在する。考慮すべき点は、スウェーデンにおいてすでに今日明確な区分が、いまだにパートナーシップ段階であるとはいえ、公的セクターと民間セクターの間にあり、財源、サービス供給、規制に関して行われていることである。

　この種のパートナーシップは、長い歴史がないにしても、第二次世界大戦以降あちこちに存在する。典型的な官僚主義的な見解では、社会サービス生産のための財源、供給、規制の3要素がひとつの組織に統合されているモデルは、福祉国家のための可能なモデルのひとつにすぎない。別のモデルは公的セクターと非営利セクターとの間の明確な分業とパートナーシップである。これは断片的モデルにすぎない。断片化されたサービス供給はそれ自体の目標とも価値とは見なされない。しかし、他の諸価値、たとえばいっそうの市民関与とかコミュニケーション関与などの促進が可能ならば、その場合は断片的モデルによる社会サービスの財源化、供給化、規制化は福祉国家の更新と若返りに実質的に貢献できるにちがいない。

　ヒルシュ [Hirsh, 1994] は「協同的民主主義」(associative democracy) を論じている。これは社会福祉供給において公的セクターと非営利セクターが継続的に共同することに基礎を置く。ヒルシュの主張では大きな政府は個人の諸権利と自由の犠牲のうえに成長してきており、国の政策と社会保障形式が画一的になることは、現代社会の構成員たちの次第に多様化し多元化した要求に、共通規則と標準的サービスを強制することを意味する [同上：5-6]。「協同的民主主

義」は新しい経済的社会的ガバナンスの形態をもたらす。これは公的福祉と市民の選択を組み合わせたシステムであり，高い失業率，国民国家の政治的財政的役割の低減化，多数の市民の増大する社会的排除などの20世紀末のヨーロッパで広がりつつある三重の事柄への挑戦である。社会政策立案者は，福祉は国家が供給するものだとみなしている。さらにいっそうの公的サービスによってすべての新旧の社会問題に対する独特の解決とすべきだと主張している。一方で，彼らは非営利セクターを古い形の慈善や宗教的博愛に動機づけられたものとして軽視している。国家主義者は公的セクターによる解決を強調するあまり，社会的経済，共済組合，協同組合セクターにおける可能性が見えていない。左翼や社会民主主義者は，ヨーロッパの大部分を占めているが，社会計画モデルや国家主義モデルに賛成して，共済的協同的な解決を放棄しているように見える［同上：11］。

　ヒルシュが提案した「協同主義；associationalism」は今日のヨーロッパが対応しようとしてる問題を理解して，社会問題に対する社会計画的解決と国家主義的解決の展開に対抗しようとしている。「協同主義は国家行政の範囲をできるだけ制限して，社会保障を減らすことなく，説明責任のある代表民主主義をふたたびつくろうとしている」［同上：12］。これは，経済社会的諸問題について，一方で公的セクターの財政的支援を受けつつ，漸次的発展的に，民主的なガバナンスの主要な手段になりつつあるボランタリィな自己統治組織に基づく［同上：24］。これは，公的福祉とその他のサービスの供給をボランタリィセクターに移し，非営利組織が公的資金を受けてそのメンバーにサービス供給できるようにすることとを意味する［同上：167］。公対民，福祉対租税という問題の背後には，市民の関与というもっと大事な問題がほの見える。サービス提供の質の問題にかかわりなく，市民は，クライアントとしてまた行政の対象として，その能力にくらべて公的機関への関与はあまりにも少ない。

　デンマークにおける地域サービス供給の変化［Bogason, 1994］は，ヒルシュの提案を証明している。学校理事会はいまや法律によって，教員と生徒双方の代表を入れることが義務づけられている。1992年の法律では，公的な学童保

育サービスの理事会は父母が過半数となることを規定している［同上：11］。デンマークでは同じような規定が高齢者ケアやその他の個人的社会サービスの分野で実行されている。利用者が利用者理事会に責任をもつような形で強化されつつあるという新しい傾向がある。したがって，地方自治体が財源者，生産者，規制者を兼ねるという伝統的な統合型制度は，一部のもっとも高額なサービスには妥当しなくなっている。すなわち，デイケア，学童保育，高齢者ケアなどはしばしば利用者が大きな権力と影響力をもってきている［同上：12］。

しかしながらデンマークにおける一部の既存の利害組織や権力，すなわち政党，労働組合などはこうした変化から直接的な利益はほとんどない。あるいは権力の喪失さえもたらすかもしれない［同上］。公的関与と公的財源に基づくわれわれの高いレベルの福祉サービスでは，「サービスの決定と実行の過程に対するいっそうの市民関与が必要だろう。もしそれに失敗すれば，さらなる物質的要求が蔓延することになるだろうから」［同上：18］。市民のいっそうの参加なくして，意志決定費用の理解はあり得ないし，2つの非常に望ましい代案からの選択におけるトレードオフの関係もない。そうなるとサービスへの要求は公的資金の限界や，サービスを提供するスタッフの能力とも無関係に行われることになる［同上：18］。

エイブラハムソン［Abrahamson, 1991］の世紀末における福祉供給の諸傾向についての議論にも同じような解釈が見られる。彼は3つの代案を示している。すなわち，①「二重福祉国家」——米国やイギリスに見られるように，富裕な多数派が社会保険によって多くの福利を得ている一方で，社会的に疎外された人々は，残余的福祉国家の残り物にありつくだけである。②「コーポラティブ福祉国家」——制度の3分割と労働市場における積極的参加に基づいている。③「コミュニテイ福祉」——すなわち福祉社会主義。地域コミュニティと社会的ネットワークの強化に基づく。

コミュニテイ福祉の主唱者は公的関与体制にも市場への依拠にも批判的であるが，自主経営は擁護する。ヨーロッパでは，こうした考えは「赤—緑」連合や新旧の労働運動によって支持されている。これは伝統的な社会民主主義的な

意味での平等を，すなわちみんな同じようにを，強調するものではない。逆に，エイブラハムソンが強調しているのは，福祉はさまざまな地域組織により供給されるものであり，またコミュニティのメンバーに積極的に大きく依存するものであるということである。しかし，この考えの優れた点は，労働時間の短縮を賃労働のいっそうの配分に基づいて行うことと，人々の利他的な倫理に依拠していることである［同上：261］。

　スウェーデンとデンマークにおける市民の影響力のいっそうの発展は，ゆっくりとして非常な困難を抱えている。最近のスウェーデンの関係文書を見ると，スウェーデン福祉国家の現在の改革は，ビルド率いる非社会党政府が1991年に政権をとったときから出発しているのではない［Möller, 1996］。歴史的には福祉国家改革は80年代初期に遡ることができる。当時，社会民主主義者たちはまず公的セクターを新しく衣替えすることに関心を示した。この更新のもっとも重要な点は，民主主義であった。すなわち，公的セクターにおける市民の影響力はあまりにも弱かったからである。このことはその後深刻な法的問題を引き起こすことになった。というのも，もし市民参加と市民による統制が増加しなければ，福祉国家への支持は減るだろうと考えられたからである［同上：17］。主要な目標は，責任と意志決定の分権化であった。利用者の影響力という考えが，当時の市民事業大臣のボー・ホルムベリによって導入された。公的サービスを利用する市民もまた参加と影響力の行使を認められるべきだとされた。この考えは，戦後の社会民主主義的福祉政策を支配していた「強い社会」，社会権，普遍主義，平等という考えをきれいに壊すものであった。しかし，この変化に対する反対も強力だった。とりわけ労働組合運動においてそうであった［同上：18；Melborne, 1986］。

　結局，社会サービス供給における公的独占を制限する方向でいくつかの調整が1980年代半ばに実施された。まず第1に，協同組合やボランタリィ組織の形態をとったものに対して非営利的にデイケアサービスを供給することが認められた。83年に民主主義委員会は，利用者影響力を増加させるためのいくつかの提案を行った。提案のいくつかは実施されたが大部分は実施されなかった。

そのなかには従業員および消費者の協議会の制度化の提案もあった。かくして，88年に議会は「利用者影響力」についてあまり触れないでこの問題について決定した。しかし地方自治体法では，地方自治体への勧告をふくめて，「地方自治体サービスの利用をするものとの協力を推進すべきである」と修正勧告したし（KL, kap. 1. 5），「条件的な代表」の設置を条件づけた［同上：19］。自治体法3章13条では地方自治体理事会・委員会における利用者の諮問的役割と強力な代表制について言及している。

これらの条件は地方自治体法の1991年改正法（KL, kap. 6. 38）で繰り返し触れられているが，それほど強制的ではない。地域民主主義委員会によれば，条件的な代表性に対する対応事項はほとんど実施されず，利用者影響力はほとんど行使されない。地方政治家の関心はあまりにも薄い。非社会主義者のビルト政府は利用者影響力の増加のために似たような手段を提案した。そこでは地方自治体は自治体サービスや制度を「自主経営団体」に転換することもできた。こうした団体は対応する制度に対して利用者と従業員で構成されるもので，利用者が多数派となっているものである。長期的な提案という動機がここでは興味あることである。すなわち，「参加もまた諸困難があることを理解するための手段である。それによって，人事的経済的資源が限られているときに一定の活動を行うために協同することができる［提案，1993/94: 188：72；Möllerによる引用，前掲書：20］。

第5節　結　　論

市民民主主義は第1章で，個人向け社会サービスにおける協同的な自主経営を通じて市民が活力化するものであると定義した。そこでは市民は共同生産者になる。われわれはこの章では市民民主主義の政策的側面を探求した。それは市民が現代社会でもっているさまざまな役割，影響力の多様なチャンネル，公的サービスの市民的統制のための代案モデルに関係している。それはまた参加

的国家におけるグループと諸個人間のいっそうの水平的連帯に基づく。市民民主主義は，どちらかというと消費者概念にではなく，市民概念や市民権に基礎を置く。公的セクターとの関係での市民活力化ということでは，市民は共同生産者といえる。共同生産者ということばは，対人社会サービスにおける生産者と消費者との関係の変化およびそれに伴う付加価値によって規定される。市民民主主義は公的セクターの効率性と市民制度の強化の両方の政策目的をもつ。われわれは対人社会サービスの供給と財源の分離を論じた。また市民民主主義のある諸側面がスカンジナビア諸国やヨーロッパ諸国のいくつかで見られることも確認した。しかし，注意すべきは，スウェーデンの多くの地域で，似たような考えは，保育サービスを除いてはほとんど実際に進展していないということである。

第4章　市民民主主義の経済的側面

　さきの第3章においては市民民主主義の政策的側面について見てきた。この章では市民民主主義の経済的側面について論ずる。まずは市場の失敗，政府の失敗そして第三セクターの失敗から考察しよう。これには準市場の議論が続く。それからモノとサービスにかかわる人の退出行為と要求発言を検討し，さらに退出を選択した場合の取引費用を議論する。最後に，市民が退出行為と要求発言を超えて，共同生産者としての市民とはなにかを検討し，また1つの議論の場としての協同組合とはなにかを検討して，なんらかの結論に達する予定である。

第1節　市場の失敗，政府の失敗，第三セクターの社会サービス

　取引費用の観点からは，所有のさまざまな形態は市場での契約費用に関係する。所有にかかる費用すなわち，経営陣の行動を監視すること，集団意志決定，危険対応にかかる費用は，市場での契約費用とつりあったものでなければならない [Hansmann, 1988, 1996]。市場契約は市場の力に関係して情報の囲い込みや不均衡を伴う。それが通常は「市場の失敗」とみなされる。市場は，次の5つの特徴（少なくともその1つ）があらわれたときに，あえて効率的配分もパレート最適的な配分も行いはしない。すなわち，規模の経済での利益率の増加と特に結びついた競争の失敗，公共財の存在，外部性の顕在，不完全な市場，または不完全な情報市場，の5つである [Stiglitz, 1988]。このことは公共財の二次的選択的生産と外部性の発生と情報の不均衡をもたらす。

エンホラス［Enjolras, 1993, 1995］は対人サービスの供給者と消費者との間の情報の不均衡が市場の失敗の一般的な理由であることを明確にした。生産者が消費者よりもたくさん情報をもっているとき，生産者は市場の状況，市場での関係において過剰な利潤を得るために優位な知識をもてる優位な立場につくことができる。この情報の不均衡は，個人向け在宅サービスで起こりやすい。たとえば，高齢者介護や児童保育では情報関係が強く不均衡になる。高齢者やその家族は，特定の組織や家庭訪問員によるサービスの質を評価することが「本来的に」困難である。同じく父母は子供に対する保育の質を評価することが難しいと感じている。

個人向け在宅社会サービスの供給のさまざまなあり方が，フランス，イタリア，スペイン，スウェーデンをはじめ他のヨーロッパ諸国で現在発展しており，その多くは生産供給されるサービスの種類に対する情報に対する不満の結果つくられているのである。家庭の絆を失うことを拒否することや非人間的な依存関係がサービスのなかでつくられることを拒否することが，こうしたサービスにつながる主要問題となっているのである［Enjolras, 1993, 1995］。他の問題はサービスの質の決定にさいしての情報不均衡の役割である。サービスの質は事前に決められた規範に従った物質的な活動に完全に依存しているわけではない。サービスの生産者と消費者の間でつくられた人間関係の質が重要な役割を果たす。しかしこの人間関係の質はあらかじめ決まっているわけではない。

情報不均衡を2つの種類に区別することができる。第1は，モラルハザードすなわちサービスの価値の統制欠如，第2は逆選択である。情報不均衡ははサービス遂行に必要な知識を一方の当事者がもっているが他方はもっていないことに基づいている［同上］。逆選択とはクライアントが本来的にサービスの質についてなにも知らないときに，またサービスを購入するときに質を計測できないときにでてくる。価格表示は質の明確な指標にならない。もしサービスが価格的に非常に低く押えられるならば，良い供給者は市場から排除されるだろう。またサービス価格が非常に高く付けられて，劣悪な供給者がクライアントから余分な報酬を受け取ることになる。

市場モデルのもうひとつの弱点は，消費者に関する想定が非現実的なことである。とりわけ対人社会サービスの場合にいえる。消費者中心モデルあるいは市場を強調する場合，消費者が「きちんとした現実的な」選択をするという想定に立っている。市場との類似性によって積極的な消費者は製品と供給者との間での真の選択をする者として，もはや満足できなければ，製品または供給者から自分の消費をやめる（すなわち退出）立場にいると想定されている。この想定には疑問がある。介護の需要において，多くの人々は依存者であり，体が弱いか精神的な障害を抱えている。そのことは「真の」顧客として行動することを妨げる。彼らは，競争しあっている供給者たちの優劣を比較できないし，供給者が満足いくサービスをしなくても取り代えて退出するわけにいかない。多くの場合，介護の受給者は，いくつかの選択肢から選択できると理論的に考えられているにすぎない。すなわち，彼らは効果的な選択か退出かを実行できる立場にはない。弱者は，相談者または自分たち自身がサービス組織のなかで発言力をもっている場合にのみサービスの供給に影響力を与えることができる。対人社会サービスや在宅ケアの受給者または彼らの代表が参加することは，彼らのニーズを満たすための安全装置になる。準市場の規則の発展は市場参加の消費者モデルに基づいている。消費者モデルは社会的力，活力化のためのモデルで，サービスの実施にさいして受給者の積極的参加を可能にするものである［同上］。

　もし消費者が同一のサービスを要求するならば，公的供給は単一となる。しかしもし消費者が異なるサービスを要求するならば，公的供給は一部の消費者を満足させるが，残りの者を満足させない。そこには常にもっと多くのサービスを要求する人たちができ，また，少ないサービスでよいという人たちもでくる。これに対しては公的セクターでは対応しづらいものがある［同上］。異なるタイプの需要に基づく多様なサービスの急速な供給の拡大は，しばしば公的セクターの失敗，すなわち市民のニーズが満たされないことになる。

　経済学者が主張するのは，アソシエーションや非営利組織は市場や公的セクターが失敗した分野や活動のところで発展する傾向があるということである。

アソシエーションは，その非営利組織的性格およびしばしばボランタリィ活動に基づくことから，他の社会サービス生産形態が失敗した分野でサービスの対応と供給をするのにとりわけ適しているとされる［同上］。したがって，アソシエーションではサービスの消費者と生産者の間で信頼を推進できる。アソシエーションは，利潤動機最大化の動機がないので，投機的な行動はしないと見なされている。しかし，留意すべきはボランタリィセクターまたは第三セクターでも失敗を避けることはできないし［Salamon, 1987］，信頼関係を破ることもあるということである［Gulliam & Perrow, 1992］。

　しかし，市場の失敗は，補助金という財政サービスや特定のサービスの供給を制度化するなどの公的な努力で訂正できる。国家は民間サービスの供給に関する規則をつくることができる。あるいは自らそれを供給することもできよう。国家が市場の失敗を訂正できるかもしれない一方，非営利組織によるサービスの供給は，情報の不均衡の乱用に対して消費者を守るための有力な手段であり，非営利組織は情報の不均衡に基づくサービスの質の不安定性を軽減する手段となる。したがって，情報の不均衡に気がついている消費者は，家族や仲の良い友達あるいは非営利組織が推薦する人などからサービスを受けようとする。というのもこれらの人々がサービスの供給者となることは，消費者が情報を知らなくてもそれを逆手にとるということは通常ないと考えられるからである。非営利組織からサービス供給しようとする生産者は，情報の不均衡が過度の利潤をもたらしたり導いた足りすることはないという質的な見込みと保障を与える。さらに，非営利組織は公的セクターが実施できない少数のニーズを満足することができる［Engolras, 1993, 1995］。

第2節　準　市　場

　1980年代後半のイギリスにおける社会サービス供給に対する多様な改革によって「準市場」［Le Grand, 1990］という考えが福祉サービス供給に導入され

第4章　市民民主主義の経済的側面

た。国家はサービスの財政源かつ供給者という立場を放棄して，互いに競争する各種の民間供給者，ボランタリィ供給者，公的供給者によって提供されるサービスに対するもっぱら財政源という役割となる［同上：2; Bartlett, 1996: 3］。これらはそれぞれ市場と見なされる。というのも，

> これらは独占的な国家という供給者を競争的な独立した供給者に置き換える。これらは「準」市場である。というのも，これらはこれまでの市場とはいくつかの重要なやり方において異なるからである。この相違は，供給者サイドについていえば，これまでの市場との関係では，生産的企業とサービス供給者との間に競争がある。したがって，顧客を競う独立した組織体系がいくつかある［Le Grand, 1990 : 2］。

準市場の導入は資源のいっそうの倹約，かくしてサービス効率の改善を促進するもの考えられる。各提供者が競争するということは，福祉ユーザーまたはそのエージェントたちが代案をもつということを意味する。このことは利用者の選択幅を拡大するということばかりでなく，利用者たちに真の権力を与えるということも確かである［Le Grand, 1990：8-9 ; Saltman & von Otter, 1992］。資金調達の方法もまた変わる。すなわち，資金はもはや行政から直接的に供給者たちに配分されるのではない。そのかわり，いくつかの場合には国家は依然として主たる購入者である。しかし資金は入札方式を通じて配分される。他の場合においては，使途指定予算あるいは「引換券」が直接に予定利用者に渡される。あるいはその代理人に渡される。そして予算は競争する供給者たちから選ばれた者に配分される［Le Grand, 同上：2］。これは過去のやり方とはまったく別のものであり，社会政策に対する新しい挑戦である。かくして，イギリスにおいては1990年代に，たくさんの社会的分野が準市場に組み込まれた。たとえばボランタリィセクターの養老院，学校，住宅アソシエーションなどがある。スウェーデンでは社会サービスの供給者としては社会的企業と非営利組織が例としてあげられる。

したがって，準市場の特徴は民営化それ自体ではなくて，むしろ市場化であ

る。すなわち，公的所有制度の中で市場メカニズムを真似ること，あるいは所有権が規制制度を通じて，民間供給業者あるいは非営利組織供給者に移転することである［Bartlett, 1996: 6］。これらが主張するのは準市場は非常な効率性と責任と選択をもたらすのだということである。しかし，準市場の賛美者は市場の理想化された像を示しているものの，実際の発展と合致させることはうまくできていない。事実，民営化は多くの理由から有効さとは反対のものを示している。たとえば，価格と効率がそうである。すなわち，

① 市場が効率よく稼働するためのインフラストラクチャーを立ち上げるための費用。たとえば，入札，契約など。
② マーケティングと宣伝にもカネがかかる。
③ 独占的な供給者たちから競争的な供給者たちに転換することも労働費用を高めることになる。というのも独占的な労働供給は労働の独占的な購入者によってはもはやしっくりこないものになっているからである。
④ 福祉サービスの多くの分野でその成果として提供されるモノの質の評価は困難であるので，しばしばインプットのほうに評価が集中してしまう。しかし実際は，でてくる内容のほうが，クライアントにとっては大事である［同上：9-11］。

実際，民間供給業者は美味しいところだけを掬い取るために可能な限りのメカニズムを発見しようとするだろう，それによって，公正性という点ではサービスの内容は悪化する。イギリスにおけるサービスの準市場と引換券の諸研究では，責任と選択についての目立った改善がほとんどなかったにしても，大部分の利用者は引換券の利用について供給業者を選別できなかったことを示している。この制度の費用は非常に高くついた。それというのも引換券の作成や配布の行政費用が高くついたからである。同時に，サービス提供の目標を限定するような政府の規制が増加するにつれて，予算が削られ，また相談時間も減り，利用者に対するサービス提供の質を削減する方向にすべて導かれた［Bartlett, 1996: 17］。規制の増大はまた，契約，規則化の交渉費用を増加させ，またその監督費用も増加させた。

購入者と供給者との分離は「契約文化」を創り出した。これは契約の推進，交渉，監視に必要な行政経費を増加させた。議論されていることは，市場メカニズムは社会サービスの提供にとって不適切だということである。というのもサービスの質についての情報は，利用者にとって訂正し評価することが困難である。さらに供給者を選択することは通常は1回限りのものであり，誤った選択をするとそれがいつまでも続くことである。たしかに，供給者を取り替えることは費用もかかるし全体を駄目にすることにもなる。しばしば「あちこち買い物する」ことは禁じ手であり，それによる高くつく取引費用は独占的な寡占的なサービス提供をおしまいにする。「市場」は買い手独占（買い手たる当局）と独占体（好ましい供給業者）によって構成されることになる [FES, 1995: 17]。

消費者のいっそうの選択という問題では，消費者が選択をできるのかどうかが問題である。距離と通勤時間がしばしば選択における主たる制限となる。というのも，地域に1つの（独占的な）供給者しかいないからである。遠くにある別の供給者は，消費者にとって通う時間やその他の不便さで費用が高くつく [同上：12]。公正さの点では，準市場は伝統的な市場とまったく同じように機能するにちがいない。準市場はもっとも有力な，すなわち要求の少ないクライアントをかすめ取ろうとするだろうし，残りのクライアントは抛っておくだろう [同上：13]。

福祉改革は，効率性の狭い経済的な側面だけで評価すべきではなく，利用者のニーズがより広い社会的な意味ですなわち責任，選択，公正という内容で評価されるべきである [Le Grand & Bartlett, 1993]。公正は福祉制度の評価においてとりわけ重要である。というのも，福祉サービスは市場が決定する経済取引の逆配分的な効果を克服するために，しばしば供給されるからである [Bartlett, 同上：14-15]。

いくつかの事例では，市場化は，サービス供給者の来るべき完全民営化に論理的に導くだろう道におけるたんなる第一歩にすぎない。それは民間資本の継続的な流入，公的基金の民間保険会社への移転などによって行われる。多くの事例と徴候が「忍び寄る民営化」の登場を示している。また準市場の動きは，

社会サービス供給への民間化され，個人化された取り組みへのいっそうの接近を示す過渡的な現象である。バートレットによれば，福祉国家は死滅することはないだろうが，急速に失効しつつある［同上：6］。

第三セクターのある得べき役割は営利セクターのそれとは非常に異なっている。

> 効率，責任性，選択という諸目的は，非営利の供給者によってより良く達成されるだろう。非営利の供給者は利用者グループの利益を制度化して，利用者自らが意志決定基準をもつようにするし，また独占的な市場をもっていてもそれを投機的な優位性として利用することはずっと少ない［Bartlett, 1996：16］。

したがって，第三セクターと非営利組織の供給者たちは，効率の改善や消費者主義の増大という観点でまずもって見るべきではなくて，市民の社会的権力の増加や市民民主主義の促進という問題として見るべきである。

第3節　モノとサービスとの関係における退出と発言

われわれは次にモノとサービスとの関係で退出と発言をみていこう。さまざまな種類のモノとサービスの間の相違が退出と発言をつくりだす。それは不満をもつ場合の消費者の再編に多かれ少なかれかかわっている。とりわけ，継続性のあるサービスからの退出費用は，これまであまり考察されていなかった。

(1) 退出，発言，忠誠（ロイヤリティ），モノ

30年ほど前に，ハーシュマン［A.Hirschman, 1970］は，その独創的な著作『退出，発言，忠誠』において，企業，組織，国家の運営における反対表明の代案的回答として退出と発言について論じた。退出とは典型的な市場的回答である。そこでは，失望した消費者が購入しているモノやサービスを供給する贔

肩筋を静かに代える。発言とは典型的な政治的な回答である。そこでは，顧客は口頭でもって，サービスの質の悪さについての失望を個人的にあるいは集団的に表明する［同上］。退出も発言も，質が悪くなったことに抗議するために使われるばかりでなくて，より良い質のモノとサービスを期待するための基礎にもなるものである［Stryjan, 1989; Pestoff, 1992; Möller, 1996］。発言は不満と改善提案の両方を表明できる。

　退出と発言は，現代社会におけるわれわれの消費者としてのまた市民や有権者としての異なる社会的な役割に対して本質的に合致するものである。ハーシュマンが明示していることは，発言は退出よりも個人にとって余計に費用がかかることである。しかしまた，発言は退出よりも情報量としてずっと豊かである。そして，退出はときにより曖昧性がある。さらに発言は，消費者が会社や組織のなかでやっていくための影響力や交渉力に条件づけられている［Hirschman, 1970］。ハーシュマンの議論の弱点は，個人の発言を拡大するための組織の役割が議論されていないことである［Pestoff, 1984, 1989a］。発言が非常に費用がかかる理由の1つは集団的活動の費用にかかわる［Olson, 1965, 1971］。これについては後でさらに論じる。

　忠誠は退出と発言の間を，退出を阻むことによって，緩和することになる。忠誠な消費者は，製品の質が悪くなっても買い続ける。それはまもなく改善されるだろうと期待してのことである。メーラー［Möller, 1996］は道具的な忠誠と対価的な忠誠を区別している。この2つの忠誠の組み合わせが，モノやサービスに強力な形で愛着をもやらす。どちらの忠誠のタイプもまったくないよりはよりはるかに強力な愛着をもたらす。

　『関与体制』［1982a］のなかでハーシュマンは，消費者の失望が，私的関心から公的な活動に移動していったりそしてまた戻ったりする原因であり，それは消費者関与の流動的な特徴だと論じている。消費者が失望をさまざまに表明することはモノのあり方と結びついている。真に消費者が耐えられないモノであるか，また消費者が耐えられるモノやサービスであるのかを区別する必要がある。消費者の失望は毎日の非耐久製品についてはほとんど持続しない。そこ

では毎日の学習過程が期待の薄れを測定することになる。しかし，失望はまた楽しい刺激にもなっている。逆の状況が，独特で高い価値の耐久商品と関連している。耐久商品が失望を生み出すかもしれないことは楽しみ度満足度 (p/c) に関係しており，適用される規則性にも関係している。

　失望しやすいモノは，失望しずらいモノに比べて発言が頻繁になる。真に非耐久商品ならば，消費者が失望した場合の退出という回答を容易にする。そこでは発言の必要性は軽減される。間違って使われた耐久商品は，そのときどきに利用者の不満を思い出させるにすぎないし，したがって発言の必要を生み出しそうにもない。継続的な使用ををしている耐久商品や定期的な間隔で使用しているモノもまた失望をもたらしそうであり，退出よりも発言の方をもたらしやすそうである。このような商品は頻繁には購入されないので退出という手段はほとんど使われない。発言は，退出が規制されているところにより多く現れる。したがって，定期的に耐久商品を使用していて失望した消費者は発言以外にはほとんど頼らない。

　商品の種類や西洋民主主義における人々，すなわち，消費者でもあり市民でもある人々の果す多様な役割に頼ったさまざまな消費者の反応は，退出と発言のいずれをも訂正の唯一のチャンネルとすることを禁じる。退出と発言は，相互に排他的な選択肢あるいはライバル的な消費者反応というよりも，むしろ消費者の反応にとって補完的なものである。メーラーの考えを発展させ整理することで，とりわけサービス供給における市民／消費者に対する代案のいっそうの総括的な姿を描くことができるに違いない。

　(2)　サービスの種類——非継続的サービスと継続的サービス

　まずわれわれはサービスの特性を簡単に見ていこう。グロンルース [Grönroos, 1990] はサービスの定義のためにいくつかの共通特性を示した。彼は，ほとんどのサービスにはいくつかの基本的な特性があるとしている。すなわち，

　① サービスは多かれ少なかれ「漠然」としている。

第4章　市民民主主義の経済的側面

② サービスは「活動」であり，物であるというよりも「一連の活動」である。
③ サービスは少くともなんらかの「生産されたもの」であり「同時に消費されるもの」でもある。
④ 顧客は少くとも一定程度「サービスの生産過程に参加する」[同上：29]。

　ハーシュマンは退出と発言という彼の概念をさまざまなモノとサービスに失望した消費者についての議論と明確に関連づけることに失敗している。しかし，これは，福祉サービス供給において消費者が共同生産者であるというわれわれの議論に関係している。ハーシュマンはサービスを彼の消費者失望議論に導入しているけれども，それに対する消費者の対応を耐久商品，非耐久商品の場合同じやり方で比較づけをしていない。サービスもまた失望を生み出す強い傾向をもっている。それはサービスが喜びをもたらさないからということでなくて，どちらかといえばサービスのあり方が平等でなく予測できないからでもあるし，あるいはサービスの質と効率が非常に変動性をもっているからである[Hirschman, 1970]。ハーシュマンが商品の使用の規則性を区分したことを，われわれのサービスの分析についても適用すべきである。それによってわれわれはサービスの2つのカテゴリーを区分できる。すなわち非継続的サービスと継続的サービスである。

　ⓐ　不定期なすなわち「非継続的サービス」は副次的サービスで，日常的な基準で行われるものと，また不定期に利用されるものとがあり，継続的な相互活動にだけ基づくものでもないし，サービスの消費者と供給者との間の長期的な関係に基づくものでもない。

　ⓑ　定期的すなわち「継続的サービス」は，定期的に主要サービスとして利用されるものであり，もっぱら継続的な相互活動に依存し，しばしばサービスの消費者と生産者との間の長期的な社会関係に基づく。継続的なサービスは非継続的サービスにくらべると，いっそうの親しさやいっそうの拡大的社会的接触に基づくものである。図4-1はこれらの相違を示している。

図 4-1 退出・発言と，商品またはサービスの種類

	商　品	サービス	
通常耐久性	退出と発言 (楽しみ満足度)	発　言	耐久性
一時耐久性， 非耐久性	退　出	退出と発言 (サービス管理)	非耐久性

出所： Pestoff, 1994aからの修正。

　ひとつの問題は非継続的サービスと継続的サービスをどのようにさらに区分するかである。しばしば繰り返される比較的安価なサービスは，非継続的サービスの区分に属す。たとえば散髪利用，洗濯，洗車，ベビィシッター，食事の世話，運輸，電話ファックスの家庭外利用あるいはオフィス利用などである。継続的区分に属する継続的で重要な肉体的社会的ニーズには，常設保育ケア，教育，定期的医療ケア，障害者ケア，高齢者ケアなどがある。最初の区分に見られるサービスは容易に買うこともできるし，スポット市場のような状況で売られている。これらは供給と需要に従う。

　継続的区分におけるサービスは，スポット市場で見いだされるよりも買い手と売り手の間のより継続的な個人的社会的関係を要求する異なる諸特性をもっている。ここでは，買い手と売り手の間に，継続的な基盤の上に立ったこうしたサービスの供給の最低限需要を保障するために，安定的な長期的関係を確立必要がある。日々の市場の変動は最低限サービス供給を大変難しいものにしている [Pestoff, 1994a]。

(3) 退出の取引費用

　バリイ［Barry, 1971］とメーラー［1996］に従えば，退出という選択肢を実行するに伴う費用がある。ハーシュマンは単純な消費財に焦点を当てて，もっと複雑な製品に適用できるハードルや敷居には十分な注意を払っていない。実際的な理由によって，子供，病人，高齢者は学童保育センター，学校，病院，保養施設を簡単に代えられない。もし現在のサービスに不満であっても，それに代わる案についての情報を得る必要があり，全体のなかでそれを考え分析しなければならない。それから，払った努力が継続的なエネルギーと時間の投資に見合ったものになるとの確信を人は自らもたなければならない。これらのための努力はすべてサービスを取得するときの取引費用とみなすことができる［North, 1990 ; Williamson, 1985, 1992］。

　対人社会サービスを最善の方法で選んで購入するためにかかる取引費用は，消費者の観点からはひどく高額であることは明らかである。極端にいえば，もし保育，基礎教育，高等教育，定期的医療ケア，高齢者ケアなどを購入する各個人が，毎週とか毎月とかに，来週または来月のサービス購入の交渉のための情報また何処が支払うお金にふさわしい最高の質のサービスを提供するかの情報を得るために，あちこち探しているのならば，週末や月末になにか他のことをする時間が著しくなくなってしまうだろう。さまざまな提供者のなかから物色するためにともめどもない時間が使われてしまう。そしてただ，あるサービス供給者への要求は満たされないとか，また別の供給者はもっと良い供給案をもっていたなということを見いだすにすぎない。継続的な社会サービスの消費者と生産者の間の形式化され制度化された関係は，消費者の観点からは好ましいものである。というのもそれは消費者にとってサービス取得のための取引費用を軽減するからである。

　社会サービスの購入と再購入に伴う取引費用に加えて，個人があるサービス施設から他のサービス施設に変更するときの退出および再加入の費用もまた高くつく。児童，生徒，学生，病人，高齢者は1週間ごとあるいは1月ごとにあ

るサービス供給者から他の供給者の元へと移動しなくてはならなくなるだろう。このような費用は多くの場合，消費者と購入者が同一人でない場合は，それぞれが分担することになる。親もその小さな子供も，新しい保育センターで再社会化をしなければならなくなるだろう。親と生徒もまた新しい小学校，高等学校で馴染むのに時間がかかる。病人は新しい病院に，高齢者は新しい養老院での再社会化をということになる。このような社会的費用は必然的に，ある1つのサービス供給者から顧客が自由に流出することを規制することになる（[Möller, 1996: 217-18] と比較せよ）。

定期的で継続的な社会サービスから退出する費用は，単なる商品からの退出費用よりも著しく高額である [Möller, 1996: 218]。さらに，スウェーデンのおおくの社会サービスには，近接性・密接性の原則が定められている。すなわち，子供や高齢の両親はふさわしいサービスを供給するもっとも近い施設に行くのである。それは子供にとっては親の住んでいる近くに行くことを意味するし，高齢者にとっては体が動かなる前に住んだ所の近くに行くか，親戚が頻繁に訪問しやすい施設に行くかを意味する。しかし，近接とは単に交通の便や交通費の問題だけではなく，子供や高齢者にいっそうの社会的接触の機会を増加させるものとしてある。

あるサービス供給者から他の供給者へ変更するための実際上の費用に加えて，さらに子供や高齢者，さらにはその保護者や親戚にとっての「感情的費用」をつけ加えることができる。これらのサービスの「顧客」は，古い社会的絆を切り捨てて，新しい絆をつくりださなければならない。一方，保護者や親戚は古い供給者における職員に向かってサービス供給者を変更する動機と理由を説明しなければならないし，また新しい供給者の所の職員に対しては，新たに説明をしなければならない。かくして，退出を選択したときには非常な費用がかかる。これらの費用は過大ではないかもしれないが，また無視できるほどの額でもない。

継続的社会サービスの購入者にかかる取引費用を減らす方法は，スポット市場の不確かさに取って代わって，一定時間すなわち半年ごとにあるいは1年ご

とに，対人社会サービスの売り手と買い手の間でのきちんとした制度的な契約を確立することである。さらに継続的な社会サービスの消費者が繰り返し退出したり加入したりする施設にとっての取引費用を明確にすべきである。児童，生徒，学生，病人，高齢者は受入施設での社会化が是非とも必要である。もし彼らが施設をすぐに退出するならば，こうした費用は無意味になってしまう。そこを埋める新しいクライアントをさらに改めて社会化しなければならなくなる。加入申込書を常に新しいものにしておくことは，経営者に新しい問題を投げかけることになろう。サービス生産を急いで増やしたり減らしたりするために必要な生産財の最適在庫を維持しなければならないのは言うまでもない。

市場との類似はまた社会的な観点から薄弱である。それはイギリスの教育において「学校引換券」を使って市場的解決を導入した試みに見られる。両親はこの引換券に自由に追加金を継ぎ足して民間セクターの学校にでもまた補習でも地域の公立学校のコースにでも生徒を入れることができる。これは学校さらには公的セクターにおいて市場競争のようなものを導入するものである[Crouch, 1985: 410-11]。

かくして，大多数の対人社会サービスに対する市場における自由流動のための取引費用は，消費者，生産者また社会的観点からのいずれからも同じように問題を引き起こすだろう。買い手と売り手の間にきちんとした制度的な契約がないかぎり，最低限の保育，教育，医療サービス，高齢者ケアを供給するのは不可能になるにちがいない。保育，教育，定期的医療ケアの長期計画に必要な資源を獲得するためには，児童，生徒，学生，親がいつでも，保育所，学校，医療ケア施設のマネジャーたちに自分たちの好みを伝達できるという退出の選択肢を自由にできるのでなければならない。

第4節　発言を超えて――共同して生み出す

次にわれわれは，消費者が影響力をもつメカニズムである発言を検討し，さ

らに交渉経済が重要であることや，発言推進の方法のいくつかや，市民が共同生産者であること，また協同組合がひとつの集合の場であることを見ていくことにする。

(1) 交渉経済

市場が社会に与える影響力に対抗するいくつかの考えある。一部の論者は対抗力とは市民の力であるとし，他の論者は破壊力だという [Hirschman, 1982b]。完全競争に基づく純粋な市場とは，反復的契約のための場合を除いて，駆け引き，交渉，相互調整の余地のない，完全情報の供給による，匿名の販売者と購入者によって構成されるものであるとされる。長期的な個人的な社会契約とひんぱんな出会いの場が，売り手と買い手の間に絆をつくりだすが，これが理想的な競争モデルからの実体的な出発だとみなされている [同上]。このような絆はあまりに頻繁で重要だという事実は，しばしば経済学者をして，そうした絆が不完全なものとして低い評価をしたりしてよこに追いやってしまうか無視することをもたらす。しかしながら，市場取引における交渉の非常な頻繁性と重要性は，このような頻繁性の現象にもっと注意を払うような状況をもたらすことになるに違いない。このような経済学的無視に対する良い例外は，スカンジナビア諸国における「交渉経済学派」である。

「交渉経済」[Hernes, 1978] の概念は，まず1970年代におけるノルウェーの政治権力研究により導入された。これは他の経済学のあれこれとはいく分違っていた。すなわち，市場経済や計画経済とは違って，のちに「民主的コーポラティズム」[Katzenstein, 1985] と定義づけられる多くの特徴をもっていた。交渉経済は第1に，学校教科書に載った市場経済とは対極的な用語で記述されている [Hernes, 1978; Berrefjord, 1981, 1982]。ノルウェーにおける交渉経済の3つのもっとも明確な特徴は，第1に，少数の大企業が互いに相互所有をして兼任重役会議を通じて，自分たちの「競争相手」が長期的短期的にどのように行動するかについての完全な情報をもつことである。第2に，こうした企業が頻繁な政治的接触を多様にもったことである。第3に，交渉経済は常に発展してお

り，静態的固定的構造ではなくて，ひとつの過程であり，そこでは大企業が明確に中心的な役割を果たすのである。

のちに，この研究分野は他の分野および近隣のスカンジナビア諸国へと拡大した［Nielsen & Pedersen, 1988, 1989; Pedersen, 1992］。交渉経済とは次のように定義できる。すなわち「（交渉経済とは）社会の構造化であり，そこでは資源の配分の本質的な部分が，国家，組織，会社などの意志決定諸機関の間での制度化された交渉を通じて行われる」［同上：7］。構造的な問題では，それらは制度的な調整のための基盤を提供する次のような5つの補完的な組織が議論されている。すなわち，ⓐ政策決定のための組織，ⓑ議論のための組織，ⓒ運動展開のための組織，ⓓ交渉のための組織，ⓔ仲裁および制裁のための組織。この5つの型の全体あるいは少くとも機能的な同一性は交渉経済にとって必要なものである。しかし既存の制度組織は，1つの機能以上にもっと多くをカバーするかもしれない［同上］。

その後の比較研究によって，交渉経済という概念は，スカンジナビア諸国のさまざまな現象に適用されてきた。とりわけデンマークの労働交渉［Pedersen, 1989］，スカンジナビア諸国の所得政策［Elvander, 1989］，スウェーデンの消費者政策［Pestoff, 1989a］，ノルウェー，スウェーデンの農業政策［Steen, 1989］，デンマークの年金諸基金［Petersen, 1989］などである。のちに，労使関係，消費者政策，住宅政策，その他と同様に，スウェーデンではさまざまなセクターにおける交渉経済の展開の比較が行われた［Pestoff, 1995b］し，また最終的にはスウェーデンモデルの終焉およびその交渉経済の分析が行われた［Pestoff, 1994a, 1995b］。このように，スカンジナビア諸国の交渉経済は，新自由主義モデルと計画経済モデルのいずれについてもその代案を社会の組織化のために提供し［Nielsen & Pedersen, 1989; Pestoff, 1989a］，またおそらく恒常的社会サービスの組織化についても同様に提供した。したがって社会的企業についていえば，さまざまな利害当事者すなわち地方自治体，クライアント，職員といった者たちの間での政策決定，議論，交渉のための組織になれる。

社会サービスを外部委託化するという考えは，伝統的な公務員サービス提供

に対するもっとも魅力的な準市場的な代案の1つであるが，これは批判を受けてきた（第4章第2節を見よ）。この考えは通常，低い費用でより良いサービスをするというような仮定を前提としている。しかし，外部の会社や機関に契約化することの決定は，かならずしも低い費用を提供するものでも良いサービスを提供するものでも「ない」。というのも，競争契約のための理想的条件が常に保持されるわけではないからである。サービスのための強い市場という場があり，資源が豊富で，サービス生産がしっかりしている場合のみ，競争的契約モデルとしてはその目的を満たすことが可能であろう。もしそうでなければ，2つの代案モデルである交渉モデルと協同モデルが存在する [Dehoog, 1990]。

この2つのモデルはいずれも，政府のあり方を「プリンシパル」あるいは買い手とし，非政府組織（NGO）を「エージェント」または売り手とする。交渉モデルは関係的な契約を含む。そこでは同意と増加的な意志決定が基準となる。契約者は少数のこれまでの供給者たちであり，彼らは一般的な提案を出して，それから詳細について交渉する。このようなモデルは不確かさと複雑さを調整できる。もし高額の資本投資をする供給者が1人しかいなければ，あるいはその供給者が提供するモノやサービスについて多くの知識をもっていれば，その供給者は関係政府機関と長期的な関係をもとうとするだろう。ここでは政府と会社はどちらかといえば平等なパートナーである。このようなモデルは非常にフレキシブルで変化や不確実性に対して適用できる。

潜在的な供給者，制限された組織的な資源，非常な不確実性もしくは完全性といったものがいくつか与えられたならば，競争的契約への代案は必然的に現れる。しかしながら，準市場という代案というものよりましなものとして，準市場と準政策的代案の結合を，ちょうど社会的企業によって構想されたように，考えたらどうであろうか。それはとりわけ，市民が要求するサービス提供へのいっそうの市民参加に基礎を置いたものである。このような社会的企業は，一定のサービス提供の契約の詳細について，地方自治体と交渉したり協力したり，そのサービス生産に市民達を関与させるのである。

(2) 発言を推進する方法としての市民関与

　退出と発言は，かならずしも相互に排除する選択肢ではなかったはずで，むしろ消費者の失望に対して，モノやサービスの種類に依拠して，補完的に応えるものであった。発言は退出に対抗するものではなくて，むしろ歓迎さるべき補完物である。すなわち，消費者主権（退出）はしばしば消費者参加（発言）によって補完される必要があるのである。ハーシュマンによる，退出と発言の最適選択がわかりにくいという議論では，これらの2つの消費者対応の組み合わせの困難さを指摘している。片方があまりにも多いともう片方の影響力を減少させることになる［1970］。メーラー［1996］によれば，退出と発言は相互に排他的なものではないが，事実上相互依存したり，互いに素因となることができる。一方の存在が他方に影響を与える。したがって，退出は消費者の影響力という議論について不可欠なものであるが十分なものではない。集団的な発言もまた真の消費者の影響力を行使するには必要なものである［Pestoff, 1984, 1989a］。

　消費者はしばしば食品の好みについて明確な選好性をもっており，その好みを主張するために退出という行為を容易に活用する。対照的に，消費者や生産者の双方にとってその質が明確でないデイケア，教育，高齢者介護その他のようなサービスに関する選好性を表明するためには，いっそうの発言が必要とされるし，また消費者と生産者の間における積極的で建設的な対話が必要とされるのである。質に対する無視は必ずしも消費者を縛らないし商品を制限するものでもない。新しいサービスに対する需要は，とりわけそれらが人気がでてくると，需要への対応能力やどうしたらそれを満足させるかの知識以上に急速に現れる。このような状況下では，消費者の再編の問題はあまり重要でないが，サービス生産者の教育と彼らが消費者選好との関係でどのように稼働するかに必要なできるだけ多くの情報を提供することのほうが重要である。発言は稼働と選好についてより多くの情報を提供するし，退出よりずっと詳細なものであり，また細部については沈黙をまもるものである［同上］。同時に，売り手と

買い手の間の不均衡な情報や不整合な知識がある製品とサービスがあるために，たとえば医療介護においては発言は重要な役割を果たす。

　消費者の発言は，サービスの連続性の継続的目的という点ではサービスのためのより重要な要素である。一方，退出はサービスの連続性の非継続的目的においていっそうの重要性を示す。サービスの価格の弾力性とサービスの質の弾力性がどれだけ違うかをちょっと考えてみよう。価格が上昇するときに，もっとも貧しい消費者，すなわち底辺の顧客はしばしば真っ先に退出する。というのも彼らはもっとも価格に敏感だからである。しかしながら，サービスの質が低下すると，金持ちの消費者はしばしば真っ先に退出する。というのも彼らはまたもっとも質に敏感だからである。かくして，もしわれわれがもっとも質に敏感で上層に区分けされた消費者がまっさきに退出する状況を避けたいならば，彼らの発言が受け入れられやすくなっているのを見いだして退出を自粛する何らかの手段がとられなければならない [Hirschman, 1970]。

　かくして，消費者の積極的建設的発言を推進するための技術の発展が，継続的なサービスの本質的な側面でないにしても，重要であることをわれわれはみた。しかし，発言には積極的と否定的の2つの型がある。そしてまた発言は個人的と集団的の2つの方法としても示される。積極的な「個人的」発言すなわち改善のための提案は，サービス運営にかかわる型であるが，積極的「集団的」発言すなわち共同生産は，特定サービスとりわけ継続的な目的をもつサービスにおいていっそう重要である。社会的企業と協同組合は，社会サービスにおける消費者と生産者の間の権力配分と密接なパートナーシップを推進することができる。社会的企業と協同組合は，消費者と生産者との集団的で制度化された出会いと継続的な集団的取引を推進するので，社会サービスの質の改善に大いに貢献できるだろう。社会サービスのクライアントと生産者との間の制度化された出会いと継続的な取引はまた，こうした取引に依拠した品質改善の過程にも関係してくる。消費者を共同生産者とみなすことは，3つの大きな利点がある。すなわち，よりよい質のモノとサービス，新しいモノとサービスを発展させるための時間の短縮，低価格である [Wikström, 1993: 8-11]。

第4章　市民民主主義の経済的側面

　社会福祉サービスの共同生産者として市民がいっそう関与することを推進するための本質的な方法は，採算過程そのもののなかで，市民にいっそうの集団的影響力と交渉力をもたせることである。市民を共同生産者として取り込むことは社会サービス生産において消費者参加の遠大な形式をもたらすことになろう。それは退出と発言を超えて，消費者の積極的創造的な対応を容易にする。このような対応は，かならずしも消費者自身をして再組織化の時期において，個別の消費者の間でばらばらに発表させるわけではないし，公的な社会福祉サービスを削減するわけでもない。必要な構造と制度は，市民の関与を容易にするためにつくられなければならない。もし市民が福祉サービスの共同生産者としてかかわるようになるのならば，追加的な構造が必要だし，政策的な支援も必要となるであろう。

(3)　共同生産者としの市民，概念的議論

　共同生産は，消費者がモノとサービスの生産にいっそう関与し参加することにかかわる１つの現象である。生産者と消費者との間の取引のパターンが変化することによって，事業の新しい可能性が開かれる。同様に消費者の影響力にも新しい可能性が開かれる。このような変化は，産業社会に伝統的に見られる以上に消費者と生産者とのより密接な関係をもたらす。その１つは消費者が次第に共同生産者とみなされることである［Wikström, 1996］。消費者はもはやモノとサービスの受動的な受け手ではない。むしろ，市場における共同の過程における積極的で情報知識をもった参加者である。会社の役割はモノやサービスの提供に限定されない。むしろ，消費者がみずからの価値を創造しようとする活動の体系を設計することが問題なのである。したがって企業は，その顧客がすでにもっている知識と資源を補完するのであり，前産業期においてはたいていそうであったのである。時間と空間におけるこの相互反応と協同によって，ひとつの協同の結果が生まれた。

　共同生産者は「会社と消費者の相互作用（社会的交換）であり付加価値取得目的のための対応」と定義される［同上：362］。このような社会的交換は，交

換関係における不確実性が理解される程度によって，またこの不確実性を除去することで参加者が得るあり得るべき利益によって部分的には動機づけられている［同上：363］。この相互作用は，大量生産の論理によって生み出される諸価値とは違った種類の諸価値を創り出す［同上：372］。われわれの目的からすれば，対人社会サービスの共同生産にかかわる価値あるいは諸価値を特定する必要がある。第10章では，われわれは保育デイケアサービスを提供する各種社会的企業における父母に対する特定の付加価値を検討している。

　共同生産は，いくつかの異なった側面を構成する多面的な現象である。これには生産における消費者参加のさまざまな手段が含まれる。参加には各種段階があり，その過程において消費者の影響力の程度はさまざまである。われわれの目的にとって，マルメ市における市営住宅当局とその借家人の間の関係や，東京都における保健医療協同組合とその組合員との間の関係は，ヤムトラントやストックホルムにおける協同組合保育センターとその組合員との関係と同じであることに関心がある。われわれの研究は，サービスの最終消費者がどのように影響力をもつのかに関心がある。とりわけ，スウェーデンの対人社会サービスを提供する小規模企業におけるメンバー制度に関心がある。

　共同生産とは，消費者のいっそうの発言と関与を意味し，また消費者の能力化や消費者の活力化といった言葉に幾分似ている。しかし，この類似性は事業的な用語としては，いくからの混乱をもたらしている。消費者の能力化は，モノやサービスへさらに接近できることを意味する。一方，消費者の活力化は，消費者の影響力を増すことを意味してる。消費者の活力化は，購買力を通じて影響力を増すことを単に意味するのではなくて，むしろモノもしくはサービスを提供する会社における生産と経営へ直接いっそうの影響力を与えることを意味する。したがって，消費者のさらなる関与もまた消費者の能力化を必要としている。すなわち，消費者がより直接的にかかわる新しい方法によってサービスの供給を可能にすることである。消費者の能力化は，コンピューターや自動通話機械やATMなどのような新情報技術が非常に利用されるようになったこととつながっているだろう。

第4章　市民民主主義の経済的側面

　ATMでは，顧客はサービスの実行にあたってより積極的な役割を果たす。すなわち，銀行から預金を引き出す。しかし，顧客の新しい役割とは，また，消費者の側として新しいそしてより洗練された知識が要求されることである。たとえば，アクセスコードや正しいボタンを押すことなどである。新しいコンピューター技術にかかわることによって，消費者はいまや年がら年じゅうどの時間でもいつでもどの国ででも自分のカネを引き出せるのは当り前になっている。この場合，新技術の導入は，一定の経済的収益が得られるようになったので，いっそうの消費者の関与を必要としたのである。この経済的収益とは，預金引き出しなどのような特別サービス形態を行うための労働力の削減をもたらしたことである。

　しかし，共同生産は別の種類の関与や別の理由による動機づけを含むであろう。消費者は，市場において購買による形と非購買による形で行使する自分たちの影響力よりも，別の種類の影響力の形に興味があるかもしれない。事実，よりいっそうの影響力は，消費者のよりいっそうの関与を推進する諸価値のひとつかもしれない。たとえば，一部の父母は，協同組合保育サービスを，自分たちの娘や息子の保育デイケアセンターの経営に対する父母もしくは個人的な影響力を獲得する手段があるかどうかという理由で選んでいるようである。そういう人たちが好むのは別の保育サービス形式であって，労働者協同組合，自治体保育施設，民間営利サービスなどは好まない。したがって，消費者の活力化は消費者の能力化とは違う。活力化とは能力増大ではなくて権力と影響力増大の問題である。

　消費者を活力化することは，単に新情報技術を通じていっそうの消費者関与を図る問題ではない。既存組織の内部でいっそうのコミュニケーション構造を発展させること，とりわけ前線のスタッフと特定のモノやサービスの消費者との間のコミュニケーションを発展させることが同じく重要なのである。たとえば，借家人の関与とは，市営住宅における日常的な土地建物の営繕サービスの消費者として，第一義的には，市営住宅の借家人として期待し要求するサービスの改善に参加できるようにさせる能力化の問題としてある　[Cars, 1994;

Alfredsson & Cars, 1996]。しかし，活力化すなわち，この場合，借家人に市営住宅当局による決定に対するいっそうの影響力を与えること，またその理事会に借家人代表を出すことなどは，それとはまったく別問題である。マルメ市におけるオルマ借家人運動は，われわれが能力化の好例と見ているものだが，それは活力化とは違う。したがって，能力化は必要なものと考えられるが，活力化にとっては十分とはいえない。

　日本の保健医療協同組合における患者の関与を通じての共同生産は，この能力化と活力化の2側面を上手にそれぞれ代表させて区別させている好例である。東京の近くにある埼玉医療生協には1,000人以上の職員がいて，約25万人の家族単位の組合員を5,000の班として保健討論グループとして組織して，医療サービスを提供している。組合員たちは埼玉医療生協の4つの病院のうちの1つに通院することができる。最大の病院はベッド数約400あり，他に診療所と歯科診療所が12ある。患者を自らの医療介護に参加させることは，なによりも，患者を自らの健康に積極的に責任をもたせることになる。患者／組合員はもはや医師や看護婦たちにとって受け身的な対象とはみなされない。むしろ，彼らは，積極的な主体であり，医療施設の受付に置いてあるデジタル式機具で自分で容易に血圧を計れる。患者は自分たちの血圧の数値が通常いくらくらいあるのか，あるべきかを知っている。患者はまた，尿の塩分検査，血液の糖分検査を受けて記録する。さらに医療生協の組合員は小さなグループ（班）に区分けされる。班では健康に関することがらが定期的に活発に議論される。患者自身がこのように基本的な医療情報を集めることを容易にすることの教育的な含意は，みずからの健康生活を増進させるために積極的な役割を果たすという患者の能力化にとっては軽視されてはならない。患者が共同して定期的に健康問題について議論することによって，患者は集団的に能力化されるのである。このことは患者をして，周辺的にすぎないにしても，専門家と患者が対峙している医療における圧倒的な知識の不均衡をも崩させることにもなる。

　日本においては，こうした医療協同組合は患者協同組合すなわち消費者協同組合であり，生産者協同組合すなわち労働者協同組合ではない。消費者の活力

第4章 市民民主主義の経済的側面

化はまずもって，患者保健医療協同組合が提供する民主的構造を通じて達成される。そこでは，患者は医療協同組合の組合員である。このような協同組合が民主的に運営される程度に応じて，組合員もまた活力化される。組合員は協同組合の民主的機構に代表を送り，保健医療の協同についての議論に影響を与えることができる。選出機関に対する組合員による統制は，日本の協同組合運動において著しいものがある（[Pestoff, 1991, 1996]のスウェーデンの協同組合民主主義の議論を参照のこと）。日本の5つまたは6つの最大協同組合のうちの2つ，すなわち神奈川生協と札幌生協の理事長と経営陣は，最近の年次総会において退任した。消費者の活力化は，内部的な民主的意志決定構造において組合員のきちんとした代表権と参加を含むものである。したがって，日本の保健医療生協は，消費者の能力化と活力化の両方を1つの組織のなかで結合できるのである。

しかしながら，留意すべきは，従業員は，消費者あるいは雇用者がもつようには，共同生産について必ずしも同一の視点と利害をもつとは限らないことである。とりわけ，組織的変化の多くやいっそうの消費者参加は，高失業率の時代において，職の安定を脅かすものと受け取られることがある。たとえば，ATMの導入は金融セクターにおける雇用不安のはっきりした一例である。事実多くの雇用がATMの結果削減されたのである。ここでは消費者と雇用主は利害を共有しており，銀行従業員とは共有していない。しかしもし新技術導入の代わりに，現場の職員と顧客の間でいっそうのコミュニケーションをはかるために組織的変化を行った結果としていっそうの消費者参加がもたらされたことを共同生産だとするならば，クライアントへの接触をもっと積極することによって，より良い労働環境と豊かな労働生活を約束することができるだろう。われわれは労働環境の改善といっそうの顧客への接触との関係の理論的側面については第7章で議論する。

マルメ市住宅局の職員は，オルマにおいて明確にこのような労働環境改善を経験している。同じくそこでは協同組合保育センターの従業員も同様である。しかしこのことは従業員が，おそらく対人社会サービスの生産に影響を与える

いっそうの消費者参加に直面して感じる恐れを緩和しない。したがって，共同生産は，スウェーデンでは事実上，従業員や労働組合の視点からは反論すべき論争点にしばしばなりがちである。高失業率は雇用と，ユートピア的あったり労働者に犠牲をかけすぎかのいずれかまたは2つとみなされる。共同生産によってもたらされる労働環境をトレードオフの関係にあるとみなすことができる。従業員はこうした理由であるいはその他の理由で共同生産に抵抗するだろう。

(4) 討論の場としての協同組合

スウェーデンにおける公的セクターのいわゆる民営化のほとんどは，実際上は，社会サービスの「協同組合化」になっている。スウェーデンにおける福祉国家の現在起きている転換と民営化において，協同組合は急速に，社会サービスの公的供給に対する最も重要な代案の1つになっている。その主要な例として保育デイケアサービスを見るならば，「自治体で運営していない」保育デイケアセンターの数は，1988年から94年にかけて3倍以上の，538から1,768施設になった。一方，そこに通う子供の数は同時期に5倍近くの，8,500から39,000人に増加している。これらの「民間」保育デイケアセンターの約3分の2は，実際上，父母が運営するかあるいは労働者協同組合保育デイケアサービスである。

協同組合組織は，クライアントと社会サービス専従者との間の対話をつくりだす独特な機会を与えているし，特定の状況下では消費者を社会サービスの共同生産者として関与させている。しかし，これらの「民営化された」社会サービスの財政は，主として公的責任に依っている。スウェーデンのいろいろな場所で，社会サービスの支払いのための多様な給付券のあり方がこれまで実施されたり準備されたりしている。たとえば，デイケア給付券，学校給付券，患者給付券，ホームヘルプ給付券などである。これらの給付券は，公的資金によって財源化されており，基本的社会サービスの利用権を与えるものである。すなわち，給付券は準市場を形成する。サービス給付券は，個別の消費者にいっそ

うの選択の自由を与え，評判に基づいた競争を通じて効率性を促進する。

　一方，サービス給付券は，クライアントによる「退出」反応をも容易にするし，市場からの合図をいっそう導入することになるので，「発言」反応を無視することになり，また対人社会サービスの消費者と供給者との間の対話を間接的に低下させることになる。したがって，協同組合とその他の非営利組織はクライアントと専従者との間に特別な結びつきをもたらし，彼らの間に制度化された対話を推進させる。このような対話はまた，情報のなんらかの不均衡をなくすことにも役立つので，社会サービスの質の改善に大いに機会を提供する。

　このようなシナリオはまったく問題がないわけではない。ハーシュマン［1982a］は過度の関与や取引費用の高騰を警告している。関与は夢中になることであるが，やがて私的な追求という後退的反応になる可能性もある。言えることは，社会サービスの生産へ消費者がいっそう関与することは，長い目で見て，こうしたサービスの質を低下させるに違いないということである。消費者関与の不安定性は，つくられたサービスの質の不安定さに反映されるに違いない。しかし，特定の自然的サイクルが，関与の不安定性を緩和する［Stryjan, 1989］。一部の父母の場合は，保育デイケアサービスの供給に関与するとして，子供の小学校教育に関与するのではなくて，子供が10代になったときの教育問題に再び関与するようになるだけである。別の一部の父母は，逆のパターンをとるかもしれない。つまり，公的あるいは民間保育デイケアセンターを選択するが，協同組合学校による小学校教育に関与するといった場合がある。しかし，スウェーデンの今日の経験は，集団的な活動に導く累積的な性格があることを示している。父母が運営する保育協同組合への積極的な参加は，子供が大きくなって学校にいくようになってももち越され，学校でのいっそうの父母の関与がもたらされる。

　スウェーデンにおける親協同組合とその他の種類の非営利組織は，社会サービスの生産者と消費者との対話を容易にするだけでなくて，両者の会合を頻繁化させ，サービスの生産における消費者の直接参加を促進させる。保育の親協同組合とその他の非営利組織の形式は，内規によって組合員・会員に労働義務

を課しているのが普通である。通常は父母は保育の教育的役割には積極的に関与しないが，保育デイケアセンターの維持，修繕，管理に参加する義務がある。この労働義務によって個別の保育施設の経営に対するいっそうの関心を増大させ，また専従者と父母たちの対話が促進される（第10章をみよ）。父母はまたこれらの保育デイケアセンターの理事会で多数派を占めるので，いっそうの影響力をもつことになる。父母はサービスの質について自分たちの意見をまとめて，専従者と議論することができる。

　スウェーデンの社会サービスにおける最近の協同組合と非営利組織の非常な発展によって，市民主義の発展とさまざまな方法による社会サービスの共同生産者としての市民の発展が容易になっている。社会サービスの共同生産者としての組合員／市民が制度的に関与することは，関連する個人向け社会サービスの生産へ彼らが直接参加することを容易にすることによって，その統治過程に市民が参加する権利を拡大することになる。市民としてまた社会サービスの消費者として，みずからの時間とサービスを提供することが彼らの義務となる。これにより公的セクターの分権化が推進できるし，社会サービスの生産者の説明責任について川上の政策決定者に対して追求し続けることができるし，また同じ生産者の説明責任を川下の消費者や利用者に対してもふやすことができる。結局，このことは市民の政策決定者（政治家）に対する統制を強化することになるし，また政策決定者が官僚と公的サービスを統制することを強化することにもなる。

第5節　結　　論

　市場の失敗と情報の不均衡によって，対人社会サービスとしては第三セクターの社会的企業やその他組織による供給がぴったりしたものになっている。これらの組織は社会サービスにおいて消費者と供給者との間に信頼関係を徐々に増大させている。準市場もまた対人社会サービスの生産者の一部における機会

主義的な行動の可能性が強い。一部の対人向け社会サービスの継続性という特性は，退出よりも発言のほうがよりぴったりしている。さらに，市場を通じてこうしたサービスを供給する取引費用は，消費者や生産者や社会にとっては値段が高いものがある。こうしたことを踏まえるならば，市場と公的政策の両方に対して第三セクターの諸選択肢の検討に向かわせている。つまり，地域レベルあるいはマクロレベルでの交渉経済，共同生産者としての市民，社会的企業と協同組合社会サービスが，市場と準市場に対する代案を提供するのである。これらはまた市民民主主義と地域における社会サービスの協同的自主管理の発展にも貢献する。

　しかしながら，福祉国家が新しい型の社会サービスを提供するようになると，情報の不均衡問題や機会主義的行動と市場の失敗の問題ばかりでなく，これらの新しい社会サービスの生産者と消費者における純粋単純な知識の欠如も問題になってくる。生産者，消費者いずれの側も，良質のサービスとはなにかについては知らない。彼らは互いに対話を通じて，良質のサービスとはなにを含んでいるのかについての相互理解と同意に達しなければならない。質は条文化したり数字に移し代えればよいというものではないし，ロボットの記憶装置にプログラミングすればよいというものでもない。むしろ，質とは社会サービスの供給者とクライアントが繰り返し相互に影響を与えながら，学習・再学習されるものなのである [Wahlgren, 1996]。サービスの供給者とクライアントの間で頻繁に会い，打ち合わせをすることによって，両者の間の情報の不均衡およびサービスの質に関する相互の不安をなくしていくことができる。

　共同生産は，第10章で議論しているように，この不安や不確かさを軽減することができる。クライアントが共同生産者として関与することによって，望んでいるサービスと価値への期待を表明することができ，実践的な活動へと変換することができる。自らが要求する継続的なサービスの生産の実践的な諸側面にクライアントが参加することによって，サービスの専門的供給者とのいっそうの相互活動が図れるし，対話が促進できる。翻ってこのことは両者の不安をなくすばかりでなく，良質のサービスの共通の基準への同意に向かわせる。

共同生産の副産物として,社会サービス供給の重要な側面をクライアントに理解させることや,供給者の側についていえば,機会主義的な行動の規制をも生み出す。

このように,サービス供給におけるクライアントの関与によって,共同生産は,社会サービスの供給者とクライアントとの間の情報の不均衡を軽減することができるし,両者の対話を促進し,供給者の供給能力とクライアントの期待についての相互理解に向かわせる。したがって,サービスの質の不安を除去できるし,クライアントには考察と影響力を与え,それによって機会主義的行動に対するセイフガードとなるのである。

第5章　コントロールとマルチ・ステイクホルダー組織

　誰があるいはどの集団が企業を統制するのかという問題は，アメリカで再び重要な論争になりつつある。古典的な見方は，まったく異質な人々によって統制されているような企業をアメリカで見出すのはきわめてまれであると主張する [Hansmann, 1996]。所有のコストを決定する場合，利害の等質性はとくに考慮すべき重要な点である。所有の異質性は，企業を所有することの政治的なコストをふやす。この見方によれば，投票行為と投票権は，企業所有者の選好を集約しそれを経営管理者に伝えるためのメカニズムではなく，むしろ権力をもつ人たちの著しい機会主義的行動からのおおざっぱでも多少の防護を提供するためのメカニズムとみなされる [同上]。

　したがって，企業とその顧客との間のコミュニケーションを改善する必要性があるとしても，顧客に企業に対するコントロール権を与えることは，高くつく争いを引き起こすことになるかもしれないのでその目的にとっては必ずしも良い手段ではない。逆に，異質の利害をもつ多様なステイクホルダー間の対立を和らげる1つの方法は，ある層の顧客ないしステイクホルダーを代表して企業の事業を担い，とはいえ，それらの顧客によって直接にコントロールも選出もされない理事を任命することである。これは，本質的に非営利企業そのものであり，「所有者のいない」企業である [同上]。異なる見方をすれば，さまざまなステイクホルダーの代表制を拡大することは，逆説的だがアメリカ企業をドイツや日本の企業よりも競争力のある企業にする1つの方法であるように思われる。アメリカ企業の制度化されたアカウンタビリティ（説明責任）は，民間会社の統治への顧客と供給者の参画によって高まるだろう。そしてこれによって，アメリカ企業の国際競争力は大きく強化されるだろう [Porter, 1992]。

しかしながら，単一のモデルが経済のすべての部門，あらゆるタイプの企業，すべての国に当てはまるわけではない。われわれの主要な関心は，巨大多国籍企業に関する最良の所有モデルないし競争力モデルを論じることにあるのではなく，スウェーデンやその他のヨーロッパ諸国の小規模な社会的企業において統制権をサービス提供に大きく貢献するさまざまな集団にまで拡大することで得られる潜在的な利益を解明することにある。マルティ・ステイクホルダー組織は，市民参加を拡大するための1つのモデルとみなされる。

しかし社会的企業におけるステイクホルダーとは誰なのか，そして彼らと企業との関係はいかなるものなのか。われわれはこれらの問題を，まずステイクホルダー理論を紹介し，第2にマルティ・ステイクホルダー組織の論理を考察し，そして第3に単一ステイクホルダー企業とマルティ・ステイクホルダー企業の区別に関する概念モデルを導入することによって順次検討していこう。それから，カナダ，イタリア，スペイン，スウェーデンにおけるマルティ・ステイクホルダー組織を検討し，マルティ・ステイクホルダー組織におけるメンバーの問題を議論したうえで，結論にはいろう。

第1節　マルティ・ステイクホルダー理論への導入

ステイクホルダーの概念は通常，ある企業の活動に利害関係をもつか，直接・間接にそれに影響されるさまざまな関係者を指す。ステイクホルダーは，その企業に対して正当な請求権をもつ個人ないし集団である [Ackoff, 1981 ; Clarkson, 1995 ; Deetz, 1994 ; Donaldson & Preston, 1995 ; Hill & Jones, 1992]。この正当性は，彼らが企業および過去・現在・未来にわたるその活動に関する権利ないし利害を要求するのを可能にする交換関係の存在を通して確立される [Donaldson & Preston, 1995]。ステイクホルダーには，株主・債権者・経営管理者・職員・顧客・供給者・地域コミュニティ・政府・一般の人々が含まれる [Breton & Cote, 1995 ; Deetz, 1994 ; Grojer & Stark, 1978 ; Hill & Jones, 1992]。これら

の各集団は企業に必須の資源を供給し，その見返りにそれぞれの利益が満たされるのを期待する [Hill & Jones, 1992]。1次ステイクホルダーと2次ステイクホルダーを区別することができる [Clarkson, 1995]。前者には彼らの継続的な参加がなければ企業は存続できないような集団すべてが含まれ，後者には企業に影響を及ぼしうるけれども必ずしも企業は彼らと取引関係に入るわけではない集団，すなわち，企業の生き残りにとって欠くことのできない存在ではない集団が含まれる [同上]。

　ステイクホルダー理論は，エージェンシー（代理機関）の理論をより一般化したものとして，すなわちステイクホルダー・エージェンシー理論として見ることができる [Hill & Jones, 1992]。ステイクホルダー理論は，企業に参加する正当な利害関係をもつすべての個人あるいは集団は便益を得るためにまさに参加するのだと論じる点においてエージェンシーの理論の上をいく。各ステイクホルダー集団は，企業の活動に対しそれぞれの独自の期待あるいは利害をもっている。企業の経済的・社会的目的は，富と価値を創り出し，増大したそれをすべての1次ステイクホルダーに依怙贔屓なく分配することにある [Clarkson, 1995]。したがって，企業の目的は，どれか唯一のステイクホルダー集団に仕えるのではなく，むしろ「それぞれがもつより効率的，効果的に自らの目標を追求する能力を増すことによって，全てのステイクホルダー集団に仕えること」にある [Ackoff, 1981, 33]。それゆえ，企業はそれ自身の目標を追求するのではなくて，すべてのステイクホルダーの道具となるだろう。だから，ある一群の利害と便益が他のものに対して自明の優先性を有していることはない [Donaldson & Preston, 1995]。これは，各ステイクホルダー集団はどれか他の集団の目的を達成するための手段などではなく，それ自体が目的として扱われる権利を有していることを意味する。それゆえ，すべてのステイクホルダー集団は1次利害をもっている企業における将来の方向性の決定に参加しなければならないのだ [同上]。

　しかしながら，経営管理者は他のすべてのステイクホルダーと接触する唯一のステイクホルダー集団であり，かつ，企業の意思決定機関に対する直接的な

コントロール権を有する唯一の集団であるために，特有の立場にある［Hill & Jones, 1992］。エージェンシー理論においては経営管理者はただプリンシパルないし資本提供者の利害にのみ仕えるに対して，ステイクホルダー理論においては彼らはすべてのステイクホルダー集団に仕える［同上］。プリンシパル（本人）とエージェント（代理人）の利害は，主要にはそれぞれが企業から異なる報酬を期待するために食い違う。このために企業のもっている資源の利用の仕方を巡って衝突が生じうる。株主は富の最大化を求め，一方，経営管理者は自分の給与の増大，仕事の安定性，高い地位などを求め，したがって企業の成長率を最大にしようとする傾向がある。ステイクホルダー理論は，経営管理者以外のステイクホルダー集団が企業から期待する報酬は，経営管理者の意思決定とマネジメントによる資源の用い方とによっても影響されると主張する。職員はより高い賃金を求め，顧客はより安い価格を，供給者はより高い価格と信頼しうる取引先を，地域コミュニティと一般の人々はより低いレベルの汚染と生活の質の向上をそれぞれ求める。これらのすべてのことが資源の利用を必要とし，もしそれらに資源が利用されなければ，経営管理者は企業の成長を最大にするために［同上］，そしてまた株主たちは富の最大化のためにそれを投資することになるだろう。

　インサイダーとしての経営管理者は，自分たちが公表する情報を選り分けたり，ゆがめうる立場にある。これはエージェンシー問題を複雑にし，その他のステイクホルダーが企業活動についての情報を集めるのをより困難にする。このことがとくに起こりそうなのは，ステイクホルダーが拡散している場合，あるいは消費者協同組合の場合によくあるように，どの個人の集団も集団の全体的な資源のうちの重大な部分に対する支配権をもたない場合である。このような場合には，どの個人または集団も広範囲にわたる情報収集のために，さらには経営管理者とその他のステイクホルダーとの間の情報の不均衡を有意義に解消するのに必要な分析を行うために資金を出すことはできないかもしれない。次いで，このことが経営管理者に企業の資源に対する裁量的なコントロール権を与えることになるのだ［同上］。ステイクホルダー理論は，すべての1次ステ

イクホルダー集団は企業活動についての完全な情報を得る権利をもつことを意味する。

こうして、さまざまなステイクホルダー集団の相異なる利害の連合を促進しうる制度を発展させることは必須となり、それらの制度は企業の生き残りにとって一番重要となる。モニタリング機関と財務会計は経営管理者の活動についての情報を提供し、法律の執行メカニズムはマネジメントが自分の効用を他のステイクホルダーを犠牲にして最大化するのを抑止する。会計監査、法律、そしてさまざまなステイクホルダー集団の退出と発言、これらはマネジメントの機会主義を抑えるための伝統的な制度である。しかしこのような諸制度には、多様なステイクホルダー間の権限の差に関係する限界をはじめとして数多くの限界がある。権限の差は、ステイクホルダーのなかに交換関係に「閉じこめられる」ものが存在する時に特定の資産への投資のために、あるいは、退出のコストがきわめて高い時に経営管理者とその他のステイクホルダーとの間に通常存在する情報の不均衡のために、最大となる [Hill & Jones, 1992]。すべての1次ステイクホルダー集団の利益を守り増進させるための2つの追加的なメカニズムは、マルティ・ステイクホルダー組織の確立と社会会計の発展である。前者についてはこの章で論じ、後者については次章で論じよう。

第2章　マルティ・ステイクホルダー組織の論理

企業の伝統的なモデルは、単に経済的表象だけに基づいているとの理由で [Ackoff, 1981 ; Deetz, 1994 ; Breton & Cote, 1995]、また株主だけが経営管理者を認定したり更迭したりすることができるとしており、もっぱら経営者コントロール論にのみ基礎をおいているとの理由で厳しく批判されてきた。投資家を別にすれば、他のすべてのステイクホルダーは、企業のなかで実質的な発言権をもたない。労働者、消費者、供給者のようなその他のほとんどのステイクホルダーが利用できる唯一の選択肢は、退出ないし忠誠である。しかし退出は個々の

ステイクホルダーにとってもきわめて高くつく。彼らの利害は通常企業にとって外部的なものと認識されており，この分離によってその他のステイクホルダーは皆すべて企業にとっての資産ではなくて単にコストと見なされる。こうして，労働コストと訓練コスト，設備のためのコスト，税のコスト，調達のコスト，天然資源のコスト，環境法に適合するためのコストなどが存在することになる。消費者でさえ，財・サービスを宣伝し売りに出す必要性という点からコストとみなされる。その他のステイクホルダーについてのこのような見方からすれば，なぜコストの抑制が経営管理者の支配的な追求目標となるのかを理解するのは容易である。表5-1は，さまざまなステイクホルダー，企業に対する彼らの利害ないし期待，そしてこれらの利害をコストと見る典型的な経営者の観点を描いている。

　これらの問題を克服するために，企業のさまざまなステイクホルダーは，意思決定がなされる現場でのより大きな直接的な参加の機会を逃してはならない。企業の意思決定におけるいっそうの民主主義は，政治的条件と経済的条件の両者によって保障される。政治的には，もし企業の内部で下される決定のなかでわれわれ個人の幸福や社会の幸福，国全体の幸福に影響を与える決定の数がますますふえるのならば，一般の人々は企業に代表を送る権利をもつ

表5-1　さまざまなステイクホルダー，彼らの期待の対象とコスト

ステイクホルダー	利害ないし期待の対象	コスト*
投資家	利潤，収益の最大化	投資の収益
資金供給者	予定どおりの償還	資本施設
ワーカー	公平な所得，良好な労働条件	労働，訓練
供給者	資源の利用，適正な価格，信頼できる買い手	資源，供給品
消費者	支払う価値のある財・サービス	広告，マーケティング
コミュニティ	市民生活の質の向上	税，法律，規制
社会	法律と社会的価値の尊重	法律，規制
世界コミュニティ	環境への影響，持続可能なマネジメント	天然資源

注：＊経営管理者からみたコスト。
出所：Deetz, 1994, 図4-1, 4-2, pp. 24, 27；Breton & Coté, 1995；Hill & Jones, 1992, p. 133を修正。

[Deetz, 1994 : 3]。

　マルティ・ステイクホルダー・モデル［同上］は，企業は数多くのさまざまなタイプの「所有者」すなわち企業の活動に利害をもつか，あるいは直接・間接にそれに影響される個人ないし集団をもつものである，との考え方に基づいている。このモデルによって，ステイクホルダーと経営管理者との関係は大きく変わる。多くの集団が追加的に企業のシステムにとって内在的なものと見なされなければならなくなる。企業は多くの「投資家」ないしステイクホルダーに対して説明責任を負わねばならなくなり，株主だけではなく全てのステイクホルダーは数多くの意思決定において意見を求められねばならなくなる。ステイクホルダーは種々の利害をもち，企業の意思決定にそれが代表されるのを望むだろう。こうして，マルティ・ステイクホルダー・モデルを徹底すれば，マネジメントの機能は根本的に変わる。もはや種々のステイクホルダー間での争いやコストをコントロールしたり抑えたりすることではなく，相異なる利害を連合させ衝突の解消を助ける道を探り出すことが，マルティ・ステイクホルダー・モデルにおける経営管理者の主な役割となる。マネジメントはもはや意思決定プロセスにおいて利害関係者として振る舞うことはできない［同上］。これによって企業の多くのステイクホルダーは同列に置かれることになるだろう。支配とコントロールは共同決定にとって代わられ，調整は参加と関与にとって代わられるだろう［同上］。

　ヨーロッパでは，会員の資格をボランティア，ワーカー，消費者，資金を提供する地方自治体といった複数のステイクホルダーに広げつつある社会的企業がますますふえ，かなりの数にのぼっている［Borzaga & Mittone, 1997］。ヨーロッパにおけるマルティ・ステイクホルダー社会的企業は，いくつかの際だった特徴をもっている［同上］。すなわち，その会員は多様なステイクホルダー集団からなる，ある一種の会員集団だけに利益をもたらすという動機をもたずに福祉サービスを供給する，ステイクホルダー全員を重要な意思決定に参加させる内部民主主義を実践する，利潤の非分配制約をもたずそれゆえ事業からの潜在的剰余の一定額を会員に分配することができる。そして最後に，それらはさ

まざまな法形態たとえばアソシエーション，協同組合，公社などの形態をとり，その形態はそれぞれの国の法に応じて変化する。

マルティ・ステイクホルダー社会的企業の2つの主要な利点として，その複合的な組織によって，1つには生産者と消費者の間での情報の不均衡をなくすことがより容易になること，もう1つにはサービスの種類と質についての情報を歪めようとするさまざまな集団の動機の一掃が促されることをあげうる。さらに，異なるステイクホルダー集団の多様な利益を正式に包括することはお互いの間でのチェック・アンド・バランス（抑制と均衡）として機能するだろう。各ステイクホルダー集団は組織に参加する独自の動機をもつ。消費者とボランティアがマルティ・ステイクホルダー社会的企業への参加に抱く関心はワーカーのそれとは異なり，前者の存在によって企業の事業コストはある程度コントロールされることになる。さらに消費者の参加は，彼らをサービスの共同生産者として直接に従事させることによって生産コストをいくらか引き下げることにつながる。

第3節　マルティ・ステイクホルダー組織，概念モデル

民間企業であれ，社会的企業，協同組合，ボランタリィ団体であれ，ほとんどの組織は，ときには衝突もする異なる利益をもつ種々の集団の利益と貢献から構成されているか，あるいはそれらを組み合わせている。このような組織が生産する財・サービスは，数多くの集団すなわち，所有者，資金供給者，ワーカー，供給者，消費者，地域コミュニティなどの努力が結合した結果である。にもかかわらず，通常は1つの集団が組織を支配し，結合努力の成果ないし便益を独り占めする。こうしてすべての生産要素に報酬が支払われたならば，残るすべての剰余ないし利潤は所有者または株主によって保持され，そしてその処理は彼らだけに任される。それゆえ，このような組織は単一ステイクホルダー組織（シングルないしユニ・ステイクホルダー組織）と呼ばれうる。株式の所

有は所有権，およびこのような組織の内部意思決定への影響力を与える。

　協同組合は多くの国でそれに代わる単一ステイクホルダー企業の例を提供している。1つの集団，たとえば生産者〔農業従事者〕，消費者，ワーカーが排他的に組合員の権利をもつことで協同組合の所有者となる。彼らはこの排他的な組合員権によって他の集団が協同組合内で所有権を要求するのを退ける。こうして雇用者を組合員とし，彼らが企業の資本の一部ないしほぼ全てを拠出して所有者となっている，ワーカーあるいは雇用者の協同組合というものがある。もう1つの例は消費者協同組合であり，この場合は消費者が組合員であり，平等な持ち分を有して協同組合の所有者となる。農業生産者ないし農民は，生産物を売ったり買ったりするために自分たちの資源を出し合い，通常はそれぞれの取引額に比例した持ち分を有し農業協同組合の所有者となる。これらのモデルに共通することは，1つの集団が所有権と責任を独占していることである。この1つの集団だけが，他のステイクホルダーのことを考慮する何の必要もなしに，組織の全ての重要な決定を下す権利を主張できるのだ。

　しかしながら，他のステイクホルダーないし集団は，組織に対してそれとは異なる所有権の権利を主張しうる。地域コミュニティのなかで，ボランティア，消費者，その他の利害関係者によって支配されている組織あるいは企業を想像することは可能である。図5-1には，単一ステイクホルダー集団による支配のさまざまなパターンが描かれている。点線は，単一の支配的なステイクホルダーの影響の程度，およびその他のすべてのステイクホルダーにどれだけの余地が残されているのかを示している。

　単一ステイクホールディングの世界では，民間企業であろうと，社会的企業，協同組合，ボランタリィ団体であろうと，他の集団の利益を少しでも公式に認めることは所有者にとっての損失とみなされる。これは，ある人の利得が他の人の損失を意味するゼロサム・モデルないしゲームに似ている。したがって，単一ステイクホルダー・モデルはまったく当然ながら，組織ないし企業による財・サービスの生産へのさまざまな貢献者に対する，権限と便益の不公平な分配という結果に終わる。こうして，どんな集団がこの種の組織をコントロール

図5-1 組織ないし企業におけるさまざまな集団に適用した単一ステイクホルダー・モデル

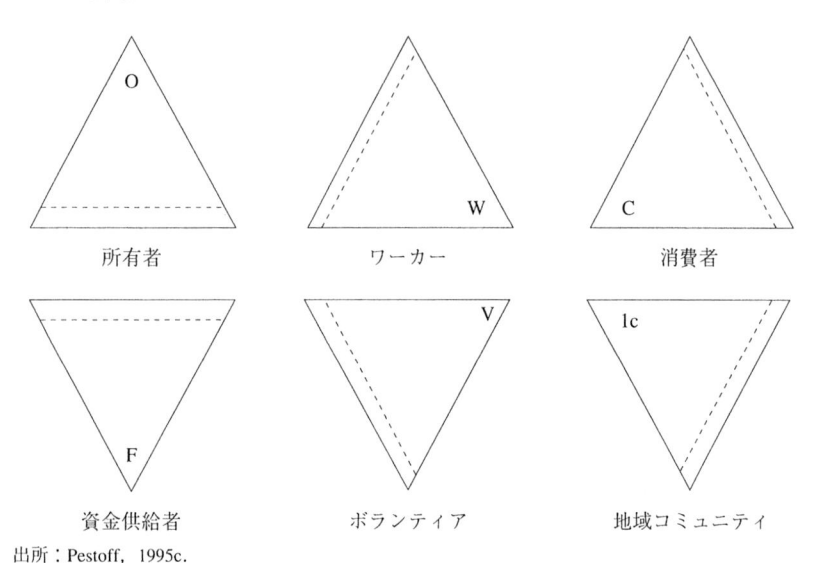

```
      O                    W                    C
   所有者                ワーカー              消費者

      F                    V                   lc
  資金供給者            ボランティア         地域コミュニティ
```

出所：Pestoff, 1995c.

するのかにかかわりなく，一般にその集団は企業ないし協同組合を支配し，そしてその他の集団の利益を，彼らの財・サービスの生産に対する貢献にもかかわらず排除するだろう。

　ところが，もし多様なステイクホルダーの貢献，利益，参加の正式な権利を認めるならば，われわれは多種多様なステイクホルダーを招き入れなければならない。実際，ほとんどの組織，民間企業，社会的企業，協同組合，ボランタリィ団体は多種多様なステイクホルダーから構成されている。この場合，ある人の利得は，企業の結合生産に貢献する人たちの損失を自動的には意味しない。こうして，マルティ・ステイクホルダー組織は，組織原動力をゼロサム・ゲームからプラスサム・ゲームへと変えるための制度と見なすことができる。このプラスサム・ゲームにおいては，全てないしほとんどのプレイヤーの利得が考慮に入れられ，そして，彼らは組織の成果に影響力を及ぼすことができ，それゆえに財・サービスの結合生産の便益取り分と報酬を

第5章 コントロールとマルティ・ステイクホルダー組織　　　　　*139*

図5-2　マルティ・ステイクホルダー協同組合

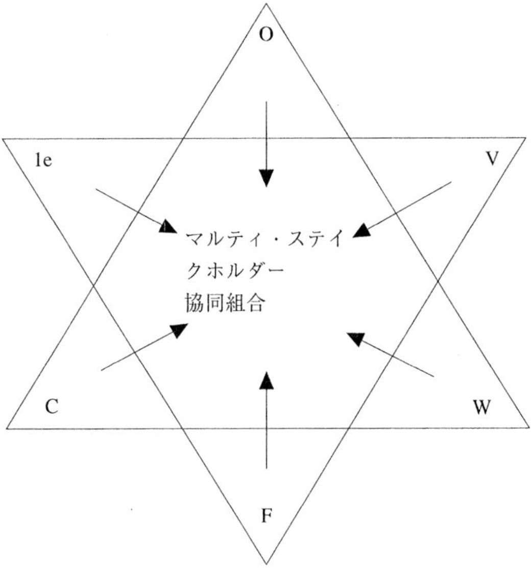

```
                    O
                    │
                    ▼
      1e ─→  マルティ・ステイ  ←─ V
              クホルダー
               協同組合
      C ─→                  ←─ W
                    ▲
                    │
                    F
```

著作権：Pestoff, 1995c．

　要求することができる。マルティ・ステイクホルダー組織は，単一ステイクホルダーとの対比によって以下のように描き出すことができる。

　マルティ・ステイクホルダー組織は，民間企業，社会的企業，協同組合，ボランタリィ団体の再編への強力な民主主義的かつ経済的動機を与えることができる。マルティ・ステイクホルダー組織は全ての集団の権利を認める以上，経済民主主義を促進する。そして，組織による財・サービス生産への主だった貢献者全員に対して正当性と影響力を付与する。それゆえ，マルティ・ステイクホルダー組織は内部の意思決定構造という点で単一ステイクホルダー組織よりも公平で民主主義的である。ひいてはこのことによって多くのステイクホルダーの目から見た組織の正当性は増すことになり，こうしてまた，財・サービス生産に貢献する数多くの集団はいまでは組織に対して正式に認められた利害をもつことになるので，彼らからよりいっそうの忠誠が得られるという結果にもなる。マルティ・ステイクホルダー組織は，すべての主要な集団の代表を内部

の意思決定機関に入れることによって彼らの利益を内部化し、こうして潜在的にこれらさまざまな集団間での取引費用を引き下げることができる。

　しかしながら、多様な集団の利益を考慮に入れなければならないので、マルティ・ステイクホルダー組織における意思決定のための取引費用は増大するかもしれない [Hansmann, 1996 ; Borzaga & Mittone, 1997]。とはいえ、内部意思決定と直接に結びついたコスト増は、組織ないし企業の正当性および全ての集団の組織への忠誠が増すことによって得られる利得によって相殺されるだろう。全ての集団が代表を送り出し意思決定に影響を及ぼすことができるので、機会主義は完全に排除されないとしても後退させることは可能となる。全ての人が明確な利害をもち、それに付随する権利を与えられ、マルティ・ステイクホルディングの責任を引き受ける。さらにまた、主要な集団ごとに別々の契約を交渉し次いでそれを履行する必要性も、いまやそれらの集団はすべて組織の一部であり、成功または失敗を共にするパートナーであるので排除されるだろう。これもまた取引費用を引き下げるのを助け、組織をより効率的で効果的なものにする。

　このようなコスト削減の程度は、とくに組織が財を生産する場合よりもサービスを生産する場合に大きなものとなりうる。なぜならば、労働コストが大きな比率を占めるからである。労働コストが総コストの75～80％を占める場合、剰余を生み出すためにはワーカーの堅い約束は決定的なものではないとしても重要である。資格をもちかつ堅い約束を交わしたワーカーがいなければ、株主に分配すべき利潤は、ゼロではないにしてもごくわずかなものでしかないだろう。したがって、対人社会サービスのような分野では、マルティ・ステイクホルダー・モデルは、単一ステイクホルダー組織や民間企業の場合に可能となる水準よりも高い報酬を全ての関係者に約束するのは明らかであるように思われる。今日のスウェーデンで対人社会サービスに従事するワーカーが仕事を選ぶ理由は、まず第1に単に物資的な見地からではない自己満足にある。彼らは意味のある仕事、やりがいのある非物質的な見地からの報酬を与えてくれる仕事、人間的な発展および仕事の内容やその仕方、時間に対する支配を可能にし

てくれる仕事，意義のある社会的な役割を果たす，あるいは他の人を満足させる仕事などに就くのを好む（詳しくは第9章参照）。内部の意思決定に彼らの参加を許すこと，すなわち，より進んだ共同決定の規定を設けることで，彼らの満足と忠誠は増すだろう。こうして，それによって問題となるのは，ワーカーの機会主義的な行動を統制するということではなくて，むしろ雇用者のよりいっそう堅い約束を取りつけてサービスの質をより高いものにするということなのだ。これによってさらに，より高い質のサービスという点でクライアントも利益を得るし，より満足した住民という点でそのようなサービスが提供される地域コミュニティも利益を得るだろう。

クライアントは，悪い仕事を良い仕事に変えるのに重要な貢献をなしうる。権利と責任について堅い約束を交わしたクライアントは，自分たちが求めるサービスそのものの生産に参加することになり，こうして共同生産者となる。彼らの参加は組織の安泰に大きく貢献し，事業において剰余を出すかあるいは損失を出すかの違いを生み出しうる。この場合にもまた，それによって問題となるのは，クライアントの機会主義的な行動を防ぐということではなく，むしろクライアントやその家族にサービスを提供する組織の活動にクライアントが深くかかわれるようにする手段を与えるということなのだ。サービス提供組織におけるクライアントの正当な利害を認めて彼らを共同生産者に変えることが，彼らの権利と責任を強化する最良の方法である。そのようなサービス生産へのクライアントの関与は，良い仕事にとって必要な相互活動を維持するために重要であり，また地域コミュニティにおける住民の満足度を高めるのに貢献する。さらにそれはサービスの生産コストの削減にも役立つ。

第4節　マルティ・ステイクホルダー協同組合，いくつかの実例

マルティ・ステイクホルダー組織はカナダ，日本，スペイン，スウェーデンなどを含むいくつかの国の協同組合運動に見られる。以下でこれらの国のマル

ティ・ステイクホルダー協同組合の実例をいくつか検討していこう。協同組合は100年以上もの前には経済の民主化という点で大きな前進がみられたけれども、それらの通例の形態は利害関係者のあるもの、よくみられるのはワーカーの排除という逆説的な結果を伴っている。このミスマッチから厳しい成果がもたらされることも多く、このために世界各国の多くの部門で協同組合の役割が低下してきている [Jordan, 1989]。

　伝統的な消費者と生産者〔農業従事者〕の協同組合は利用の卓越性という通常の論理を拠所にしており、この論理によれば利用者だけが協同組合の便益を得る権利をもつ。それと対照的に、ワーカーの協同組合の支持者は議論の論拠を労働価値論に求める場合が多い。すなわち、剰余は労働者の努力によってのみ創出され、彼らだけがそれを得る権利があるのだ。しかしながら、協同組合の従来からの構造と協同組合に基本的な利害関係をもつさまざまな関係者との間の調和の欠如とともに重大な問題が生じる。

　ほとんどの協同組合はある特定のステイクホルダー集団の差し迫ったニーズに応えるために設立され、もともと彼らがその協同組合の組合員の基盤をつくってきた。それらの協同組合は通常最初は小さなものだったが、時とともに成長し、たいていは他の利害関係者も加わってきた。協同組合は雇用者を雇い入れ、彼らは使用者としての協同組合の未来に独自の利害関係をもつことになった。協同組合が外部からの資金調達に頼る場合には、投資家もまた協同組合が成功し借金を返済できるまでになることに利害関係をもつようになった。そして協同組合が成長し続けるにつれて、協同組合への供給者も協同組合の安泰と注文の継続性に対する利害関係を発展させていった。買い手と安定した長期的な関係を取り結ぶ農業従事者ないし生産者の協同組合の場合であれば、買い手もまた農産物の供給者としての協同組合の未来に利害関係をもつようになった。こうして時とともに協同組合は成長して新しいステイクホルダー集団を招き入れ、そしてこれらの集団は協同組合の継続的な安泰と成長に貢献する。

　このミスマッチの源は、1895年のその結成以来続いている国際協同組合同盟（ICA）内の支配的な伝統にまでさかのぼることができる。フランスおよび

その他若干の協同組合運動家は、「共同参加」の実践をICAへの加盟の要件とすべきであると主張した。彼らの主要な関心は、伝統的な消費者ないし生産者〔農業従事者〕の協同組合は協同組合の雇用者の貢献と権利を相応に認めてこなかったということに向けられていた。しかしながら、アングロサクソンの単一ステイクホルダー協同組合という見方が当時のICAでは勝ったのであり、それは今日でもなお支配的なものとなっている。

協同組合が難局に陥るときに、その他の利害関係者の存在の重要性は露わになり、協同組合の将来に対する彼らの利害は明白なものとなる。こうして、当初は消費者の協同組合であったバークレイ生協は、1980年代中頃に恒常的な経常損失を出した後に消費者とワーカーのハイブリッドな協同組合へと自らを再編した。さまざまな利害関係者ないしステイクホルダー間の利害の調和の欠如は、組合員の財政的利害がきわめて小さい――典型的にはわずか5ドルから20ドルの間――消費者協同組合の場合にとくに明らかとなる。

(1) カナダとコオペレーターズ・グループ

われわれは、さまざまなステイクホルダーの相対立する主張を比較検討する際に、いずれかのステイクホルダーは排除されなくてはならないのか、またなぜそうせねばならないのかを問う必要があるのだろうか。どうあろうと、消費者は供給者のためになる他のやり方で生産物の開発に広く貢献することも多い。一方、消費者協同組合の利用者・所有者は、どういうわけで職員の貢献を自分たちの組織の安泰にとって外部的なものと見ることができるのだろうか。そして市場経済にあって、利用者と職員は、投資家のなかには協同組合の成功に正当に寄与する者もいることをどうして理解できないのだろうか。

争点は、効果的な協同組合であることに貢献するさまざまな利害関係の産物として協同組合を再定義することが可能なのかどうかという点にあった。多数の時には対立さえする利害の正当性を認めることはできるだろうか。種々の利害をはっきりとさせ、そのそれぞれに適切な役割を配分するような組織を設計することはできるのだろうか。コオペレーターズ・グループ（カナダの保険協

同組合)のとった立場は，組織に対して主要な利害をもつさまざまな利害関係者は正式に認められ正当化されたステイクホルダーの地位をもつ権利を与えられるべきであるというものであった [Jordan, 1989]。通常の企業の環境では，これらの集団は顧客，労働，資本を代表するだろう。しかしそれは，彼らの利害は互いに対立する場合も多いことを意味する。彼らの相異なる利害を連合させることはできるのかどうか [Hill & Jones, 1992]，あるいは1つの組織にまとめあげることはできるのかどうかを問うことが必要になる。利害の相違は実在のものであったが，問題は共通の利害は相異なる個別の利害にまさるのだということを3つの集団が理解できるかどうかにあった。この共通の利害についての理解は，3つのステイクホルダー集団のそれぞれに権限を付与するために設計されたマルティ・ステイクホルダー・モデルの出発点となった [Jordan, 1989 : 161]。

コオペレーターズ・グループは，実験的にマルティ・ステイクホルダーのコンピューター・サービス協同組合としてカナダ・データサービス会社 (CDSL) を設立した。CDSLは，1980年代中頃には多くて750人の職員を抱えていた。しかしながら，ひとたびマルティ・ステイクホルダー・モデルが定義され，ステイクホルダーが確定されても，なおも重要な組織設計にチャレンジした。いくつかの追加的な問題に取り組む必要があった。ステイクホルダーの参加はどのような形態をとるべきなのか。いかにして3つの異なる利害関係は1つの組織のなかでポジティブに関係づけられるのか。潜在的な衝突にいかに取り組むのか。3つの利害関係の間のバランスはどんなものになるのか。マルティ・ステイクホルダー組織の設計のための3つの原則が発展させられた [同上]。それらは，コミットメントと集団間のバランス，発言と代表制，マルティ・ステイクホルダー協同組合の財政的な側面にかかわるものだった。興味深いことに，このマルティ・ステイクホルダー協同組合の代表制は，理事会メンバーとして顧客と資金供給者についてはそれぞれ4人のメンバーを含んでいるのに，職員については2人のメンバーを含んでいるにすぎなかった。年次総会での投票数は各集団に属する個人の人数にかかわりなく固定されていたが，集団ごとに異

なった［同上］。

　しかし実験は1990年代中頃に終わった。今日では職員はもはや出資者でもなく，CDSLの個人組合員でもなく，上述のステイクホルダー組織は解体されてしまった［Jordan, fax of 28/7, 1995］。とはいえCDSLは，協同組合企業として存続しており，その出資者と組合員は他の協同組合である。何がまずかったのか，そしてこのような問題を次回にはいかに回避するのかを知っておくために，よりいっそうの注意がこの実験の失敗に払われるべきである。

　カナダのオンタリオ州の立法機関は1990年代初頭に州の協同組合法に修正を加え，マルティ・ステイクホルダー協同組合についての規定を含むものとなった。それは，職員もクライアントも同じ協同組合組織に参加し，年次総会で平等な投票権をもつ協同組合である［同上］。

　(2)　イタリア──マルティ・ステイクホルダー協同組合と社会サービス

　1991年のイタリアの法律第381号は，「社会的協同組合」を新しい協同組合形態として認めている。それは，1970，80年代に自然発生的に発展し，訴訟を通して部分的に認知されてきたものである［Borzaga, 1998］。社会的協同組合は，ⓐ福祉・医療・教育サービスを提供するものと，ⓑ恵まれない人々を雇用する目的でその他の事業活動（農業・工業・サービス）に取り組むものの2つの主要グループに分類される。恵まれない人とは，身体障害者と知的障害者，精神医学専門機関の元患者，精神科医の治療を受けている患者，麻薬中毒者，アルコール中毒患者，困難な家庭環境にあるティーンエイジャー，拘留よりも社会的協同組合で服役することを選ぶ囚人として定義される。このような恵まれないワーカーは，マルティ・ステイクホルダー協同組合の雇用者の30％以上を占めなければならない［同上］。

　この法律によると社会的協同組合は次のような特徴をもっている。ⓐその目的は，「人間への気づかいをはぐくみ一般的なコミュニティの利益を追求すること，および市民の社会への統合をすすめること」にある。ⓑ伝統的な協同組合が法的には単一ステイクホルダー組織であるのに対して，社会的協同組合は

消費者とワーカーの両方からも，またボランティアからも（ただし組合員の半数を超えることはできない），定款で社会的協同組合の資金調達融や発展を支援することになっている公法人ないし民間の法人からも組合員を募ることができる。ⓒ社会的協同組合はマルティ・ステイクホルダーの特質を身につけることもできるが，それを強制されない。イタリアでは，単一ステイクホルダー（ワーカー）の社会的協同組合とマルティ・ステイクホルダーの社会的協同組合の両方が存在する［同上］。

ある研究によれば，1986～87年に調査された560の社会的協同組合のうちの4分の3でボランティアを組合員として迎えていた［同上］。しかしながら，新しい法の下で地方自治体や州政府がこれらの新たに公認されることになった社会的協同組合に社会サービスを外部委託し始めるにつれ，状況は90年代に徐々に変わってきた。この展開は，ワーカーだけを組合員とする社会的協同組合の設立ならびにボランティアを犠牲にしたサービス供給のプロフェッショナル化に有利にはたらくことになった。こうして，92年にはすでに社会的協同組合の半数でボランティアの組合員は存在しなくなり［CGM, 1994］，94年までに組合員としてのボランティアのいない社会的協同組合の数は3分の2までになった［CGM, 1997］。

その結果，今日のイタリアでは，主として2つのタイプの社会的協同組合が存在する。その多数派はワーカーの組合員だけからなる組織，すなわち単一ステイクホルダー協同組合であり，少数派である約3分の1の社会的協同組合は，ワーカー以外の者すなわちほとんどの場合はボランティアを組合員として迎えている［Borzaga, 1998］。イタリアの社会的協同組合のもう1つの興味ある特徴は，91年の法律第381号によれば，社会的協同組合はその活動についての年次社会会計報告書を準備しなければならないという点にある。

(3) スペイン――バルセロナの統合医療協同組合

スペインでは，各地にいくつかのマルティ・ステイクホルダー協同組合が存在している。そのなかで最もよく知られているのが，モンドラゴンにある小売

業の協同組合，エロスキ生協である。エロスキ生協はワーカーと消費者の二元的な組合員制度で組織されており，それゆえそれぞれの利害は認知されている。これについてはすでに多数の専門研究で検討されているので，ここではその詳細を繰り返さない。バルセロナにおけるマルティ・ステイクホルダー組織の医療機関は1974年に始まった。90年には161,000人の組合員を擁し，この年，367の個室をもつ初めての病院を開設した［Castano, 1990］。そのサービスは，外科，集中治療，内科，小児科，産科・婦人科，精神科などに及ぶ。カタロニアの法律によれば，どの協同組合も組合員に雇用者とクライアントの両方を含めてもよく，定款が許せば彼らに投票権を与えてもよい［同上］。

　バルセロナの統合医療協同組合の組織は，エスプリウ博士とエスプリウ財団によって始められた。それは4つの別々の協同組合の連合組織に基礎をおいていた。すなわち，医者の協同組合，消費者ないし医療保険加盟者の協同組合，医者を除く病院職員の協同組合，そして4つ目のものはトップ組織で，以上の人たちが力を合わせ，統合医療協同組合を共同運営するための組織である［Espriu, 1995］。別々の単一ステイクホルダー協同組合からなるマルティ・ステイクホルダー連合組織を設立するという選択は，医者以外のメンバーが数のうえで医者を上回りおそらく医者と同じ権利，義務，地位を獲得するのではないかという，医者の間にあった憂慮から出てきた［同上：231］。

　とはいえ，医者たちの夢は「集団的医療」を提供することにあった。医療においては他の多くの職業におけるのと同じように，最低限2種類の利害関係者，患者と医師が存在する。患者は病気を患い治療代を支払う関係者であり，知識と評判を実践に移しそしてそれに対して報酬を受け取るのは医者である［同上：231］。両者の間に差があるにもかかわらず，エスプリウ財団はこれら2つの集団間の調和を強調している。「われわれの理解するところでは，これら2つの集団を医者以外の医療従事者ともども1つの協同組合に統合しようとしても，この調和は不可能であろう。もしそうすれば，内部の対立は深刻になり頻発するだろう。さらに，第2のものとそれに続くレベルの協同組合に特有の利点は見捨てられてしまうだろう」［同上：232］。

(4) スウェーデンの社会サービス協同組合

ここで検討される協同組合保育施設の大部分は消費者の協同組合として運営されており，ワーカーの協同組合の出現は新しい現象であった。少数の協同組合保育所だけが活動を管理運営する理事会への消費者と生産者の両方の代表を正式に認めている（より詳しくは第8章を参照）。しかし，WECSSプロジェクトの研究対象となった協同組合のなかには，ワーカーの協同組合で消費者の代表を認めていたり，消費者の協同組合で職員の代表を認めているハイブリッドな組織の例がいくつか見られた [Stryjan, 1995]。スウェーデンの若干の地方には他にも混合的協同組合の事例があり，それらは保健・医療，障害者介護，高齢者介護といったような保育以外の社会サービス分野にみられる [Wahlgen, 1996]。

しかしながら，この発展についてはこれら2つの集団の利害関係の強さと持続性という点で疑いをかけられてきた。それらの利害が根本的な点で異なるからである。社会サービスの生産者もクライアントも社会サービスの質の決定に深く関与していると感じ，そして意思決定のプロセスに参加する必要性を同程度に感じているかもしれない。だから，どちらの集団もたんに参加の程度の強さだけに基づいて協同組合社会サービスの運営への彼らの影響力を否定されるべきではない。ところが，社会サービスの生産者とクライアントは参加の持続性という点で異なる。生産者の参加の場合は，参加の持続する期間はとくに決まっていないこともありうるし，あるいは彼がその部門ないし定められた組織で働き続ける期間，すなわち数十年ではないにしても数年である。しかしクライアントの参加は通常はより短期で，限定されている。すなわち保育所に子どもを預ける両親の参加は2，3年に限定されるか，子どもたちが学校に行き始めるまでに限られる。それゆえ生産者もクライアントも意思決定への参加については同程度の強さであるかもしれないが，参加の持続性については同じではないし，また組織の長期的な存続に対するコミットメントについても同じではない。

こうして，親の協同組合という形態は，たとえ協同組合の価値という点でも組合員参加という点でも問題はなかったとしても，取るに足らない組織へと退化してしまいがちな傾向はより強いかもしれない。協同組合保育施設をスタートさせる親たちは，子どもたちが学齢に達するときに同程度の強さをもって参加する別の親たちによって引き継がれるかもしれないし，あるいはそうならないかもしれない。親による協同組合保育プログラムの場合，ワーカーによる協同組合保育サービスの場合とくらべて協同組合コミットメントと参加を維持できなくなるリスクはより高い。スウェーデンにおいて協同組合保育プログラムに取り組む親のなかにはこのリスクを承知している人たちもおり，彼らはこのようなプログラムを運営するための協同組合形態の存続の保証を切望している。こうして彼らは協同組合の価値と民主主義的な管理運営原則の存続を保障するために，親協同組合の意思決定プロセスへの雇用者参画の制度化に着手しはじめた。これは将来にわたってマルティ・ステイクホルダー協同組合サービスの拡大を促しそうである。

　スウェーデンにおける社会サービスを供給する社会的企業に関する研究には少数のマルティ・ステイクホルダー協同組合が含まれていた。マルティ・ステイクホルダー協同組合保育施設は，2つの主要な都市圏，イョーテボリとストックホルムでみられた。ストックホルムの保育所はみずからを率直に「座る雄牛」と名づけ，一方，イョーテボリのマルティ・ステイクホルダー協同組合は親保育所という呼び名を好んだ。若干の違いはあったが，どちらの保育所でも職員と親の両方が保育施設の理事会に席を占めた。イョーテボリでは親は理事会の4つのポストを，職員は3つのポストを占めた。スットクホルムのマルティ・ステイクホルダー協同組合保育所は，何かと問題のあった親協同組合保育施設を拡張し再編成していくなかで意図せずして発展していったものだった。現在では，保育所に子供を預けている30家族のすべてと9人の職員全員が保育協同組合の組合員である。年次総会には30家族の両親と9人の職員が出席し，それぞれが1票の投票権をもつ。したがってもし親が集団で投票すれば，明らかに彼らは過半数をとることになる。これは，別の場所への移転のような重要

な案件の場合に実際に時折起こったことであった。親は票数において職員より勝り，近いけれども狭苦しくて費用も余計かかる現在の場所に留まることを決定した。しかしながら，理事会には両集団ともそれぞれ4名の代表を選出しており，議長の女性は同数票の場合にも決定権をもたない。

　ヤムトランドの北の地方にもいくつかのマルティ・ステイクホルダー協同組合が存在し，障害者の昼間の介護，老人ホームでの高齢者の介護あるいは高齢者の在宅介護などを含むさまざまな種類の社会サービスを提供している。クライアントと職員の両者がともにこのような協同組合の組合員であり，政策問題を決定する年次総会で投票権をもつ。そして両者ともに理事会に代表を選出する。クライアントは重要な決定すべてについて情報を与えられ意見を求められる。しかしながら，発達上の障害をもつクライアントも高齢や痴呆のハンディキャップを負う顧客も，自分たちの利害が職員のそれと異なっても独自の利益の実現を自ら追求するための資源をもたない。一方，このようなマルティ・ステイクホルダー協同組合社会サービスは地域コミュニティ開発協同組合プロジェクトの成果である場合も多い。さらに，高齢者介護協同組合における職員は通常クライアントの隣人でありかつ親類ないし子どもである。それゆえ，彼らは家族の絆，隣人の絆，そして地域コミュニティの発展への共通の利益を共有している [Wahlgren, 1996]。クライアントは，主要な都市圏におけるマルティ・ステイクホルダー保育協同組合の親が手にするものと同類の公式の影響力はもたないけれども，都市圏には通常みられないような非公式な影響力のチャンネルを追加的にいくつかもっている。

第5節　マルティ・ステイクホルダー協同組合における組合員

　カナダのマルティ・ステイクホルダー協同組合の検討は，なぜマルティ・ステイクホルダー組織は発展するのか，そして誰がその代表者になるべきなのかについて熟考しておく必要性のあることを教えてくれる。理論的な側面と実践

的な側面の両方が重要である。1つのアプローチは，経済民主主義を発展させるという点での協同組合の潜在的な貢献に注目する。この場合，経済民主主義の目標の達成を推進していく1つの方法として，企業の意思決定の場に「重大な」ステイクホルダーを代表させることが重要視される［Laycock, 1994：4-5］。3つとか4つ，時には5つの異なるステイクホルダー集団がマルティ・ステイクホルダー協同組合の意思決定に参加するだろう。それらは①組合員，②企業の雇用者，③マネジメント，④地域コミュニティ，⑤国，を含む。

　しかしながら，協同組合のような民主主義的な組織であると一般に信じられている組織でさえ，企業が大きくなればなるほど意思決定のマネジメントによる支配のリスクは高まる［同上；Pestoff, 1991, 1996も参照］。マネジメントはその職務のゆえに自動的に協同組合におけるプレイヤーとなる。したがって，マネジメントにもう1つの別の代表制は必要でない。なぜなら，意思決定に関するその権限は他の「重大な」ステイクホルダーの権限のすべてをあわせたものを上回るからである［Laycock, 1994］。前述のカナダのマルティ・ステイクホルダー協同組合CDSLでさえ，経営管理者は750人の雇用者をもつこの企業の理事会へのいかなる形態の代表制からもはっきりと排除されている［Jordan, 1994］。企業がそこで事業を営んでいるコミュニティにも，「社会的外部性」を避けるために意思決定プロセスへの代表制を与えられるべきである。代表制を必要とする最後のそして特別な場合のステイクホルダーは，国あるいは経済発展に責任をもつ国の専門機関である。これは，とくに国から協同組合に対してかなりの財政的援助が提供される場合に当てはまる［Laycock, 1994］。

　どの「重大な」ステイクホルダー集団がこの提案〔意思決定への「重大な」ステイクホルダーの代表制〕に明示的に含まれないのかに触れておくことは興味深い。それに該当するのは資金供給者である，ただし国がマルティ・ステイクホルダー協同組合の資金供給者としての役割を果たす場合はその限りではない。さらに，消費者は組合員として暗黙のうちにそれに含まれるにすぎない。なぜならマルティ・ステイクホルダー協同組合は，消費者の協同組合を再編する道具ないし方法と見なされており，今日の主要な利用者の協同組合によって

排除されている「重大な」ステイクホルダー集団すなわちワーカーの代表制を拡張するものであるからだ。

　コオペレーターズ・グループは，協同組合企業のさまざまなステイクホルダーがもっている衝突する場合も多い相異なる利害の合体が実行可能であることを証明する，法律に基づいた制度を発展させることに興味をもった。CDSLによるマルティ・ステイクホルディングの実験の始めに，ステイクホルダーの影響力と組合員に関するいくつかの疑問に丹念に答えておくことが必要であった。こうして，マルティ・ステイクホルダー協同組合に関するカナダの論議は，アイデアや計画の段階を超えてさらに前進していく際に考慮する必要のある数々の実践的な事柄を明らかにしてくれる。この実験の開始時点で，いままでのものとは異なる企業の概念が必要となった。企業は法人であってよいけれども，その利益という点で独立したないし自律的な人格と見なされるべきではない。その利益とは企業のステイクホルダーの利益であり，企業は独自の利益をもたない，あるいはもってはならない（類似の考え方については，先の第1節を参照）。それゆえに，

　　ステイクホルダーの論理は，明確にされた利害に権限を付与するためのものである。これが意味するのは，ステイクホルダーは彼にとっての組織の重要性によって定義されるのであり，その逆ではないことを意味する。……したがって，われわれはステイクホルダーの一般的な定義，すなわち組織の活動あるいは不活動によって重大な影響を受ける組織された利害関係者という定義を乗り越えねばならない。この定義の広さもまた難題をつきつける。すなわち，それは非常に広くて，たとえば権限を付与したくないような競争相手までステイクホルダーに含めることになるだろう。この定義はまた，ステイクホルダーは受け身の利害関係者であり組織の活動の受取手でしかないことを暗示している。そんな定義よりも，われわれは組織をステイクホルダーの目的と行為の産物としてみる定義を望む。以上の理由によって，ステイクホルダーのより適切な定義は組織の成果を共同生産する組織された利害関係者となる［Jourdan, 1989 : 157。強調は原文のもの］。

コオペレーターズ・グループ内の事業会社の分析によって，幾種類かの利害関係者すなわちサービス利用者，サービス提供者（職員），そして新規のマルティ・ステイクホルダー協同組合の資金供給者としてのコオペレーターズ・グループが重大であることが明らかになった。コオペレーターズ・グループはまたコミュニティのようなより広い利害関係者にも注目したが，固有の関係を明確にするのは困難であると結論した。その結果，コオペレーターズ・グループは，後のある時点でモデルを拡張する可能性を開きながらも，より明白な関係から始めた［同上：158］。

しかしながら，新しいデータ協同組合において，利用者ははっきりとしたステイクホルダーではなかった。この協同組合はサービス利用者のある者にとっては重大な存在ではないかもしれない。重大な存在であるかないかは，取引関係の性格および協同組合の不可欠の一要素となることに対する利用者の評価の両方に依存していた。それゆえ，利用者はステイホルダーになる選択の自由をもつカテゴリーと称された。しかし彼がステイクホルダーになる可能性はケースごとに大きく異なるだろう。そこで，年間取引高の最低限やマルティ・ステイクホルダー協同組合と競わないというコミットメントのような，利用者ないしクライアントのステイクホルダーとなるための基準が定められた［同上：160］。

職員はもっとはっきりとしたカテゴリーであるように思われたが，コオペレーターズ・グループは必ずしも職員をそのように見なさなかった。より若くて流動性のより高い職員は必ずしも自分たちを，ステイクホルダー・モデルで示唆されるような組織の長期的な利害関係者とは見なさないかもしれない。こうして，自らすすんで加わってきた職員だけが新しいマルティ・ステイクホルダー協同組合の組合員に含められた。コオペレーターズ・グループは，新しいマルティ・ステイクホルダー協同組合に対して企業家のイニシアティブを与え，また初期資本を供給した。さらに，より広い協同組合コミュニティとのつながりも与えてやり，協同組合企業の間で望ましい調整がなされるように取り計らった［同上：160］。

第6節　結　　論

　資本の所有者と彼らの直接の代理人だけが企業に対する正当な利害関係をもっているのではなく，ワーカー，消費者，供給者，地域コミュニティ，政府などを含むその他のステイクホルダー集団もまた正当な利害関係をもっている。さまざまなステイクホルダーは衝突する場合もある相異なる利害をもつ。さまざまなステイクホルダー集団の相異なる利害の連合のためには組織が発展させられる必要がある。マルティ・ステイクホルダー組織はこれらの利害のくい違いを解決する1つの方法を提供する。一定の重大さを有するステイクホルダー集団にはこのような組織の理事会への代表の選出を認めうるだろう。異質な集団の所有する企業の場合には意思決定のための取引費用は相当高いだろうと主張されることも多い。しかし，これらの潜在的により高いコストは，職員のいっそう堅い約束，より低い折衝コスト，より高い品質のサービス，共同生産者としての消費者などによって相殺される。マルティ・ステイクホルディングの組織は，財・サービスの生産者と消費者との対話を促し，単一ステイクホルダー組織につきものの情報の不均衡を取り除くのを助ける。

　財・サービスの生産におけるさまざまな行為者の参加の利益および程度は，行為者の生産における役割とともに大きく変化する。最も基礎的な次元でみれば，生産のプロセスには3つの主要な役割が存在する。すなわち，資本の所有者ないし資金供給者としての役割，財の生産者・サービスの供給者ないしワーカー・職員としての役割，そして最後に財の消費者・サービスのクライアントとしての役割の3つである。これらの役割のそれぞれが異なる所有権と関係している。

　市場経済における民間企業は，所有権とのかかわりでこれらの役割を最もはっきりと区別する。資本の所有者は企業の生産の結果として生じる利潤を処分する権利を保障され，ワーカーとその他のほとんどの雇用者は労働の販売に対

して時間給を与えられ，顧客ないしクライアントは購買を通して獲得した財・サービスを自由に処分する権利をもつ。協同組合は通常これらの生産における役割そしてそれと結びついた利益の内の少なくとも2つのものを一体化しようとするという点において，伝統的に民間企業と異なる。協同組合における資本の所有は生産者の役割と結合されるか，あるいは財・サービスの消費者の役割と結合される。こうして，ワーカーの協同組合においては，大多数のワーカーが企業の株式ないし持ち分の大部分をコントロールし理事会の大部分のポストを占め，また，消費者の協同組合においては，大多数の組合員が企業の株式ないし持ち分の大部分をコントロールし，理事会の大部分のポストを占める。

　一般に信じられているところでは，協同組合組織は民主主義的なルールによって統治されており，意思決定は1人1票の原則に基づいている。この場合，2つの集団の利害は一体化され，意思決定は民主的なものである以上，利害の衝突は理論的にはより単純なものとなるだろう。こうして，所有者・資金供給者の利害は，組合員・ワーカーの利害ないし組合員・消費者の利害と調和する。しかしながら，協同組合の所有者と生産のプロセスにおける他の集団との間に潜在的な対立が存在するかもしれない。しかも，3つの役割のすべて，すなわち所有，生産，消費を同一の組織に一体化している協同組合を見いだすことは希である。このような組織は，マルティ・ステイクホルダー協同組合と呼ばれている。この組織においては，利害の潜在的な対立は協同組合の統治機関のなかに制度化されている。統治機関はこうして供給される社会サービスの質を討議するフォーラムとなる。

　われわれの研究の核心にある経験的な事柄に戻れば，スウェーデンでは社会サービスは何よりも公的な資金によって支えられていることに注目する。したがって，われわれは社会サービスのクライアントと要員の利害の代表制を主として問題にする。しかし，スウェーデンには協同組合社会サービスを組織する2つの主要な方法，つまり消費者の協同組合モデルに基づくものとワーカーの協同組合モデルに基づくものとがある。これらのモデルはそれぞれ社会サービスの消費者あるいは生産者のいずれか単一の集団の利害を制度化している。ク

ライアントあるいは要員のいずれか単一の集団は通常このようなサービス供給者の理事会に代表を選出している。これら2つのモデルのハイブリッドは混合社会的企業であり，それは社会サービスの消費者と生産者の両方の利害を制度的に結合している。もう1つのモデルは準マルティ・ステイクホルダー組織のような役割を果たしているある種の非営利組織に見いだされる。とはいえ，それがクライアント，職員そしておそらくボランティアやスポンサーのようなその他の利害集団を制度化する方法は協同組合とは異なる。

　カナダ，イタリア，スペイン，スウェーデンの経験から，マルティ・ステイクホルダー組織をめぐる数々の重要な問題が明らかになる。組織の規模や複雑さには，その組織をマルティ・ステイクホルダー・モデルにはむかないものにしてしまうような限界はあるのか。さまざまなステイクホルダーの相異なる利害の食い違いが大きい時には，バルセロナで見られたような連合モデルが最もよく機能するのか。どの重大な集団が組合員に含められ，マルティ・ステイクホルダー組織の運営において投票権を与えられるべきなのか。マルティ・ステイクホルダー組織は集団的意思決定のコストの節減に役立つルール，すなわち，会員の構成や意思決定規則などについてのルールを発展させることはできるのか。意思決定の取引費用は，マルティ・ステイクホルダー組織の場合には，カナダの経験に見られたようにはっきり共同生産者と確認できる集団ないし個人だけを〔ステイクホルダーに〕含めることによって節減されうるのか。経営管理者とその他のステイクホルダーとの間の情報の不均衡のゆえに，少なくともある規模を超える組織になると経営管理者の〔理事会への〕包含は排除されるのか。マルティ・ステイクホルダー組織においては会員になるという決定は個人的なものであるべきなのか，したがって投票権はコミットする利用者，職員，会員・資金供給者，地域コミュニティだけに与えられるべきなのか。たとえば子どもが両親によって，また障害者が親類あるいは地域の障害者団体の誰かによって，高齢者が隣人や子どもによって代表されるように，ステイクホルダーは間接的に代表される場合もありうるのか。マルティ・ステイクホルダー組織は元来不安定なのか，そしてたとえばカナダの場合であれば資金

供給者，イタリアの場合であればワーカーがそれに当たる支配的なステイクホルダーによってコントロールされる単一ステイクホルダーへと後退していくのか。これらの問題に対する回答は，マルティ・ステイクホルダー組織と社会的企業のこれからの発展にとって重要である。

　われわれはマルティ・ステイクホルダー組織は伝統的な非営利組織や営利企業と比べてさまざまな利点をもっているという意見で一致している［Borzaga & Mittone, 1997］。これがとくに当てはまるのは，売買ないし契約のコストが所有のコストあるいは集団的意思決定のコストよりも著しく高い場合である［Hansmann, 1996 ; Borzaga, 1998］。情報の不均衡が存在する場合，マルティ・ステイクホルダー組織は伝統的な非営利組織や営利企業よりも確かなサービス保証を消費者に与える。それはまた営利企業に勝るとも劣らない効率性を立証している。さらに，マルティ・ステイクホルダー組織は対人社会サービスの生産者と消費者との間に，営利企業の場合と比べてより大きな信頼関係が生まれるのを促す。マルティ・ステイクホルダー組織モデルの実験は，社会的企業が草の根経済民主主義の唯一の組織へと発展していくこと，それゆえ公的資金に支えられる社会サービスの供給を変えていくのを助けるだろう。マルティ・ステイクホルダー組織は，スウェーデンやヨーロッパの他の諸国で福祉国家を福祉社会に変えていくのをより容易にすることができる。

第**6**章　社会的企業の活動の会計報告

　認識論の助けで，社会的行為者は自分にとっての現実を構成しそれに働きかける。とくに「市場の認識論は，重要なのは唯一効用だけであるという倫理的な——たいていは暗黙の——見地を背景に，経済活動の数値による描写とコード化にすっかり頼り切っている」。一方，組織とネットワークは言葉による描写を大いに利用する。認識論は，いかに効果的にあることをするかということに対してばかりでなく，何をすべきかということに対してもまた広範囲に及ぶ効果を与える［Kallinikos, 1995 : 119-120］。「市場の認識論は，人間のやり遂げることを数で示される価値に転換することに発する価格の概念およびその含意に注目を誘導する」［同上］。しかし，人間の活動や社会的目標をこのように数値によって描写することで多様性が犠牲にされる。すなわち，権利や選好，義務は溶けて最小公分母になる［同上］。言葉と数値とは大きく異なるばかりではなく，言葉による質的なメッセージのもつ情報の豊かさと数値による厳密で規格化されたメッセージとの間には重要なトレードオフの関係がある［同上］。

　伝統的な経済バランス・シートは，社会的企業・協同組合・非営利組織にそれらの経済成果についてのフィードバックを提供する。しかしながら，しばしば哲学的でもある社会的目標も考慮に入れる必要性があるために，それらの組織の成功の全般的な査定はいっそうわかりにくいものになる［Bold, 1991 : 95-97］。このような組織の行動を研究する者はこの不明確さに悩み続けてきた。それらの組織のメンバーはさまざまな期待のセットをもっているので，彼らステイクホルダーの期待のすべてを考慮に入れようとすれば，多種多様な目標を考慮に入れるために設計された成果評価のモデルと方法の利用が必要となる。そのようなモデルと方法はめったにないけれども，社会会計と社会監査運動は

参考となり，元気づけてくれる。「通常のアカウンタビリティは，社会的なものを経済的なものに，次いで経済的なものを現金関係に還元しようとする。社会監査運動の重要性は，経済に対する社会的政治的統制の復位へのコミットメントに見出される」[Gray et al., 1996 : 237, Geddes, 1992からの引用]。

　利益を目的とする組織あるいは民間営利企業と比べると，協同組合はその最大化に努めねばならない目標を1つよりはむしろ複数もっている。協同組合の所有者はその組合員であり，各組合員は同数の持ち分，通常は1つの持ち分をもつ。こうして，協同組合の内部での意思決定は「1人1票」の民主主義的原則に基づいている。協同組合の商取引から生じた剰余は，再投資された後に，持ち株数に応じて分配される利潤になるのではなく，取引額ないし購買高に応じて割戻しあるいはその他の形態で組合員に返還される。協同組合と非営利組織は，経済的目標と同時に社会的目標をもっている。複数の目標をもつ組織におけるマネジメントは，目標をひとつしかもたない組織の場合よりも複雑である。このような複数の目標をもつ組織の場合，利潤，売上高あるいはマーケットシェアは適切なあるいは十分な指針を与えてくれない。これは，複数の目標をもつ組織の経営管理者とメンバーへの1つの挑戦であると同時に彼らにとっての1つの好機でもある。しかしながら，スウェーデンの生協は，協同組合と非営利組織の成果をたんに金銭上の見地から，すなわち1つの目標によって評価する危険性の好例を示している。

　この章では，社会的企業・協同組合・非営利組織の財務的責任と社会的責任の違いを扱う。福祉国家の変貌，公的資金で支えられる対人社会サービス生産の社会的企業・協同組合・非営利組織への外部委託のために，体系的で包括的な社会報告・社会監査を発展させる必要性が増している。社会会計は，経営管理と社会科学においては始まって間もない未発達の分野である。けれどもそれは，対人社会サービスを供給する社会的企業・協同組合・非営利組織の発展と将来にとっても，さらにまた他の種類の財・サービスを供給するこのような組織の多数にとっても，決定的ではないにしてもきわめて重要である。社会会計はいくつかの異なる目標に役立ちうるし，また役立たせるべきである。ここで

4つの主要な目標を簡単に紹介するが，そのうちの2つについてはより詳しく議論する。

まず第1に，社会会計はある組織の成果，とくにその活動の非貨幣的な側面を評価するための強力な道具となる。第2に，社会会計は目標からの逸脱やボランタリィの失敗から組織を守る基本的できわめて重要な手段となる。第3に，社会会計は，ある組織とその目標を振興し売り込む重要な手段となり，それゆえ市場と政治の両方において企業ないし組織の正当性を高めるために貢献しうる。最後に，社会会計はメンバーのいっそうの影響力と統制のための新たな手段にもなり，したがって組織の民主主義を発展させる。社会会計はマルティ・ステイクホルディングと共同していっそうの草の根経済民主主義を発展させるのだ（第5章および［Pestoff, 1995c］を参照）。社会会計の手続きを発展させるための上の4つの理由のなかの最初の2つを考察した後に，第三セクターの組織にとってどのようなタイプの会計が必要なのかという議論に移っていく。それから，われわれは社会報告・社会会計のさまざまな提案に，そして最後にカナダとイタリアにおける協同組合社会会計の事例に注目しよう。

第1節　成果の評価——いかにして，誰のために

社会報告の必要性についてのよい例は，公的な支援を受ける雇用創出プロジェクトの評価に対するさまざまな見方に見られる。このようなプロジョクトの1つとして，カリフォルニアで元農業従事者による協同組合農場の創出を奨励するプロジェクトがあった。評価の究明における重大な落とし穴は，十分な範囲の結果を反映するような評価基準を設定できるかどうか，すなわち誰が成功の諸項目を決めるのかにある。評価基準が目標となる人々を外して，たとえば資金調達機関や評価協議会，公共計画職員などによって設定されるとき，そのような評価基準は参加者自身の目を通して見る業績に蓋をし低く評価するかもしれないというゆゆしいリスクが存在する［Wells, 1981］。

助成金を提供する公的後援機関や民間機関は，通例の企業を評価するかのように，すなわち，民間部門の企業に匹敵する利潤レベルの達成と経済的自立によって農場ワーカーの協同組合を評価する傾向があり，こうして，助成金提供機関にとってはがっかりさせられるような評価になった。一方，協同組合の組合員は，自分たちの社会的・政治的・経済的生活の質への影響を強調し，協同組合の業績についてより広い見方をとった［同上：239］。彼らは協同組合農場における組合員資格と雇用の主要な利点として，より高い収入や雇用のいっそうの安定性へのアクセスばかりでなく，さらに，より大きな独立性と労働条件に対するいっそうの統制権，コミュニティにおけるより大きな影響力，家族との関係の改善などに言及している［同上：241］。この後者の一連の事柄は，財務的な分野というよりもむしろ社会的な分野に属する。

　黙殺されることも多いけれども，たんにあらゆる組織は収入が支出を上回るように資源を均衡させねばならないという理由だけをもってしても，成果の評価は協同組合や非営利組織の運営の重要な一部である。それを怠る組織は長期的には生き残れない。協同組合も非営利組織もこの例外ではない。どちらも，運営における剰余を利潤とは別の呼び方を好むかもしれないけれども，剰余は生み出さねばならない。狭い見方をすれば，協同組合や非営利組織の成果を評価するためには財務諸表で十分だと主張しうるだろう。しかしながら，この見方は協同組合・非営利組織のその他の目標，とくに社会的な目標を考慮に入れていない。協同組合・非営利組織の成果を，利潤最大化企業の評価に用いる狭い財務的な項目以外のもので評価するための方法を開発しなければならない。

　イギリスでは，ケア・プログラムの成果を評価するために，社会サービスの供給における効率性や公平さといった概念を含むたくさんのキー概念が発展させられてきた［Hoyes, et al., 1992］。効率性に関しては，相反するさまざまな定義が無数に存在している。しかしながら，これらのさまざまな解釈のほとんどのものの根底には2つの基礎的な概念が存在するように思われる。

　第1の概念は，質や量とは無関係に，単にサービス供給のコストに関係する。それは粗効率性として知られているものであり，それによれば効率的なサ

ービスとはサービス供給のコストを最小化するサービスであり，「コスト削減」が効率性を改善する主要な方法となる。一般の人々の間での議論で最もよく用いられるのはこの種の効率性概念である。第2の概念は資源配分上の効率性として知られており，それはサービスから得られる便益をコストに明示的に結びつけている。より具体的には，あるサービスは，サービスの便益とコストの差が最大化される場合に資源配分上効率的である［同上：12］。資源配分上の効率性はとても広い概念で，プラスの価値をもつものはほとんど何でも含みうる。しかしそれを効果性と同一視してはならない。

公平さという用語についてもさまざまな解釈が可能であるけれども，この場合にもまた主要にはケアの公平さとアクセスの公平さという2つの代替的な解釈が存在するように思われる。ケアの公平さは通常ニーズに関係する。それには，等しいニーズに対する等しい取り扱い（水平的公平さ）という側面と，それと相関する，等しくないニーズに対する等しくない取り扱い（垂直的公平さ）という側面がある。一方，アクセスの公平さは，サービスの充足の程度や受けているケアの現在量ではなくて，サービスの利用可能性にかかわる［同上：12］。こうして，ここでの重要なポイントは，効率性も公平さもそれがどう定義されるかに応じてまったく異なることを意味しうるということだ。

ボランタリィな非営利組織の効果性を評価するという問題は，最近のオズボーンとトリッカー［Osborne & Tricker ,1995］とハーマンとハイミヴィクス［Herman & Heimivics ,1995］との間の学問上の議論の焦点になってきた。前者は後者によって発展させられた方法を批判し，むしろクナップ［Knapp, 1984］によって発展させられたフレームワークを推奨している。それによって，操作可能な効果性の定義およびサービス供給のその他のキー概念を得ることが可能となるからである［Osborne & Tricker：88］。彼らによれば効果性とはある組織が成し遂げた成果をその政策枠組みと目標に関連づけるものであり，ある範囲のステイクホルダーからの異議申し立てや論争に開かれている［同上：89］。したがって，オズボーンとトリッカーが提案している社会的解釈者の方法は，組織に特有であり，同時に当該組織次第である。

ハーマンとハイミヴィクス［1995］は反論のなかで次のように指摘している。「社会的解釈者の見方をとれば，研究者は，自分たちは実際のステイクホルダーが組織の効果性を評価する際にどのような基準を用いるのかを知っているとする仮説を可能なかぎり退けることを本気で求められる」［同上：93-94］。それに代わって彼らが提案するのは「焦点集団」方法であり，それは研究対象となる人々が合意し，しかも実際に非営利組織の効果性が評価されるときに用いられる基準ないし指標を決定しようとする方法である。こうして彼らは，さまざまなステイクホルダーは組織を評価する違った方法をもつかもしれないと結論している。非営利組織のステイクホルダーのなかには，産出物ないし結果に関するわずかの基準によって効果性を評価する者もいれば，適切なプロセスと手続きを用いることにより大きな関心を示す者もいる［同上：95］。しかしながら，ハーマンとハイミヴィクスは相変わらず比較のためには数量化しうる情報ないしデータだけが利用できるという意見をもつ。多くのステイクホルダー，とくに寄付者と〔資金収集〕請負機関は，ある組織の他の組織と比べた場合の効果性に関心をもつ場合が多い［同上：97］。

　しかし，これは自分の研究対象に対する研究者の典型的な「利害」にきわめて似ていることに注意を促しておこう。なぜなら，研究者もまた組織を比較しうることを望むだろうからである。けれども，われわれは成果評価と効果性の研究は誰のためになされるのかを問う必要がある。われわれが成果を評価する方法を開発しているのは，非営利組織の活動に資金を供給する外部のステイクホルダーのためなのか，研究者のためなのか，それともメンバーのためなのか。これを択一的な問題として考える必要のないことは明らかである。それ〔誰のためなのか〕は，問題になっているのが外部委託をベースにもっぱら非会員に社会サービスを提供している非営利組織なのか，それとも主に組合員のための社会サービス協同組合なのかに大きく依存している。ハーマンとハイミヴィクスは前者により大きな関心をもっており，われわれの関心の焦点は主として後者にある。しかし，彼らの関心は，より大きな影響力を非営利組織の運営に及ぼすことに利害をもつ組織外部の人たちのために評価方法を提供しようと

いう思いに歪められているように思える。われわれはここでは，自らの社会的企業・協同組合・非営利組織に対するより深い洞察力とより大きな統制力をもつメンバーに提供するための評価方法を開発することにより大きな関心をもっている。

第2節　目標からの逸脱とボランタリィの失敗

　目標からの逸脱は，たとえば公的組織，民間組織，非営利組織といったあらゆるタイプの組織における重要な現象である。組織がある1つの目標・目的のためにスタートしても，組織自体が非効率であるためにそれを実現できないことも多いし，あるいは衝突する場合さえあるその他の目標を追求し始めるために最初の目標を達成できないことも多い。これは「永久に失敗する組織」と表現されうる。このような組織は，長期間その運営から剰余を生み出すことはできないけれども，なんとか存続し続け恒常的な損失を出しながらも運営を維持する［Meyer & Zucker, 1989］。このような組織の非効率の原因は経済的な目標に加えてその他のいくつかの目標を追求する点にあり，これがそれらを失敗に導く。しかしながら，それらの組織はその他の目標，たとえば所有者の権力や社会的目的を追求して成功するかもしれない。恒常的な失敗は何らかの1つのタイプの企業に限定されずに，メイヤーとツッカーは公的セクター，民間セクター，非営利セクターからの事例を広範囲に与えてくれている［同上］。

　近代民主主義の専制化への傾向に関するミクセルス［Michels, 1911, 1962］の古典的な著作『政党』は，第一次世界大戦勃発直前のドイツ労働運動における目標からの逸脱の問題に焦点を当てている。彼は当時のドイツ労働組合と社会主義政党のブルジョア化を記述し，これをボランタリィ団体における目標からの逸脱に関連させている。複雑な組織における分業のために，組織はやがてメンバーのための手段から指導者にとっての目的へと変わっていく。こうして組織指導者の特別な利害はメンバーの利害と対立するようになる。ミクセルスは

有名な専制の鉄の法則，すなわち「組織を唱える者は専制を唱える者でもある」という定式化で彼の著作を締めくくっている。

　目標からの逸脱とボランタリィの失敗のより最近の適切な例は，ICAのかつての誇りでもあったスウェーデン生協に見いだされる。成果の多面的な評価を開発しようという1970年代を通して続けられたスウェーデン生協の試みの不成功は，協同組合ないし社会的企業の事業活動だけに焦点を当てることの誤り，そのような組織のメンバーと民主主義的側面を無視することの誤りを示している［Pestoff, 1991, 1996］。

　1960年代，70年代のスウェーデン生協内には，目標，基本原則，組織構造，民主主義の問題，協同組合の効率性と効果性などに関する活発な議論があった。これらの問題について，分析しアイディアを出し，そして提案をするために，さまざまな内部委員会に責任が与えられた。「協同組合の効果性」という概念が『1980年代をむかえるスウェーデン消費者協同組合』［1979］のなかで初めて明示的に論じられた。協同組合は多数の目標をもつのだから，通例のものとは異なる効率性なり効果性の概念を発展させる必要があると主張された。民間企業であれば純然たる事業の基準に頼ることもできるだろうが，「協同組合の効果性」はもっと複合的な性格をもつべきだろう。組合員の参加は，単に目標に対する手段としてではなくむしろ目標そのものとして見なされるべきである。「われわれの組織は，現実に機能を果たしている組合員民主主義とその他の非物的目標とを事業の成功に結びつけることができるときに，まず効果的である」［1979：22］。「協同組合の効果性」は，ここでは消費者政策の効果性，実務的な効率性，民主主義の効果性からなるものとして定義された。それは生協の活動全般の指導原理となるはずであった。しかしながら，この報告書は続けて「非経済的領域にかかわる『協同組組合の効果性』を客観的に測定できる方法の欠如」を嘆いている［同上］。こうして，スウェーデンの生協運動の成功ないし失敗の唯一の指標としてわれわれに残されたものは，伝統的な財務バランス・シートであり，市場シェアであった。

　10年後に相互利益のための共同作業と呼ばれる新しい「行動計画」が1989

年のKFの大会で採択された。この計画は、スウェーデン生協の目的と指針を8つ重点計画にして提示した。しかしながら「協同組合の効果性」の概念はまったく欠けていた。89年の行動計画は、8つの重点計画に含まれる全範囲の活動を考慮に入れた適切な基準に到達するうえでほとんど実践的な利益をもたらさなかった。

さらに組合員委員会の同大会への報告書『1990年代消費者協同組合の組合員関係』［1990］は、協同組合の多角的な目標の成果を評価するための操作可能な概念が開発できていないという状況を変えるのに必要なことは何も提供していない。逆に、行動的な組合員の重要性と必要性をさらに薄れさせるのを正当化しているように思われる。この報告書は、組合員は顧客、組合員、所有者という3つの異なる役割を演じ、それらは生協の運営において引き続き分離されねばならないと主張している。この報告書は、顧客としての役割はほとんどの組合員にとってまったく十分な参加形態である［同上］が、生協の顧客は協同組合内では競合企業内における場合と同等ないしそれを上回るべき影響力を与えられるべきであるといくぶん感情的に指摘している［同上：6］。この報告書は、ほとんどの組合員は地元の協同組合にいかに影響力を及ぼすかについての知識をほとんどもたないか、あるいはまったくもたないと明言しており［同上：7］、したがって組合員は協同組合がもたらす経済的便益に関心をもっているにすぎないと決めてかかっている。

おまけに、選出理事はもはや組合員の利益と願いの代表者とはみれないし、スウェーデン生協のマネジメントにおける代理所有者としてみなされるべきでもない［同上：6］。将来的には理事はもっと注意深く（選考委員会によって）選出されねばならないし、理事会で執行責任をとれるようにもっと念入りに教育されねばならない。報告書はまた、もっと組合員に関連する会計と経済計算書という考えにも言及しているが、その舌の根も乾ききらないうちに現在の経済状況下でのその実現を放棄している。

1990年代の新たな組織合理化の波は、スウェーデン生協の地域の組合員組織のほとんどを事業活動から分離した。いまでは事業活動は全国レベルの事業

に合併されて有限会社として，すなわち，組合員からのさらなる影響力もなんの干渉も受けずに運営されている。90年代の生協連合とコンスムにおけるこれらの展開は，最近のICAの出版物のタイトルをもじれば「組合員を意味のないものにする」ための秘訣を提供してくれている。

論者のなかにはボランタリィの失敗を目標からの逸脱と結びつけているものもいる。さらに，これら双子の弊害を回避するためのアドバイスをくれている人も少数ながらいる。ミクセルス[前掲書]は，会員の全員投票制度など，ボランタリィ団体の指導者の影響力を制限するための技術をいくつか議論している。リプセット[Lipset]は，競合する人たちのなかから指導者を選出する制度だけが団体の民主主義を維持できるとしている。ベンナーとヴィ・フーイセム[Ben-Ner & v. Hooissem, 1994]は，アメリカの法と政策の不備によって，「非営利」という用語と結びついた善意の顕著な減退によって特徴づけられる状況が助長されてきたと強く主張している。この主張は，日々の新聞に見られる非営利セクター内での不正と非倫理的行動に関する報道がますます頻繁になってきていることに起因している。彼らは対策として，「所有者」すなわち寄付者と資金提供者の権利と，需要側のステイクホルダーすなわち非営利組織の提供する財・サービスに対する経済的需要をもつ消費者の権利とを強化することで非営利組織の統治を支援する法の変更を求めている。根本的には，彼らの提案は非営利組織を会員制組織あるいは消費者の協同組合により似たものへと換えていくことを求めるものだ。

われわれは，アメリカにおける非営利組織の状況についての彼らの分析に多くの点で同意するけれども，いくつかの点で核心をついていないように感じる。第1に，会員制組織にしろ消費者の協同組合にしろ，経営管理者による便宜主義と自己権力拡張からも，また恒常的な失敗からも免れない。第2に，彼らのそのような法的変更についての示唆は，非営利組織におけるいっそうの透明性を求めているけれども外部社会会計の必要性を認めていない。むしろ彼らは，ステイクホルダーのための正式な地位を確立すること，裁判所に訴訟をおこす資格を彼らに与えること，そして理事会を選出する権利を彼らに与えるこ

とを提案している［同上］。しかしながら，非営利組織の活動についての社会会計を欠くステイクホルダーには，彼らが関心をもっているまさに目標からの逸脱の防止のために必要な情報が不足することになるだろう。ベンナーとヴィ・フーイセムの提案はアメリカの文脈においては適切に思えるかもしれないが，われわれは彼らの提案を補完するために，社会的企業・協同組合・非営利組織の目標と貨幣と非貨幣の両面から見たその活動とに関する義務的社会会計のための法的要件を整備することを提唱する。

　こうしてわれわれは，目標からの逸脱とボランタリィの失敗を回避するためにこれまでのものとは異なる新しい技術すなわち社会会計の整備を提案する。それは社会的企業・協同組合・非営利組織のマネジメントにおける望ましくない変化の初期警告システムを提供するだろう。しかし，社会会計はいっそう発展させられ，社会的企業・協同組合・非営利組織の制約に適応させられる必要がある。その後に，社会会計は第三セクターにおいて広範に用いられる方法となりうる。

第3節　どういうタイプの会計か，財務会計および，または社会会計？

　1990年代初頭まで，外部社会会計に関する本は非常に珍しかった。この問題についての最初の本の1つに社会会計［Gröjer & Stark, 1978］がある。ほぼ10年後に『企業社会報告——会計とアカウンタビリティ』［Gray, et al., 1987］が現れ，より近年には，『会計とアカウンタビリティ，社会的環境的報告の変化と挑戦』［Gray, et al., 1996］が出版された。最近出版されたもうひとつのものは，『市場監査：社会監査への実際的アプローチ』［Zadek & Evens, 1993］である。

　グレイェールとスターク（Gröjer & Stark）は外部財務会計と社会的価値の発展との間の食い違いを指摘している。通常の財務報告書は，生活の質，環境保護，消費者保護，失業，共同決定，その他の数多くの一般化している社会的価値などへの関心を反映する新しい価値を考慮に入れていない。彼らは新しい社

会会計モデルを提案している。それは，企業の事業活動が個人や集団に及ぼす正負の影響を貨幣的・非貨幣的タームによって説明するものである。彼らはまた財務会計は社会会計の構成要素であると主張し，前者を後者に統合することも提案している。経済的要因と社会的要因を分離することも，企業をその環境から分離することも不可能であるし，望ましくもない。

グレイ [Gray, et al.,1996] によれば，「(企業の) 社会報告は，組織の経済活動の社会的・環境的影響を社会のなかにおける特定の利害集団や社会全体に伝達するプロセスである」。これは，組織ないし企業のアカウンタビリティ（説明責任）を，株主に年次財務報告書を提供するという通常のアカウンタビリティの役割以上に拡張することを必然的に含む。このような拡張は，企業はただ単に株主のために儲けることよりももっと広い責任を実際に有しているのだという仮定に基づいている [同上：ix]。

社会的アカウンタビリティの本質は，「プリンシパル／エージェント」という視角によって理解されうる。「アカウンタビリティ」は，ある活動についての必ずしも財務的なタームだけによるものではない会計報告書を提供する要請ないし責任を意味する。契約法によれば，一方の当事者（エージェント）は，もう一方の当事者（プリンシパル）のために行動する。必ずしも書かれたものでも明示的なものでもない契約によって，2人の当事者の相手方に対する権利と義務が決まる。契約の下で，典型的にはプリンシパルはどんな行動がエージェントに対して期待されているのか，またエージェントはどんな報酬と権限を与えられるのかについての指示をエージェントに与える。プリンシパルがエージェントに委任する責任には2つの主要なタイプのものがある。エージェントの行動についての責任とその行動に関する定期的で体系的な会計報告書に対する責任である [Gray, et al., 1987]。

「プリンシパル／エージェント」関係は，通常いく種かの「会社法」に成文化されている。その詳細は国ごとに異なるし，組織の種類ごとにすなわち株式会社，経済アソシエーション，非営利組織で異なる。エージェントの責任は財務的タームで表明され，エージェントは定期的な財務報告書によって自分のア

第6章 社会的企業の活動の会計報告　　　　　　171

カウンタビリティを果たすことを求められる。ここで株主とエージェントとの契約は，エージェントのアカウンタビリティと同じく，まず何よりも財務的なものとしてみなされる。

　「契約」ないし「プリンシパル／エージェント」関係がまったく財務的なものであることはほとんどないし，また他のステイクホルダーとの関係はすべてさまざまな程度の非財務的ないし社会的アカウンタビリティを含んでいる。そのような行動から生じるアカウンタビリティは，成果の財務的な計量だけでは完全には果たしえない。アカウンタビリティの存在がいったん確定されると，次に決めなければならないのはどの程度この責任を果たすかである。組織の発展にとって，この責任をいかに表明するかは決定的ではないにしても重要な問題である。われわれがもし企業はまずもって富を創出する責任があると明言するなら，この創出された富を計測する方法すなわち財務報告書による計測を見出さなければならない。もし協同組合や非営利組織のようにプリンシパルが部分的に財務的でも非財務的でもある行動を実行する責任をエージェントに委任するならば，別のタイプの報告が求められることになる。もし組織の責任がメンバーの福祉と社会の安寧を増進させることにあるならば，われわれはこのようなタイプの増進を識別し測定することにエネルギーを注がねばならない。不幸なことに，このようなことがなされることはめったにない。

　さらに，年次報告書は組織の成果についての情報を提供するためのものであるとしても，それを提供される利害関係者にとって役に立つものでなければならない。財務報告書は，株主，銀行家その他の金融利害関係者のためにつくられる。社会報告書は，まず第1にその他のステイクホルダーのためにつくられ，それによって組織に「社会的」利益ないし利害をもつ人々や集団は組織の社会成果を評価するための適切な情報を得る。だから社会会計は，協同組合とその他の非営利組織にとってとくに適切なものである。なぜならそれらの組織は通常は経済的存続という目標に加えて明確な社会的目標をもっているからだ。

　スウェーデンでは，民間営利企業による財務会計，年次財務諸表，バラン

ス・シートは2つの目的をもつ。そのどちらも不正の予防を予定しており，法に明記されている。第1に，企業簿記法とそこに規定されている年次財務会計は民間人を保護するためのものである。財務会計は現在ないし将来の株主に当該企業の実際の経済活動したがって資産価値について知らせるが，それは企業の資産価値が過大に評価されて報告されることを避けるためである。彼らはそれによって価値のまったくないものあるいは価値のほとんどないものに投資することから守られる。過大報告は十分な資産を欠く企業に説得されて投資するかもしれない民間人を脅かすとすれば，その対局には企業の資産，取引高，利益の評価に基づいて徴税する当局にとっての脅威が存在する。税金は当局によって正確に課され徴収されねばならないすれば，企業の資産，取引高，利益の過小報告は回避する必要がある。さらにある企業による過小報告は，他の企業に影響を及ぼす。なぜなら過小報告は，所得とそれにかかる税を過小報告する企業にとって有利なように競争を歪めるだろうからである。こうして，民間営利セクターにおける財務会計と年次バランス・シートは，ある年度における企業の経済活動および資産の過大報告と過小報告の両方を予防するという2つの目的をもつ。これによって企業の成果とその時系列での変動についてのありのままの評価が可能となる。

　財務会計とバランス・シートは公的セクターと民間非営利セクターの両方にとっても経済的統制と不正防止のために必要な技術を提供してくれる。しかしながら，公的セクターも民間非営利セクターも，いかに経済活動が組織の生き残りにとって重要であろうとも，その規模あるいはそれからあがる収益を最大化することを主な目的とはしていない。両者はその他の目的ももち，それは通常複数ある。だから，これらの他の目的を追ったその成果を評価する何らかの手段が確立されねばならない。財務会計と年次バランス・シートは，公的セクターと民間非営利セクターのアクターのこのような非経済的な活動についての情報を十分には与えてはくれない。

　公共サービスの政治的アカウンタビリティ，すなわち公務員は選出役人の意志を実行すると考えられており，もし公務員がそうしなければ，あるいは，も

し選挙で表明され選出議員によって解釈された公的意志を何か違った風に歪めるならば彼らは更迭されうるという事実について語られることはよくある。この場合，野党とマスメディアは，政治家や公務員による故意の歪曲あるいは個人ないし組織の自己権力拡張の策動について知らせたり暴露したりして公共サービスを監視し続けていると仮定するのが普通である。

　第2節での議論につけ加えると，協同組合ないし一般的に非営利組織とくに社会的企業は，成果という点であるいは定義からして，民間営利組織や公的機関と比較して，あるいは市場や政府と比較してともかく優れているとか良いとか決めてかかる理由などない。市場の失敗や政府の失敗についての数多くの例が存在するように，われわれはボランタリィの失敗の多くの例を見いだすことができる。第三セクターはマスメディアによって体系的に観察されることはより少なく，したがってマネジメントによる自己肥大化と自己権力拡張は通常公的な注目をあびることはより少ない。しかし，民間営利セクターと公的セクターと同じように第三セクターでも組織の目標の達成を保障すること，目標からの逸脱と不正を回避することは重要である。ところが，民間営利セクターや公的セクターと違って，第三セクターの継続的体系的統制のためのいかなる定まった技術も存在していない。したがって，第三セクターのアクターの成果を系統的，定期的に評価する何か新しい技術が開発されねばならない。社会報告と

表6-1　国家，市場，第三セクターにおけるさまざまな制御の型

	国　　　家	市　　　場	第三セクター
主要な価値	平等	自由	友愛
付随する価値	一般的供給	利潤最大化	自助と慈善
制御の機能	政治的アカウンタビリティ	財務的アカウンタビリティ	社会的アカウンタビリティ
制御の目的	目的実現の保障，市民の平等な処遇，官僚の肥大化の予防，不正の回避	企業価値の暴騰，下落からの株主・政府の保障，不正の回避	目的実現の保障，マネジメントの肥大化の予防，不正の回避

出所：V. Pestoff, 1996a.

社会会計は，第3セクターのアクターと組織の成果を評価する1組のありうる技術として提案されている。表6-1は，国家・市場・第三セクターのアクターによるさまざまな制御の型を要約したものである。次に，この社会報告と社会会計の展開について見ていこう。

第4節　さまざまなタイプの社会会計

　以下でわれわれは，人的資源会計，企業社会報告，そして社会監査運動という社会会計の展開を取り上げる。人的資源会計の展開は，とくに方法論上の難点に関して社会会計といくつかの類似点を示している。企業社会報告は，法形態の違いに関係なく全ての企業の社会的責任を強調している。いくつかの国におけるその展開を比較しよう。1990年代の社会監査運動は，期待のできる新しくてきわめて重要な社会会計へのアプローチを示してくれている。

(1) 人的資源会計

　通常の会計は職員を資源というよりもむしろ支出として扱う [Belkaoui, 1984]。人的資源会計（HRA）は，人的資源に関するデータを確定し，測定し，そしてこの情報を利害関係者に伝えるプロセスである。人的価値の概念は，一般的な経済学の価値論から導かれている。なぜなら個々の職員は雇用者に対して将来の経済的サービスを供給する能力をもっているからである［同上；Gröjer & Johanson, 1991]。人的資源会計は，人的資源の管理者に彼の監督下の職員についての獲得費用，置換費用，機会費用などの見積りを提供し適切な情報を伝えるためのものであり，またマネジメントによる組織内外の物的・金融的・人的資源の管理統制にかかわる基礎的な情報ニーズを満たすためのものである。したがって，それはモチベーションの高い有資格職員と組織の財務的あるいはその他の目標を達成するという目的との持続的な協調を目指している [Filios, 1991 : 270]。

第6章　社会的企業の活動の会計報告　　　175

　人的資源会計の限界を認識している論者も多い一方で（たとえば［Filios, 1991；Belkaoui, 1984；Grojer & Johanson, 1991］を参照），人的資源会計を操作可能なものにする試みが直面する3つの特別な測定問題にずっと大きな注目をはらう人もいる［Scarpello & Theeke, 1989］。この問題とは，ⓐ「職員置換費用」を人的資源価値の代わりにするというような，測定不可能な代替概念を測定不可能な元々の構成概念の代わりに用いるという大変な誤り，ⓑ提案されている測定道具の基準についての容認されている信頼性の欠如，ⓒ用いられている代替概念の妥当性の欠如である。これらすべての問題は，もう20年以上も前にフラームホルツ（Flamholtz）によって認められていたが，それらを正していく努力はいささかもなされなかった［同上：275］。こうして，人的資源会計に対する批判のために，そこから汲み取れる可能性のある利点についての更なる考察は断念され，それはこれらの問題が解決される時まで続いた［同上：276］。

　人的資源会計はほぼ20年ほど前に流行したけれども，「それはまだ一塁を駆け抜けていなかった」［Turner, 1995］。その主な2つの理由は，1つには経営管理者が職員を資産としてみなすことをいやがったこと，そしてもう1つは人的資源の測定の問題にあった。疑いもなく人的資源会計はいくつかの測定の問題に直面しているのだが，その擁護者はそれにもかかわらず人的資源会計は現行の利益／損失の報告書よりは厳密であると主張している。しかし，人的資源会計は実行レベルの問題にも直面しており，その少なからぬものが組織内部の支配関係に関係している。この問題は，経営管理者，通常は職員担当の経営管理者と主任会計士がそのような情報システムの影響を誤って認識していることから生じている場合が多い。もし彼らが人的資源会計を自分たちの確固たる権威に対する潜在的な脅威あるいは彼らの将来の昇進にとって危険なこととみるならば，彼らはそれと戦うだろう。同じことは社会的企業・協同組合・非営利組織の成果の評価についてもいえ，成果の評価は経営管理者によって妨害されるかもしれない。

(2) 企業社会報告

　世紀の変わり目以来，企業は経済成果と利益の最大化よりも勝るある程度の社会的責任をもつと認められてきた［Bold, 1991］。企業の社会成果の測定を試みたもっとも早いものの1つにクレプス［Kreps, 1940］がある。彼は，測定の平易さのゆえに選ばれた成果の経済的指標に大きく寄りかかった社会監査を発展させた。その後の社会監査に関する研究は，社会が企業に対して関心を抱く事柄についてマネジメントに役立つ勧告をすることができるような，営利企業の独自の評価のための方法として続いた［Bowen, 1953］。価格，賃金，研究開発，広告，宣伝活動，人間関係，コミュニティ関係，雇用の安定の8つの領域が，評価の対象として提唱された。社会的責任の範囲はこれによって拡張されたけれども，このような研究は依然として単に概念的なもののままであり，いかなる測定ないし適応の方法も含んでいなかった。

　1970年代に社会監査あるいは社会会計，社会成果報告は，いく分かより大きな注目を集め始めた。社会報告の普及と関連する，次のようないくつかの国際的な展開が見られる。

　国連の『過度的企業の運営規準革案』(*Draft Code of Conduct on Transitional Corporations*)［1982］は，次のような項目についての情報の要求を含んでいる。雇用の水準，労働条件，健康と安全性，教育と訓練，労使関係，賃金と雇用手当，これらは全て企業と労働力にかかわる。さらに次のものが付け加わる。付加価値の分配，株主・その他の資本供給者・国および地方政府・顧客と供給者などを含む外部の利害関係者と環境に対する影響，これらはすべて企業と社会との関係にかかわる［Gray, et al., 1987］。

　フランスでは，社会報告はまず第1に立法的アプローチに基づく外部に向けての報告である。1977年に，従業員750人以上の企業に毎年，社会バランス・シートを公表することを求める法案が通過した。それは89年に従業員300人以上の全企業に拡大された。社会バランス・シートは，従業員数，賃金と付加給付，健康と安全条件，その他の労働条件，教育と訓練，労使関係，仕事の質に

関するその他の事項を含まねばならない [同上]。

　ドイツ連邦共和国の社会報告も外部に向けた報告である。しかし，フランスとは対照的にドイツのそれは自発的アプローチに基づいている。ドイツには，3つの異なる種類の社会報告書，すなわち，ⓐまず第1に社会的関心事の領域における目標などについての言葉による描写，ⓑ企業の国内総生産への貢献や付加価値のさまざまなステイクホルダー間での分配などを示した付加価値計算書，ⓒ金銭的タームでの数量的会計報告書をもつ社会会計報告書，が存在する[同上]。

　スウェーデンでは，グレイェールとスターク [1978] による研究を除けば，内部に向けた社会報告が支配的であり，内部の意思決定のための社会情報の重要性がマネジメントによって認められ，利用されてきた。社会情報は主として，職員の退職や欠勤を少なくしていくための，採用・訓練・超過勤務時間・品質・生産ロスのコストの財務的見積もりからなる [同上]。

　北米では1970年代に社会報告に新たな注目が集まった結果，社会監査に対するさまざまな概念的アプローチが発展した [Bold, 1991]。さまざまなタイプの社会報告は6つのカテゴリーにまとめられる [Blake, et al., 1976]。社会監査の手続きは基本的に，統計的計量，内外の専門家による判断，産業ないし国ごとの比較，ステイクホルダーとの協議，一般の人々への報告からなる一連の作業を含む。さまざまなタイプの社会監査には，①社会バランス・シートと所得計算書，②社会成果監査，③マクロ—ミクロ指標監査，④顧客集団反応監査，⑤社会プログラム管理監査，⑥政府委任監査，がある [同上]。

　アプローチのタイプの違いには関係なく，適切な基準の選択，選ばれた指標の信頼性，コミュニティにおける特定プログラムの実際の影響の確定と分離などについて深刻な問題が体験された [同上]。主として社会監査を悩ませてきた技術的困難のために，1970年代中頃から80年代中頃にかけての企業の社会成果の評価の発展に見るべきものは限られていた。こうして，われわれは人的資源会計の直面する方法論的問題とのいくつかの類似点を示すことができる。

　カナダ・マネジメント会計士協会 [Bold, 1991] は，企業の社会的責任にかか

わる問題は結局3つのグループに分けられるとしている。第1のものは，職業上の健康と安全や仕事の質などのような，すなわち，典型的には人的資源の管理にかかわる標準的な事業活動である。第2のものは標準的な事業活動の若干外側にある問題であり，公害，製品の安全性，工場立地の社会的影響，レイオフのような問題がそれに相当する。第3のものは明らかに企業の外部の問題である。それは，より広い社会の抱える社会問題とはいえ企業もその解決に関心をもつ，あるいは十分に論証できることだが企業が関心をもつべき社会問題からなる［同上：93］。

(3) 社会監査運動

社会監査運動の唱道者によれば，「社会監査は，ステイクホルダーそしてより広いコミュニティの参加を得て，組織の倫理的行動および目標に反する社会的影響の評価基準を定義し観察し報告するプロセスとして理解される」［Zadek & Evens, 1993：7］。最近，「公正貿易」組織（Traidcraft plc）は新経済財団と組んで，自らの活動についての社会会計の作成に取り組み始めた。

　　社会監査の慣行を奨励し実施する目的は，事業に参加する人々やその製品と活動に影響される人々に対して彼らの利害と関心に関する情報を提供することにある。社会監査によって，ステイクホルダー・消費者・一般の人々は，組織が責任をもって彼らのお金・労働・環境・コミュニティを利用しているかどうかについて十分な情報に基づいた判断を下すことが可能になるだろう［Zadek & Evens, 1993：7］。

開発されたアプローチの重要な特徴は，会計の作成は組織の活動の社会的側面を考慮に入れること，と同時に，会計の作成は組織がそれに基づいて評価される基準の決定への適切な個人・集団の参加をとおしてそれ自体として社会化されることに見出される［Zadek, 1993］。それは，重要な「ステイクホルダー」集団の確定，ついで企業自身が言明した社会的・倫理的目的に関する各ステイクホルダー集団との協議の開始に始まるいくつかの行程ないし段階を含む。こ

第6章　社会的企業の活動の会計報告

の後に，社会会計報告書の下書き，その監査，そして社会監査の公表が続く[同上]。

社会監査の主要な特徴は，以下の点にある。
- どんな成果指標を用いるべきかの確定，また組織の成果の概観の提示におけるステイクホルダーの視角
- 時間とステイクホルダー集団に関する比較
- 包括的で，その企業の活動ないしステイクホルダー集団の全てを反映する
- 多数の意見を表明し，ステイクホルダー，経営管理者，監査人などの視角を反映する
- 学習はすべてのステイクホルダーの能力を潜在的に高めうる
- 規則正しく，毎年実施される
- 「公平かつ理に適っている」かどうかを決定しなけらばならない独立監査人によって外部から効力をもたらされる
- すべてのステイクホルダーが総会に先だって経営公開を利用できる[Zadek&Evens, 1993]。

こうして，社会監査は21世紀における社会的企業・協同組合・非営利組織の発展にとって，とくにこれらの組織の透明性とメンバーのニーズに対する応対のよさを高めるためにきわめて重要であると思われるいくつかの特徴をもっている。すなわち，①それは，外部からの検証と結果の公表を含み，そして毎年繰り返されるという意味において法定の財務監査に匹敵しうる。②それは，社会監査のなかで説明されるべきある範囲の市場との関係について包括的な見方をする。③評価の基準は，ステイクホルダーが自分自身の予定と価値観とに基づいて決める。④それは，行動とその結果ないし影響の分析を可能にする。

同様に，企業社会報告は，社会的企業・協同組合・非営利組織にとってきわめて適切なものである。なぜなら，それは次のような特色を結合しているからである。ⓐさまざまな事柄についての会計（すなわち，厳密に経済的な出来事についての会計とは異なる），ⓑさまざまな表現手段による会計（すなわち，厳密に

金銭的なタームによる会計とは異なる），ⓒさまざまな個人・集団に向けた会計（すなわち，資金供給者に向けた会計に必ずしも限られない），ⓓさまざまな目的をもった会計（すなわち，金銭的なタームないしキャッシュ・フローによってその成功の度合が判断される意思決定を可能とさせるような会計に必ずしも限られない）[Gray, et al., 1996: 3-11]。

さらに，社会監査はステイクホールディングの概念と密接に関係している（第5章と[Pestoff, 1995C]を参照）。ステイクホルダーとは，当該組織の活動によって影響される，あるいは自らもそれに影響を及ぼしうる個人ないし集団である。ほとんどの組織は，雇用者，コミュニティ，社会，国家，顧客および供給者，競争相手，地方政府，株式市場，業界団体，外国政府，将来世代，環境などまで含む多くのステイクホルダーを有する [Gröjer & Stark, 1978 ; Gray, et al., 1996]。組織とステイクホルダーとの関係および相互作用は，権利と責任とアカウンタビリティを含む。こうして，組織は，単に株主だけではなくすべてのステイクホルダーに対してアカウンタビリティを負うのだ。このアカウンタビリティの性質は，そのステイクホルダーと組織との関係によって決まる [Gray, 1996]。

社会監査はまた民主主義とくに参加型民主主義の発展にとっても重要である。参加型民主主義においては，社会の資源を管理する人たちが社会に資源の利用収支について説明している情報がなければならない。このタイプのアカウンタビリティの発展は，企業社会報告の重要な可能性を示している [同上：37]。

第5節　社会的企業による外部社会会計の必要性

グレイェールとスターク [1978] によって提示された外部社会会計のモデルは，通常の財務会計を社会会計の一部と見なしている。彼らは，企業活動が個人ないし集団に及ぼす正負の影響を貨幣的・非貨幣的に表現したものに基づい

た規範モデルを用いている。彼らは企業の利益モデルないし参加モデルから出発しており，このモデルにおいて企業はいくつかの集団ないし後援者団体の便益のための社会制度と見なされる。さらに，彼らは目的志向アプローチを採用しており，このアプローチにおいてはマネジメントは多様な集団の互いに衝突する可能性のある，そして実際にも衝突する複数の目的の達成を考えなければならない［同上］。

そのような目的の衝突は企業内における権力をめぐる諸問題を引き起こすが，この衝突は，企業内のさまざまな集団間の格差と権力関係を隠すための何らかの「中立的な」トレードオフのメカニズムによって包み隠されるのではなく，むしろ真っ正面から対処されねばならない。こうして，彼らは企業内の後援者団体ないし参加者集団ごとに分離させられた「利益と損失」の計算書ないし報告書を発展させることを求めている。これらの「利益と損失」の個別の会計報告書によって，個々の利益集団が貨幣的・非貨幣的タームでみてどのような貢献を企業にもたらし，また企業からどのような利益を引き出したのかかが示される［同上］。それらすべてが一緒になって企業の社会計算書となる。全般的な目的達成は企業のさまざまな下位集団ごとに分解され，目的もまたさまざまな下位目的へと分解されうる。彼らはこうして外部社会会計が内部会計に漏出効果をもたらすことを期待している［同上］。

(1) カナダの経験

協同組合のもっている，コミュニティ・レベルで個人や集団にサービスを提供する能力やコミュニティの生活の質を引き上げる潜在力は構造的な要因によって妨げられ得る［Bold, 1991］。協同組合の成功を妨げる重要な要因の1つは，協同組合の活動の民主主義的かつコミュニティ的な側面が事業的，経済的側面のために衰退していくという多くの国で指摘されている傾向である。しかし，2つの重要な事柄に留意しておく必要があり，それらの間にはバランスがとられねばならない。

第1のことは，すでに述べたプリンシパル／エージェント問題と呼ばれてい

るものである。協同組合においてそれが意味することは，理事会はいったん選出されると組合員がして欲しいと望むまさにそのことを必ずしもしないということ，そして有給管理者はいったん任命されると理事会がして欲しいと望むまさにそのことをかならずしもしないということを意味する。スウェーデンの伝統ある協同組合運動から得られる事実 [Pestoff, 1991, 1996] とカナダにおける協同組合をコミュニティの発展に積極的に関与させようとする努力 [Fairbairn, et al., 1991] によって示唆されるのは，協同組合における新しいマネジメントスタイルと方向づけの必要性である。それは階層的なものというよりもむしろネットワーク的なものであり，協同組合の目的・活動の一面的な見方を上意下達方式で押しつけるというよりもむしろ協同組合のさまざまなステイクホルダーに発言権を与え参加させようとするものである。

　第2のことは，協同組合の経営管理者は協同組合の社会的目的・コミュニティを志向するイニアシティブのコストを心配するのも正当であるということである。コストは現実に生じるものであるのに対して，便益は画一的に数量化できるものではない。経営管理者のこの正当な心配は，どのような種類の社会的目的・コミュニティ志向の活動をどの程度遂行すべきなのかを明瞭に認定するプロセスを見つけることによって鎮められうるに違いない。このプロセスは，選択的なものになるに違いないし，同時に社会的目的・コミュニティ志向の活動が協同組合の蓄えを枯渇させてしまうことにならない保険となるに違いない。必要なのは，協同組合に内部化することができ，経営管理者に社会的目的とコミュニティの発展にどのような資源をどれだけ投資すべきなのかを伝えることのできるプロセスである。

　協同組合は，社会監査のプロセスによって，経済的目的とさまざまな民主主義的・社会的目的の両者についての効果性をより容易に評価することが可能となるだろう [Anderson, 1983]。協同組合にとっての社会監査は，「企業が，自らの使命を明確にし，そして自分自身の企業目的を遂行する一方でどれほどコミュニティと社会の期待と調和しながら活動しているかを評価するのを援助する戦略とプロセス」と定義された。1980年代初頭にカナダの協同組合運動家も

第6章　社会的企業の活動の会計報告

このようなプロジェクトの重要性を認め，協同組合将来趨勢プロジェクトの後援で社会監査特別専門委員会が設置された。その目的は，社会監査の概念ならびにそれが協同組合にいかに適応されるかを検討することにあった。

社会監査特別専門委員会は，『社会監査：協同組合組織にかんするマニュアル』[1985] というハンドブックを公刊した。それに概説されているプロセスは，組織が自らの社会的責任ともっとも密接に関係する目的と決断事項の確定に着手できるようにするためのものである。特別専門委員会は，この確定のプロセスにおいて検討されるだろう6つ種類の事業決断事項を提唱している。それらは，意思決定のアプローチと組織，製品・サービスのできばえ，人的資源の利用，コミュニティの参加，環境への影響，そして経済成果である。

社会報告書を発展させていくためには，企業ないし社会的企業は最初にそのための枠組みを設定しなければならない。すなわち企業はその豊富について2つの決定を下さなければならない。まず第1は，確定した社会的目的を組織の経済的目的に統合するのか，それともそれらを別々にモニターするのかどうかについての決定である。第2は，限られた領域で部分的アプローチを採用するのか，それとも社会的影響の及びそうなほぼ全ての領域で包括的アプローチを採用するのかどうかについての決定である。それから，社会報告書に取りかかることを決めたならば，企業はこの決定を実行しなければならない。

社会報告の実施にはいくつかの段階がある [Bold, 1991：94]。第1段階は，雇用者・顧客・供給者などを含む広範囲な資源から企業の社会的目的を確定することである。第2段階は社会的目的を操作可能なものにすることであり，それは社会目的に対するマネジメントと雇用者の自覚とコミットメントを高めることと定義される。第3段階は企業の社会成果を評価することであり，それは企業の人員あるいは外部のコンサルタントによってなされうる。評価の後に，企業の社会成果をモニタリングし報告する何らかの手段が必要となる。最後の段階は，企業の社会成果を統制する方法を設計することである。

社会報告と社会監査が，経営管理者ないし外部の専門家によって単に書き上げられただけの報告書というよりもむしろ，協同組合のさまざまな集団ないし

ステイクホルダーに彼らの抱える問題や関心についての発言権を与えるための手段ないしプロセスであることは明らかである。協同組合が社会監査に成功する能力は次の2つの理由で通常の企業よりも高いと主張しうるだろう。まず第1に，協同組合は民主主義的な組織であり，組合員から経営管理者まであらゆるレベルでの参加とコミットメントを奨励するからである。第2の理由は，社会的目標ならびに経済的目標に対する協同組合のコミットメントを前提すれば，協同組合は社会監査にたぐいなく快く従うだろうからである。

皮肉にも，カナダの生協で社会報告を実施するためのこれらの段階が実際に踏まえられることはほとんどなかった。おそらくこれは，社会報告は人的資源会計と同じくマネジメントあるいは内部のある集団によって脅威と見なされること，そしてマネジメントは社会報告の実施に反対しその阻止に成功してきたことを示している。1980年代にスウェーデン生協が「協同組合の効率性」の評価基準を開発しようとして失敗に終わったのもまたこれによって説明されるだろう。

(2) イタリアのレーガ協同組合の経験

ヨーロッパのいくつかの国における協同組合運動は，通常の財務諸表をとおして可能となる情報量よりも多くの情報を組合員と経営管理者に提供する必要性への自覚を高めてきた。フランスのビラン・ソシアル（bilan social）〔社会バランス・シート〕の概念はそのような意志を表している。スイスではミグロ生協が数年の間社会諸表を実施していた。イタリアではボローニャのコープ・エミリア・ヴェネトが1987年に初のビアンチョ・ソチアル（Biancio Sociale）をつくりあげた。この最後のものは，協同組合による社会会計の原則の利用についての興味深い例を示してくれている。

コープ・エミリア・ヴェネトの社会諸表はコープ・エミリア・ヴェネトの組合員，消費者，雇用者，事業への手引きを含んでいる。それは，市場シェア・購買高の動向・組織構造・投資・発展計画についての典型的な情報，すなわち経済効率を評価するためのあらゆる伝統的な情報を提示している。しかし，そ

第6章　社会的企業の活動の会計報告

れは労働と訓練・協同組合の社会的基盤・民主主義的活動・組合員向け消費者政策という見地からの活動などについての情報もまた詳しく提供してくれている。

ビアンチョ・ソチアル〔社会バランス・シート〕は1988年のICAストックホルム大会で次のように紹介された。

> ビアンチョ・ソチアルは，協同組合が昨年何をしてきたのかを社会，組合員，雇用者に向けて明らかにする公式の文書である。しかしながら，われわれの意図はもっと意欲的なその利用を奨励していくことにある。われわれはプロセスに参加するすべての行為者に自分たちの活動の社会的影響力の大切さを考えさせる政策の道具に社会諸表を変えていきたい［Zan, 1988］。

しかし，「ビアンチョ・ソチアルはさまざまな政策間の関係を制御し，特定の目的の達成率を管理するための道具としても理解されてきた」［同上］。

レーガは左翼勢力に出自をもつにもかかわらず，イタリア各地の協同組合は企業家的方向に自らを変えていった。この方向をとることで多くの協同組合が大規模化し大きな発展を遂げ，こうして左翼的価値と産業資本主義の典型的な価値を結びつけていった。以前はマネジメントは労働組合か政党で訓練を受けてきたが，純然たる企業家的経験を積んだ人から採用される場合がますます多くなってきており，彼らはほとんどの場合民間企業から採用される。ここから，著しい差異，矛盾，一貫性のなさに満ちた組織文化が生まれた。1990年代初頭までには根本的な見直しが必要になった。おまけに，タンジェントポリ (Tangentopoli) スキャンダルが発覚し，レーガ協同組合のいくつかが巻き込まれた［同上：5］。こうして，1990年代にイタリアのレーガ協同組合運動の協同組合アイデンティティを強化していくこと，および協同組合価値の明確化・刷新を進めていくことがいっそうの重要性を増すことになった。これは，（価値憲章：Carta dei Valori Guida），（倫理規準：Codice Quardo per imprese cooperative），（協同組合社会バランス・シート：Biancio Sociale Cooperativo）という3つの主要な

資料となって表れた [Viviani, 1995]。

　協同組合の経営管理者の一団によって，彼らが協同組合価値をどう理解しているかについての研究が実施された。そして，本来の価値がまだなお大きな魅力をもっており，それは決して企業家的価値によって置き換えられるものではないことが判明した。しかし，多くの経営管理者が不信，アノミー，困惑，協同組合の意味の喪失の感覚を表明した。その他の協同組合以外の組織のいくつかについても調査が進められ，もっともダイナミックな組織とは自分自身のヴィジョンをよりはっきりと表明することのできる組織であることが示された。これは，1993年7月にレーガの理事会によって承認された価値憲章のさらなる発展を励ますことになった。

　しかしながら，価値憲章は公約的な文書であって，それを実行に移すためには他に2つの手段，すなわち規則の分析的なシステムおよびその規則の適用を制御する手段が必要となる。倫理基準は，組合員どうしの関係，マネジメントと組合員との関係，協同組合とその他のステイクホルダーとの関係，規準の適用における協同組合の役割と勤めなどについての規則の体系を定めている [同上：9]。この法律に基づく規準の最も重要な部分の1つは，顧客，供給者，環境，コミュニティなどの外部の主体との関係にある。これは，真の意味での透明性の必要性，消費者の権利の尊重，コミュニティの富を大切にすること，法を正しく適用することなどを強調している。倫理基準は1995年3月のレーガ第34回大会で承認され，いまではすべての主だった協同組合は自分自身の固有の規準を定めつつある [同上：9-10]。

　この大会はまた，レーガに結集するすべての協同組合にビアンチョ・ソチアル・コオペラティヴォ（BSC）の採択を義務づけた。1980年代以降多くの州レーガ協同組合はそれ以前からコープ・エミリア・ヴェネトで見られていたようなBSCを利用してきた。しかし，そのどれもが企業の協同組合的性格をはっきりとは示していなかった。いまでは価値憲章によってこのことも可能となった。BSCを作成していくうえでの主要な段階は2つあり，それは使命を確定すること，および会計報告書の構成を組み立てることである。まず第1に，各協

同組合は憲章を各自に特有の性格や生産などに適応させて，それを再定義せねばならない［同上：10］。次に，組合員総会での使命の正式な採択に続いて，使命の各項目が社会会計の構成のなかで操作可能なものとなるようにより小さな部分に分割される。社会会計の構成は，ある1年の間に協同組合がその使命を果たしてきたのかどうか，またどの程度果たしてきたのかどうかをはっきりさせることができるように，調べる必要のあるマネジメントのすべての行為を識別している。

これらの非常に複雑なプロセスはまだなお展開途上にあり，短期間で協同組合アイデンティティを再確立することは不可能である［Viviani, 1995］。レーガは価値憲章を協同組合アイデンティティを強化するのに必要なステップであるとみているが，それで十分であるとはみていない。それを日々の通常の活動のなかで実践していくことも必要なのであり，それは倫理規準と社会会計報告書を通してのみ可能となる［同上：12-13］。

社会監査の魅力にもかかわらず，初期の頃にその発展を妨げた測定の問題がまだ残っている。しかしながら，グーバとリンコルン［Guba & Lincoln, 1988］は自然主義的評価と呼ばれるアプローチを紹介している。それは，評価プロセスの核心に価値を据え，そして，力点を量的測定から，ステイクホルダーと評価者が自分たちの追求する目的と理想に基づいてつくりあげる定義・方法へとシフトさせている。これは評価を，成果に関する信頼のおける情報を求める集団・組織にとってより威圧的でないものにすると同時に，彼らにとってより意味のあるものにするという二重のメリットをもっている。また，それによって協同組合はさまざまなステイクホルダーから潜在的な事業的価値をもちうる新しいアイデアを汲み取ることも可能となるだろう。

第6節　結　　論

「したがって市場の知覚・情報処理の機構によって知覚され処理されうると

いう意味で,〈数値によって―原注〉客観化され体系化されえないようなものは存在しない」[Kallinikos, 1995：126]。数値は組織やネットワークの諸関係を数で示されたメッセージのなかに伝えることはできない。行政やネットワークという手段によってできることを市場によって果たすことはできず,その逆もまた同じである[同上：130]。とくに,ネットワークはローカルな条件に適応した経済行動の重要性を再び主張しまた諸関係をシフトさせることで,大規模な集権的官僚組織と市場が生み出す阻害に対する対抗力としてはたらく[同上：132]。効率性と効用関数は数値に関心の焦点をおくので,社会的行為者の配慮,価値観,社会的選好の一部をとらえるにすぎない[同上：134]。

　財務会計は協同組合とくに社会的企業の成果のあまりにも限定的で乏しい像を提供するにすぎない。外部社会会計は,もしわれわれが社会的協同組合やその他の非営利組織の目的達成と成果を的確にそして継続的に評価しなければならないとすれば,財務的情報システムの必須の補完物となる。これは社会的協同組合の所有者と経営管理者の間のプリンシパル／エージェント関係の論理を敷衍してでてくることである。協同組合による社会報告のモデルを具体化するさまざまな試みは検討の対象となり,近年発展をみせてきた。とくに注目すべき2つのものは,いずれも上に述べた,カナダ協同組合連合の社会監査特別専門委員会の報告書「社会監査：協同組合組織にかんするマニュアル」[1985]とイタリアのレーガ協同組合の社会会計のプロセスである[Viviani, 1995]。グレイェールとスターク[1978]が提案している社会会計モデルは,協同組合や非営利組織の活動が個人や集団に及ぼす正負の影響を目的との関連で貨幣的・非貨幣的タームで叙述したものを提供してくれる。社会監査運動は,さまざまなステイクホルダーの相異なる利害と企業に固有な目的の両方に焦点を当てている。レーガ協同組合の刷新は,この目的と関連する社会会計のプロセスを協同組合の価値に収斂させている。これらのアプローチを結合することによって,われわれは総合化を果たし,さらなる努力に向けた出発点を見つけることができる。

　社会会計についての既存のアプローチ・方法・技術のなかで,社会的企業や

新しい社会サービス協同組合にとってあらゆる点で妥当なものないし適切なものはほとんどない。手に入るアプローチのほとんどは民間セクターないし公的セクターに焦点を当てており，社会的企業・協同組合・第三セクターに特有のニーズを考慮に入れることはできない。協同組合と非営利組織／非政府組織は上にその概略を示した手順のいくつかの側面を結合したアプローチを発展させる必要がある。したがって，それはその性質において規範的であり，目的と関連し，ステイクホルダーに焦点をおき，財務的かつ非貨幣的であり，そして短期的かつ中期的なものでなければならない。

　社会的企業・協同組合・非営利組織／非政府組織における社会会計の主要目的は，たんにそれらの組織の効率性ないし効果性について報告することにあるのではなく，すべての重要なステイクホルダーの間でそのような組織の正当性を高めることにあるだろう。同様に，社会会計は目標からの大きな逸脱を防ぐよう努めねばならないだろう。協同組合と非営利組織／非政府組織にとっての社会会計の必要性は，プリンシパルに対してエージェントが負う，自分の行動について体系的，継続的に説明する道徳的義務から生じる。ごく率直にいって，プリンシパルとエージェント，あるいは経営管理者とメンバーとの関係の透明性は大きく改善されねばならない。このことは，検査されないその場限りの社会会計も，また統一されていない社会会計も適切ではないということを意味する。協同組合・非営利組織／非政府組織におけるすべての主要なステイクホルダーに定期的で系統だった情報が提供されるべきである。イタリアにおけるレーガ協同組合の経験は，ヨーロッパにおける協同組合と非営利組織のための社会監査のより包括的で互いに比較可能な原則を発展させていく道筋を示しているかもしれない。

第7章　労働環境と社会的企業

　これまで本書で焦点を当ててきたいくつかの理論的な強調点は次のようなものである。公共セクターの労働生活を豊かにするために，重要な社会サービスの共同生産者として市民の力を向上させるために，そして内部から福祉国家を再生するために，社会的企業の特有の組織的ポテンシャルを理解することが必要であるということである。前に，われわれは第三セクターの種々の概念について検討し，市民民主主義というわれわれ自身の概念を提起した。また，マルティ・ステイクホルダー組織と社会監査の発展が草の根的な経済民主主義の促進の手段として重要であることを考察した。

　われわれはここで労働心理的労働環境に注目を向け，そこで注目される概念にかかわる問題を探求しよう。それらの概念の多くはおそらく社会的企業の労働心理的労働環境に間接的に関係しているが，今日それらは社会的企業においてさらに具体的な形で現れているのではないか，その場合それらはどのように現れているかを考察すことにしたい。そして，最も重要ないくつかの章を書くにあたり，労働心理的労働環境の現在の諸モデルに新しい次元，特に職員とクライアントとの関係を加えることによってそれらを社会サービスにまで拡張することにしよう。また，スウェーデンの労働心理的労働環境のいくつかの一般的な発展について述べ，保育サービスの職員の状況について検討する。そして「良い」労働と「悪い」労働とを対象させることによって結論を導きたい。

　われわれは，巨大とまではいえないにしてもかなり大きな多くの公的機関の官僚制に見られるような貧しい労働心理的労働環境の全てのあるいはほとんどの諸問題に対し，社会的企業が普遍的な解決を与えうると主張するつもりはない。それらはしばしば公共サービスの供給に対し，財の大量生産から引き出さ

れたテーラー的な解決を適用している。われわれはその社会的企業モデルが全サービスセクターに適用しうると示唆するつもりもない。むしろわれわれは社会的企業が小規模の対人社会サービスのための1モデルとして有効であると考えている。そこでは、クライアントと労働者の関係は長期の永続的な関係であり、したがってそれは大量生産財やサービス一般のように気まぐれな市場力の支配下にあるようなものではなく、まさに永続的な社会サービスなのである[Pestoff, 1994a]。

第1節　良好な労働心理的労働環境をもたらす諸要因──要求とコントロールモデル

現代社会における労働の発展に関しては2つか3つの主要な見方がある。たとえば、ベル[Bell, 1973]の『脱産業社会の到来』、ブレイバーマン[Braverman, 1974]の『労働と独占資本』、ピオリとセーブル[Prior & Sabel, 1984]の『第二の産業分水嶺』等である。ベルは次のように主張した。脱産業社会において労働は職階制の低ランクの人々による単純作業から独立的な人々による高度な仕事へ転換していくであろう。製造業や産業においては、オートメーションや技術革新が退屈な仕事をサービスセクターにおける仕事に替えていき、人々の間の関係は、機械と人との関係に取って代わることになる。サービスがいっそう求められるものとなり、脱産業社会の労働は産業社会の労働より高度な質と自律性をもったレベルにまで高められるであろう[Szulkin & Tåhlin, 1994：88-89]。ブレイバーマンはこれに強く異を唱え、次のように反論した。労働は非専門化とプロレタリア化が進むであろう。資本主義の激化する競争はテーラー主義の妥当性を保証し、そして精密化された管理が減少するよりはむしろ増加するであろう[同上：89]。

ピオリとセーブルは違った視点に立って、生産の柔軟性の増大に注目した。そこでは、大量生産が労働を貧困にしていくが、しかし、柔軟で専門化された

第7章　労働環境と社会的企業

生産が手工芸的な労働条件を増大していくというのである。そのことから，ピオリとセーブルは製造業や産業に関心を集中し，サービスセクターの成長を無視する。したがって，今日の経済において最も拡大したセクターに注意を払っていない [同上]。このような見方の欠点は，第3節以降に労働心理的労働環境に関するスウェーデンの調査データを引き続き検討するなかで明白になっていくであろう。脱産業社会も生産の柔軟な専門化も，ともに社会的変化の重要なポイントに注目しているが，両者とも不充分である。特にそれが肥大した公的官僚制における生産と労働環境にかかわる場合にはそうである。しかし，それらの不充分さこそが，労働者といわれる人々の労働環境に関する調査研究の重要さをいっそう明確に示すのである。

　労働心理的労働環境に関しては2つの一般的見方がある [Wickman, 1989, 1991]。第1は，ストレスに対する人間の反応の仕方として，自らの自動的反応力に基礎を置くものである。彼らの呼吸が増加すると，筋肉やその他の部分への血液の廻りが増加する。そのような反応は，全体的にコントロールされており，ストレスは人間が危険な状態から脱するのを助ける。しかし同時に，それが長期にわたると人間の身体に重い犠牲をもたらすのである。ストレスは，仕事の要求が高すぎたり多すぎたり，また，低すぎたり少なすぎたりといった時に起こるいろいろな条件の変化によって引き起こされる。第2は労働心理的観点はおのずから歴史的であるということである。産業社会以前においてほとんどの人は農業に従事し，小さな自給自足的集団で働いていた。それぞれの小さな集団は，食料，衣服，修理道具等の彼ら自身が必要とする物の大部分を使いあるいはつくっていた。したがって，各人は達成すべきいくつかの違った仕事をもち，そしてそれぞれの労働の成果をお互いに容易に理解しえたのである。しかし，都市化，産業主義，特に大量生産あるいは「フォーディズム」は，状況を一変させる「科学的管理」に関するテイラーの思想と結びついて現れる。両者のそれらの観点は労働心理的労働環境の理論に重要な貢献をもたらしている [同上]。

　労働心理的労働条件に関する理論には主要な2つの理論がある。1つは，労

働の質的向上のレベルをその出発点とするもので，多くはドイツの研究者によって研究されている。他の1つは，主としてスウェーデンとアメリカにおいてストレス研究者によって発表されているものである［Tåhlin, 1989］。前者の初期の活動構造研究は人間の知的認識機能パターンに焦点を当てている。個人がある活動パターンを学習する場合，学習過程は3つの異なったレベルで刺激を受ける。最低のレベルでは思考は伴わないで，決まりきった行動パターンが現れる。中位レベルでは前もって学習されたパターンを基礎とする変化性と柔軟性を特徴としている。活動は新しい仕事を処理するための戦略的発展を求めるが，いったん目指した戦略が達成されれば思考はその戦略の決まりきった変化へと向かう。最高レベルでは活動は計画を立てるという内容となり，人間の能力は最高度に発揮される。こうして，良好な労働はすべて知的認識力の3つのレベルに結びつき，活動している［同上：3-4］。

　第2の理論はスウェーデンとアメリカのストレス研究の関心から出てきており，B.ガーデル（Gardell）がパイオニアであった。それに続くアメリカの社会学者R.カラセック（Karasek）は，労働心理的労働環境のより総合的な相互活動モデルを開発した。強いストレスの仕事の場合，個人はそに対応しうる可能性がないのに挑戦的に対処しようと構えていく。その結果普段使わないそして特異なエネルギーを蓄積していく。それはだんだんと健康の減退，心理的安定や精神と身体の循環等の障害となって現れやすいのである。カラセックによれば，そこに否定的結果が現れるのは，労働自体における心理的な要求なのではなく，むしろ労働状態に対する管理や決定の自律性の貧弱さとかかわっている場合にのみ現れるのである［同上］。

　労働心理的労働環境に関するアメリカとスウェーデンの研究から数十年後に，カラセックとテオレル（Theorell）は彼らとその他の研究者の研究を『健康な労働，ストレス，生産性と労働生活の再構築』［1990］という著書にまとめている。それは労働心理的労働環境のいろいろな要素間の関係に関する分析モデルを提供している。特に労働者の福祉に対する要求，管理，支持の重要性に注目し，それら3つの要素についてのモデルをつくっている。彼らはまたこの

第7章 労働環境と社会的企業

モデルを，健康な労働と持続的なあるいは増大する生産性という双子の目標の推進のために労働生活を再設計するという挑戦に関連づけている。われわれは彼らのモデルのうえにわれわれの社会的企業の実証的な研究を展開してきた。しかし，われわれはさらに前進し，それを新しい領域にまで広げ，新しい条件のもとで応用したいと考える。そうするにはそれに新しい次元を加えることが同時に重要となる。つまり，労働心理的労働環境という第4の次元であり，それは職員と人間的な社会サービスと彼らのクライアントとの関係である。

カラセックとテオレルの描いた労働心理的労働環境の要求，管理，支持モデルに関する価値ある混合性の分析は，現代の産業化の無意味な結果を指摘し，いかにそのような結果が減退した生産性，商品の質の低下，サービスの人間性のなさ，短期の利益の強調等々とかかわっているか，同じように，いかにストレスに関係する仕事から出てくる不健康とかかわっているかを示している。彼ら自身の要求，管理，支援モデルは，古典的な経済学と経営管理哲学の中心的ないくつかの見解を批判的に検討したなかから，また労働環境の視点から，大きな固有性と精密さを有する問題を引き出している。彼らは次のような考えを批判した。A.スミスの分業あるいは仕事の専門化［同上：61］，M.ウェーバーの産業社会の最も効率的な組織としての職階制的官僚制のモデル［同上：10］，F.テイラーの，労働の職種が技術者の詳細な要求と再組織によって要素的技能に単純化されることを示した「科学的管理法」［同上：23］，J.ベンサムの，全ての苦痛と快楽は経済的量と個人的選択による費用便益分析によって測られうると主張した功利主義哲学［同上：164］等の考えである。この管理哲学の意図したわけではない，しかし同時に避けることのできない結果は，労働生活の後退であり，肉体的不健康と生産性の損失を引き起こすストレスである。

労働生活のストレスは以下のような肉体的不健康と関係している。

> われわれの研究は，労働状態の社会的そして心理的諸側面がまさに冠状動脈的心臓疾患の重大な危険要因であることを示している……〈しかし，〉厳しい要求を（限界内で）受けている労働は危険の支配的な要因ではない。その基本的な労働関連の危険要素は人がいかに仕事の要求と出会う

か，そして人がその技能をいかに使うかに関するコントロールが欠落していることに現れる。多くの場合，厳しい要求を受ける仕事の危険度の上昇は，ただそれらの要求が仕事に関する貧弱なコントロールでのやりとりのなかで起きている。……したがって，われわれの研究では，危険度の上昇原因は労働自身の要求にあるのではなく，ストレス関連の不健康の進行に最も密接な役割を演じる労働の組織的構造にある［同上：9］。

さらに，それはまた低い生産性と結びついている。

要求の増加はその要求が高い決定の自由度と結びついている場合にのみ生産性の増加を導く。コントロールの可能性が小さいと認められた場合には，高いレベルの要求は低い生産性とストレスの症状と結びつくのである［同上：11］。

彼らの労働心理的労働環境に関する実証的な研究は，アメリカの国民調査資料（QES）に使われているが，そこで彼らは決定の自由度を自立的な決定と技能の自由裁量に関する質問との結合により構成されるものとして描いている。典型的質問を見てみよう。「あなたは自分の仕事についていろいろと言いたい事がありますか」あるいは「あなたは決定の自由をもっていますか」（決定権），「あなたは新しいことを常に習得していますか」あるいは「あなたの仕事は変化がありますか」（技能の自由裁量性）。精神的な要求は「労働は過重ですか」あるいは「あなたは労働を速く（激しく）やらねばなりませんか」というような質問でその度合が測られている［同上：41］。

表7-1　心理学的な要求／決定裁量度モデル

精神的な要求＼決定裁量度	低　い	高　い
高　い	低い緊張	能動的
低　い	受動的	高い緊張

出所：Karasek & Theorell, 1990, p. 32.

第7章 労働環境と社会的企業　　197

　さらに，彼らは次のようにいう。「実際のところ，仕事にかかわる精神的な要求は概念化したり計測したりする場合には難しい問題が残る。といのは付随的な構成要素が多様であったりまだ未解決のいくつかの理論的問題があるからである」[同上：63]。彼らのモデルの初めの2つの次元は結局次のような仕事の4層の区分に帰着する。高い緊張を伴う仕事，能動的な仕事，低い緊張の仕事，受動的な仕事である，それらの4つの仕事のタイプの主要な特徴は次のようである。

1) **高い緊張を伴う仕事**

　精神的緊張の最も逆行的な反応（疲労，苦痛，沈滞と肉体的不快）が起こるのは，仕事の精神的要求が高く，労働者の職務における決定の裁量度が低い場合である……。高い緊張状態を示すモデルは次のことを示している。つまり，人々のエネルギーの高揚は，抑制を最適な反応の環境的な基礎とするために，傷ついたそしてはけ口の無い緊張に転化されるのである [同上：32-33]。

2) **能動的な仕事**

　いくつかの最も挑戦的な状態，典型的な専門的労働は，否定的な精神的緊張なしに最高レベルのパフォーマンスを引き出す。たとえば，外科医の難しい手術，登山家の未踏峰登山，……プロバスケットボール選手のプレー等々……。そのような状況は，強い要求のなかにありながら，労働者がコントロールの大きな手段と感じる活動，全ての有効な技能を使う自由を感じるような活動に彼らを捲きこんでいく……。多くの緊張した人々の能動的な仕事によって喚起された大きなエネルギーは，問題解決の効果的な活動に転化されていく故に，そこにははけ口のない緊張がほとんど無い。エネルギーの活動への転換はまた効果的な学習過程が必要不可欠なものでもある。ストレスを感じる人に最も効果的な活動の方向がどんなものかを決定する自由が与えられるならば，その人は選んだ活動の方向の有効性を試すことができるし，労働を遂行した場合はそれを補強し，それが失敗すれば修正することもできる [同上：35-6]。

3) **低い緊張の仕事**——これは少ない精神的要求と高いレベルのコントロールを特徴としており，修理工のような仕事であり，低いストレスのユートピアをつくりあげている［同上：36］。

4) **受動的な仕事**
ここでは低い要求と低いコントロールが習得した技能と能力を徐々に衰退させていき，それは特別な動機の無い仕事の設定を意味するにすぎず，労働の動機と生産性を長期にわたって損なう結果を招く。そして，機械熟練工のような人が自動的コンピュータ制御の製造業において機械の番人になってしまい，それらがまた仕事以外のレジャーや政治活動を平均以下のレベルに導くのである［同上：37］。

われわれ自身の実証的研究の焦点は高い要求を必要とする2つのタイプ，つまり最初の2つにある。われわれはまた社会的企業が高い緊張を伴う仕事を能動的な仕事に転換できるかどうか，いかにそれをなし得るかを知りたいのである。単純に要求を低くしても高い緊張を伴う仕事に最良の解決をもたらすことはできないし，そのつもりもない。むしろ，彼らの技能を使い発展させる従業員のコントロールと自由を増加させることが高い緊張を伴う仕事のストレスにいっそう具体的なそして実行可能な解決を提供する。われわれは社会的企業が仕事上でさらに良好なコントロールをいかに進めるかを，そして，それらが仕事の再設計の成功例を，特に，社会サービスを供給する公僕にたいして，示し得るかどうかを明らかにする。

第2節　追加的な次元——社会的支援，消費者との接触等々

カラセックとテオレルは，彼らのモデルの2つの基本的な要素を提出したあと，第3の次元，社会的支援を加えてそのモデルを拡大している。したがって，彼らは，労働者間の社会的関係の変化と決定の自由度の変化が，仕事の再

設計戦略とほとんど不可分になっていること，そして「参加型労働の設計過程」を目指すようなところへ彼らを導くことを述べている［同上：69］。「労働における社会的支持は全般的に協同的労働者と職制両者から仕事に有用な全般的レベルにわたる相互活動的社会的関係に注意を向けている」。社会的支持は，労働に精神的ストレスをもつ人と健康維持を阻害する要因との間の緩衝装置として現れる。こうして，社会的接触と社会的構造は基本的な精神的過程に，長期の健康維持と同時に新しい知識の獲得に対しても重要な影響を与える。職場における社会的支援のいくつかのタイプは一定程度の社会的なそして感情的な融合と協同的労働者，職制およびその他の人々との信頼を含むと考えられてきた。要求と支援との関係は以下にように示されている。

それら労働活動の3つの次元——要求，コントロール，社会的支援——をまとめると，アメリカ人口の停滞的な徴候の中での全体的な変化の趨勢を予測することができる。その人口は6％程度から41％へ増加し，それらの諸要素が良くも悪くも結合して出てきている［同上：72］。しかし，要求・コントロールの分類は仕事の4つのタイプを導き出したが，ここでの第3の次元の結論は労働者の4つのタイプを導き出している。すなわち，従順な仲間，協同的な囚人，参加型リーダー，カウボーイヒーローである。それらはあまり明快な用語ではなく，労働者の違ったタイプについては十分な注意を払い，推定される個人的特性については軽く扱うことになってしまう。したがって，われわれは彼らによって選ばれた名前を全ての場合に使われる「労働者」という言葉に，「カウボーイヒーロー」という用語を「異端的（maverick）」労働者に置き換えることを提案する。同様のことを彼らもまた次のように述べている。

表7-2　カラセック・テオレルモデルの社会的支援次元

支援＼要求	低い	高い
高い	従順な労働者	参加型労働者
低い	協同的労働者	「異端的」労働者

出所：Karasek & Theorell, 1990, p. 70を修正したもの。

「参加型リーダー」と名づけられた仕事は，参加による決定と社会的支持の両者が労働環境にとって重要であるということを示している。もちろん，それらの業務をする全ての労働者が一般的な意味でリーダーなのではなく，一般的に彼らは力を有し，影響力をもち，あるいは少なくとも集団的な決定に影響を与える何らかのチャンスをもっているということである。このような社会的位置を有する業務は専門的職業であり，それは科学者，教師，セラピスト，マネジャー，それに理髪師さえ含むものである［同上：72］。

社会的企業は労働者による良好なコントロールと労働者間の支持を提供し，したがって，進んだ労働者参加を促進するとわれわれは重ねて主張したい。さらに，特に労働者協同モデルは労働者「所有意識」と企業決定に対する労働者の基本的な責任意識を形成する。これは良好な労働者参加を促進するだけでなく，さらに進んだ参加を実際的に要求していくのである。こうして，参加型労働者は，重要な決定あるいはいくつかの共同決定形態に，そしてまた恐らくは彼らのステイクホルダーの請求とみられるものに，あるいは場合によっては所有権にさえ，最低の影響力を要求する。社会的企業のいくつかのタイプは，第8章，第9章で見るように，他のものより進んだ労働者参加を推し進める。

さらに，カラセックとテオレルは，肉体的労働環境での仕事の安全と危険，そして消費者，家族，友人のような労働集団の外部の人々の社会的支援が，労働環境の重要な論点であり，それらは十分研究に値する課題であると主張している。また，彼らは，労働者と消費者の間の積極的な相互活動関係を導くことについて，特に社会サービスセクターにおける仕事の再設計に関して，いくつかのサンプルを示している。そこでは，クライアントを活性化する点で，労働者と消費者の両方に積極的な便益があったとされている。われわれは，彼らの要求，コントロール，支援モデルがクライアントの相互活動関係を含むような1つの発展によって便益を拡大することができるだろうということに同意する。そのような相互活動関係は，高位と低位の分類に分けることができるが，

それはもう1つの3次元のものと似ている。前に，われわれは社会サービスが耐えられるものかそうでないかに関して，社会サービスに対するクライアントの反応を検討し分析した（第4章を参照）。ここでわれわれは職員とクライアントの間の関係に焦点を当てることにしたい。その場合，それらの関係の違いを説明するために，不定期的（sporadic）と持続的（enduring）という分類を用いる。

表7-3は，クライアント関係が1つの追加的なあるいは第4次元のモデルとしてどのように関係づけることができるかということについての提案を示している。われわれは，社会サービスにおけるクライアント関係が有する意味に主として関心を払ってきたが，そのことから，仕事の要求が高い場合については，2つの高い精神的要求のカテゴリー，すなわち能動的労働と高ストレス労働を，出発点として設定するであろう。

能動的な仕事をする職員メンバーであるが，クライアントとただ不定期的な契約関係にあるような人々には，クライアントに対して共感的にしかも専門的に振舞うことが期待できるのである。つまり，彼らはクライアントと共感的な専門的関係をもつであろう。高い緊張を伴う仕事をする職員であるが，非常に多くのクライアントとただ不定期的関係にあるような人々は，おそらくクライアントに対して典型的な官僚的態度を示すだろう。つまり，他人事に留まるのであり，かりに短期でなくとも時々の関係の場合は冷淡でさえあるだろう。能動的な仕事を行いクライアントに持続的な関係を有する職員は，準備するサービスの計画と実行のなかにクライアントを十分に考慮に入れ，そのことによって彼らを共同生産者に変えていくようにするであろう。最後に，高い緊張を伴

表7-3 クライアント関係－労働心理的労働環境モデルの第4次元

高い要求の労働 クライアント関係	不定期的	持続的
能動的	共感的な専門的関係	共同生産者
高ストレス	官僚制	やや人間的な関係

出所：Pestoff, 1996a.

う仕事をする職員であるが，クライアントと持続的な関係にある職員は，クライアントといくぶん人間的関係を発展させるようなことには十分なるであろうが，そのような相互活動によりさらにストレスを経験するかもしれない。

かくして，われわれは，分別のあるストレスに対する新しい有用な次元を導入することができる。それは基本的な要求，コントロール，支援モデルを拡大するものである。この新たな次元は，一般的にはサービスセクターの発展にとって，とりわけ公共サービスの設計と社会的企業の潜勢力の発展にとって，特に重要である。

カラセックとテオレルはまた，仕事の設計についての2つの付加的な側面の重要性を強調する。その第1は，直接かかわるサービス労働者と公共サービスにおける市行政上層部［同上：321-32］あるいはボルボのような民間会社の経営トップや労働組合等の両方から支援を得ることの必要性である。その場合，彼らは，変化はトップから出発し下方に向かうべきか，あるいはボトムから上方へ向かうようにすべきかどうかを，修辞的に問うている。「両方とも必要である」という彼らの答えはたいして驚くにはあたらない。ボトムアップとトップダウンという両方の過程は仕事の設計を支援し，変化に対して無関心になるのを克服するのに必要なのである［同上：245］。

第2の側面は，「従業員の健康，発展の可能性が彼ら自身の権利の目標として現れるような，産業的産出を評価する新しい方法を一緒になって」開発する［同上：164］か，あるいは，彼らが生産性の「新しい価値」尺度と呼んでいるものの必要性である。彼らの「新しい価値」尺度の基本的な要素に関する具体的な提案は，第6章の最初の方で出された社会監査のタイプとは細かい部分で異なるが，彼らとわれわれはともに類似の問題に注目し，類似の解決を提示していると言えるであろう。ここで，過去25年から30年のスウェーデンの労働環境における一般的発展と1990年代における保育サービスの諸条件に，われわれの注意を向けることにしよう。

第3節　スウェーデンの労働環境と1990年代の保育サービスの一般的発展

　1980年代初めにおいて労働心理的労働条件と健康状況に関して，スウェーデンの従業員の間には全般的に2つの傾向があった［Tåhlin, 1989］。第1は，労働者が俸給従業員より悪い条件であったということ，そして，第2は，女性が男性より悪い条件であったということである。一般に俸給従業員は高い精神的要求を出していたが，同時に彼らは多くの決定の自由裁量をもっていた［同上：24］。1968〜91年の時期に労働の発展は構造変化を遂げるが，それは過去4分の1世紀に発展した労働力の全体的な質的レベルの向上を意味した［Szulkin & Tåhlin, 1994］。同じ時期に，労働は多様化と精神的要求の増加との両面の変化を示したが，一方最低の必要条件の水準は一定に維持されていた［同上：97］。1968〜74年の間に人口の20％が無資格の仕事から資格のある仕事に変わったが，1981〜91年の間にはさらに28％の人がそのようにした。このように，そこには異なった質の要求を伴う仕事のタイプの間に強力な個々人の流動性が存在し，その傾向は高まっている。これは，教育システムと経済の構造的変化，そしてそれが従業員の間の適性の全般的な改善をもたらしたことによって説明される［同上：102-3］。

　しかし，労働環境の場合，この流動性は，良い仕事と悪い仕事の両方を同時に増加させ，対照的な発展をもたらした。おそらく最も重要な結果は，ストレスの溜まる仕事が女性の場合に顕著に増加し，男性の場合には目立つほどのものではなかったことである［同上：106］。ストレスを伴う仕事の増加は，女性に多い仕事の変化によりそのほとんどを説明できるが，その場合，ストレスのかかる，あるいは要求の大きい仕事の明確な増加がある一方で，決定の自由度はまったくといえるほど変化しなかった［同上：110］。1990年の初めには，消極的なストレスは産業や製造業においてよりサービス業ではるかに多かった

[同上：37]，そして能動的な仕事は資格のあるホワイトカラー従業員に多くの典型として見られ，特にそれらは，小さな職場で，昼間労働している公的セクターや児童保育労働者を含むケアセクターにおいて多かった [Tåhlin, 1995：39]。

　一般的に女性の労働心理的労働条件は男性のそれより劣悪であった。1992～93年には全女性の12％がストレスを伴う労働に従事し，それに比べて男性は8％であった。しかし，職業が非常に問題であり，それこそが労働心理的労働条件のジェンダー的な格差の大部分を説明するのである [同上：39]。サービスセクターの成長とより合理的な労働組織への要求の拡大に伴って，さらにそれらが社会サービスに対する自治体予算の大幅削減と結びついていることによって，平均的要求は減少しないどころか，おそらくその逆であるだろう。その場合，決定の自由度の拡大はスウェーデンの労働心理的労働環境にとって決定的となろう。もしそれが増加するならば，拡大する要求はより能動的な労働を導き出しうるし，またそうでなければ，より多くの要求がより多くの高いストレスを伴う仕事を導き出すことになろう [同上：40]。

　スウェーデン中央統計局の労働環境統計（SCB）は種々の職業と全労働力に関する1990年代の労働環境についてさらに詳しい情報を提供している。89年には10,466人のサンプルがSCB労働生活調査のために選択された人たちのものであった。91年には15,158人，93年には14,061人，95年には14,500人が入れられた。全体としてそれらのSCB調査の参加を断った人は26％であった [同上：10-13]。われわれの焦点は，保育センターの職員に関するものであり，SCBのデータでは，通学前教師，レクレーションインストラクター，通学前アシスタントのデータに関するものである。3つを比較できる一連のデータとしては，全労働力と保育サービスの職員に関するものがある。すなわち，1991年と93年からのデータ，91年，93年と95年からのもの，89～95年の平均と比較された95年からのデータである。加えて，SCBは過去5年間に同じ職業にある人々に関する95年の回顧的なデータを提供している。われわれはその労働の諸状況，つまり，その過去何年間における保育センターの職員に関する，

疾患または健康問題，労働条件，労働のコントロール，要求の増加などを，全労働力の場合と比較することにしよう。

初めに労働の諸状況について見ると，7指標が1991年と93年の両方の調査に含まれているが，それらの全てが95年の調査に有効であるわけではない。保育サービスの職員の平均は，少ない全労働力の指標の平均に近いが，そこにはいくつかの明白な偏差がある。保育センターの職員と全労働力は次のような場合の質問については同じような肯定的度合を示している。すなわち，彼らが援助あるいは助言を必要とするほどの難しい責任を伴うような場合（46.6％に比して42.0％），あるいは，難しい責任を伴う場合に援助を得ることができないような場合（9.1％に比して7.5％）である。全労働力に比べて保育サービスの職員は，彼らの労働において暴力にさらされる割合は少なく（7.7％に比して4.1％），保育サービスの仕事を得るための要件として低い公式的知識を要求する人はより少なく（28.9％に比して16.9％），そして，それらの多くの人が労働のなかで教育や訓練を得るための可能性を求めている（45.2％に比して65.2％）。さらに，多くの人々は彼らが労働の計画に影響を与えることができないと注文をつける（42.7％に比して54.8％）。他方ではまた，彼ら自身の労働についての決定ができないと主張している人は少ない（24.7％に比して12.0％）。

次に，標準的な労働にかかわる疾患と健康問題の指標は，以下のものである。背の上部，背の下部，肩あるいは腕，手あるいは手首，腰，脚，膝あるいは足，全身の疲労感，不眠，仕事上の困難により十分休めない状態，仕事上の困難による心配。保育センターの職員がそれらの疾患や健康問題について1つあるいはそれ以上認めた割合は，1991年と93年の間では，ここにあげている9指標のなかの7がわずかながら増加した。そのような疾患と健康問題を有する保育センターの職員の割合は，93年にはそれらのほとんどどの指標にかかわる全労働力の平均に近いものであった。しかし，「仕事上の困難により十分休めない状態」の保育センターの職員の割合は，全労働力の国全体の平均より高かった（39.6％に比して46.0％）。これは社会サービスに関する地方自治体の大規模な予算削減の始まりの時にあたる。

1995年の調査は1989〜95年の間の労働のコントロールに関する付加的な情報を提供している。第1に，近年，要求に関連する仕事が，保育センターの職員に関する多くの期待のなかで高まってきていることを示しており，それは95年の数字と89〜95年の時期の平均とを比べればわかる。加えて，保育センターの職員は全労働力の平均より大きい割合で彼ら自身の労働のペースを少なくとも時間の半分においては決定できることが示されており（61.1％と44.8％），前者の大きな割合の人は短い休息をとることができ，少なくとも時間の半分は労働を離れて他の人と話をすることができるが（64.7％と50.2％），しかし，それらの大きな割合の人々は違った作業がなされる場合には決定ができないのである（60.0％と43.9％）。保育センターの職員はいくつかの点でより多くの管理力をもっているが，他の場合には少ない。

また，SCBは労働のテンポの変化を描き出している。それはここでは，労働要求に関するいくつかの報告に対する保育センターの職員の賛同する割合として示される。保育サービスの職員の完全にあるいは部分的に賛同する割合は，1991年から95年の間にここに入れられた5報告のうち4報告について増大した。そして，他のものは変化しないままである。それは5報告のうち3報告について全労働力人口の平均の割合に近いものであった。保育センターの職員に関する最も明白な違いは心理学的な要求をする労働にかかわっており，それは保育センターの職員に関しては91年から95年の間でかなり増加していた（肯定的回答は48.2％から62.7％へ）。そして，95年では全労働力の場合（42.0％）よりはるかに高かった。加えて，保育センターの職員で彼らの労働が91〜95年の時期をとおして単調だったと申し立てた割合（3.0％）はかなり少ないが，それは95年の全労働力の平均より少ないものであった（17.4％）。最後に，保育センターの職員と全労働力の同じくらいの割合が，彼らの労働に不満であることを示している（5.8％に対して6.6％）。

また，1995年のSCB調査は，過去5年間の同じ職業の人々に対する仕事の要求にかかわるいくつかの比較の質問をしている。ただこれは，個人的な発展の比較をなし得るような人々に対してだけである。5項目中の4項目について，

保育センターの職員は仕事にかかわる要求について全労働力より大きな増加を経験してきた。5年以上の経験をもつ保育センターの職員の4分の3以上の人々は，全労働力の4分の3以下の人々と比べて労働の速度が増加してきていると指摘している。90年代の失業増加は一般に労働のテンポを引き上げてきた。加えて，最近のほとんどの地方自治体で見られる児童保育予算の大幅削減は児童に対するスタッフの割合を少なくしている。これは病気保障を得ることあるいは地方自治体の保育センターにおいて一時的な援助の肩代わりをすることが困難になっていることと符合している。少ない職員が世話をする多くの子供を抱え込むことがほとんどの保育センターで労働のテンポを高めていることは明らかである。

　また，保育センターの職員の半分近くが，全労働力の8分の1を少し超える人々に比べて，厳しい労働の仕事が増加していると報告している。通学開始準備のクラス（しばしば「ゼロクラス」と呼ばれている）[1]に子供たちを入れることに関連して児童保育が最近再組織されているが，そのことは，保育サービスに入れられる子供たちの年齢構成に明らかな変化をもたらしている。6歳児はほとんどの地方自治体でゼロクラスに受け入れられており，そして，保育センター当りの人数としては比較的多くの幼いおむつ児童がいる。おむつ児童は年長の児童よりいっそうの注意を要するばかりでなく，また彼らはしばしばより手のかかる世話をする必要があり，それは厳しい仕事の増加を招いているのである。

　加えて，保育センターの職員の4分の1は汚れた空気と構内が増加していると報告しているが，それと比較される全労働力の場合は10分の1以下である。これは自治体当局が保育センターの構内の維持と清掃の予算をまたも削減している可能性があることを示唆している。このようにして，われわれは，最近のスウェーデンにおいて保育サービスの労働環境のいくつかの否定的な状況が明白にそして劇的に増加していることを知ることができる。これは，このカテゴリーの全職員の労働環境改善の方法と施策を見出すことが何よりも緊急なことであることを示している。また，これは，組織的な労働のための新しいモデ

表7-4 過去5年間における労働増加を表明する雇用者の割合 (1995年)

(%)

過去5年以上の 労働要求の増加	通学前教育の教師，等	全労働力
労働の速度	77.7	58.6
重労働の割合	45.0	14.2
汚れた空気	25.3	8.8
労働の単調さ	15.7	10.3
労働時の暴力の危険	6.9	11.3

出所：ASS/SCB, *Arbetsmiljon 1995*, Table8.3, p.126.

ル，特に，保育センターの職員とクライアントのもっと進んだ参加と勤務を可能にするモデルを提示することがきわめて重要であることを示している。社会的企業と協同組合の保育サービスは，今日の地方自治体のサービスの労働条件における一般的な劣悪化に対し1つの明瞭な代替を提出している。

第4節　結論——社会的企業は良い仕事を提供すべきである

カラセックとテオレルは，良い仕事と悪い仕事を区別することは可能であると主張している。

　　未来の産業界において悪い仕事は，支払いも良く肉体的な労働条件もそう悪くないとしても，なお現代的な衰弱をもたらす怖さをはらんでいる。すなわちち，学ぶ機会のなさ，コンピューター化された監視，危険のなかに点在する倦怠，期待に反するレイオフ，無権利状態，社会的孤立，労働者間競争，顧客の真実の世界との接触の喪失等々である。良い仕事は，それらが人間的な発展の潜在力を与えるが故に良いのである。すなわち，学ぶこと，使用者に優しい道具，責任，話し合いによる要求，刺激的な挑戦の機会，相互教師としての共同労働者，創造的な業績の誇りある達成，労働者を再刺激するような消費者の成長等である。われわれは，賃金の増加，

労働時間の短縮,あるいは肉体的荒廃の排除等によっては,悪い仕事を良い仕事に変えることはできないのである[同上](傍点—原著)。

特に,社会サービスとヘルスケアに関して,彼らは次のように述べている。サービスのような財の生産の原理(あるいは柔軟な専門化)は,大量生産に対立するものとして,ヘルスケア(そして社会サービス)を再組織するために,古い大量生産のようなモデルの使用の増加からサービス産業を守る必要がある。その顕著な例をエンケデダーレン(スウェーデン)とマートランドクリニック(アメリカ)に見ることができるが,それらは小規模のヘルスケア単位組織であり,そこの職員は1つの患者と施設の協同介護戦略をつくりだす過程で同等のパートナーとして患者を遇するために再組織された。それには,糖尿病をどのように管理したらよいのかを学習したいという,あるいは(援助者と共に)高齢者センターに自らの活動を見出したいという積極的な顧客も含まれていた。——それらの労働者は,未知のニーズにかかわる患者の広い範囲の活動を援助しなければならなかった。このアプローチは小規模の官僚制のない単位でのみ成り立ち得るものであるかもしれない。そこでは,密接なコミュニケーションが非現実的な要求を取り次ぎそしてカタログにない方策を見出してくることができたのである。それらは確かに新しい仕事の要求であった。しかし,それらの医療労働者のなした挑戦は,生気にあふれ目的的な感じがする。われわれが述べてきたモデルは,生命を脅やかす重症の状態よりは常習的な疾患に多くかかわっている[同上:323]。

「良い」仕事は知的な要求を強め,発展の機会を提供し,挑戦的であり,自主的な選択の余地をつくる。良い労働条件のもとにあると分類された労働者は,1968〜91年の間スウェーデンのほとんどのところで増加している。他方,悪い条件のもとにある労働者は,同時期のほとんどにおいて減少している[Szulkin & Tåhlin, 1994]。経済構造の変化は,過去4半世紀の労働の性格の改善

に明白な確固たる貢献をしてきた [同上：114]。したがって，現に在る仕事の内容は，研究対象期間を通して相対的に安定した状態を維持してきたが，構造変化が仕事の平均的な質的向上の動きに貢献した。しかし，保育サービスの職員の労働条件の1990年代における変化，そして多分他の強い対人関係を必要とする公共的サービスの労働条件の変化もまた，高齢者ケアと同様に，劇的な予算削減に見舞われているが，彼らの一般的な考察からは外れている。多分それらの労働の要求増大は，また労働環境が改善の方向に向かう変化の最初の徴候として説明することができる。福祉国家の予算とその削減のバランスをとるのは，社会サービスを提供する公務員の労働環境にかかわる費用であるかもしれない。

　以下に考察する研究の経験的部分において，われわれはスウェーデンの社会的企業がカラセックとテオレルのいう完全な意味における良い仕事を提供していることを明示するであろう。心理学的な要求に加えて，それらの仕事は労働者に高い決定の自由度，労働者への高い社会的支援，そしてクライアントとの息の長い相互活動を提供する。しかし，それらの労働生活の特性は，スウェーデンの地方自治体の保育サービスを含む公共セクターサービスとしばしばかかわる職階制的官僚組織によるサービスの状態と，ここに示されたデータから見ると，明確なコントラストをなしている。したがって，この意味で社会的企業モデルは，社会サービスの仕事を能動的な，参加型の，相互活動的な仕事に転換していくのを助けるだけではない。社会的企業モデルは，また従業員の労働生活を活性化し，福祉国家を福祉社会へ転換していくのを助けるのであり，そこでは市民は共同生産者となることができるのである。

注

1）詳しくは236ページの注1）を参照。

第Ⅱ部　経験的考察

第8章　スウェーデンにおける社会的企業と労働環境

　この章では，労働環境と協同組合の社会サービスに関するスウェーデンプロジェクト，WECSSの主要な内容について要約して紹介する。まず，保育サービス施設を提供している社会的企業の拡大および発展に関してその概要を示し，次にWECSSに関する3つの研究計画に関して論じていくことにする。なお，その研究とは，組織研究，職員研究および〔保育にかかわる〕親の研究である。さらに引き続き，保育サービス施設を提供している社会的企業の変化指標であるWECSSの組織の研究に関してその概要を示し，最後にWECSSの職員の研究を概略的に紹介しつつ，すでに記した3種類の社会サービスの労働環境を比較検討していく。以上に関する資料は，WECSSの報告書「スウェーデンにおける社会サービス：労働環境の改善，共同生産者としての市民の力の向上，福祉国家の転換」[1998] のなかでさらにその詳細が示され、検討されている。

　ここではWECSSのプロジェクトを概略的にしか取り上げられないが，後の章でプロジェクトにおける2つの主要テーマに関してさらに詳細に分析していくことにする。第9章では，スウェーデンにおける公務員の労働環境の改善について述べている。また同章では，社会サービスおよび地方自治体の保育サービス施設における労働環境の比較を中心に論じている。第10章では，自らが求める社会的企業の共同生産者としての消費者の力の向上について述べている。

第1節　保育サービスを提供する社会的企業のスウェーデンにおける拡大および発展

　スウェーデンにおける児童保育に関する研究はまだ詳しいことを述べるほど進んでいない。0～6歳児のプレスクール活動および0～12歳児の児童保育では，現在規定の年齢に達していない児童がいる共働きの夫婦および学生は，公的資金援助および制度化された介護の両方を制度上では一応利用できることになっている。最近まで，公的資金援助を受けているアフタースクール活動の形は1, 2種類だけであった。児童は保育センターに入るか，「保育マザー」のもとへ通っていたのである。その後1990年代になり，大規模な制度改革[1]が実施され，学校へ通い始める年齢が7歳から6歳へと引き下げられた。地方の学校当局の多くはゼロクラスまたは幼稚園のようなものを，特殊学校ではレクレーション施設あるいはフリティッズヘム〔6, 7～12歳児童のレクレーションセンターあるいはアフタースクールホーム〕を設置してその動きに応えていた。

　今日，地方自治体における保育サービス施設は，プレスクール活動を提供する場合の主流となっており，たいていは15～20人の児童からなる4グループまでを収容する建物で実施されている。大部分の保育センターは，週5日，早朝から夕方まで開放されている。保育マザーは，地方自治体当局から認可されており，自宅で2～5歳の未就学児童に対し保育サービスを提供している。保育マザーは自分の子供を抱えている場合も多いが，自分の子供のケアをする場合でも報酬を受け取ることができる場合がある。近所の保育センターに空きがでるまで，保育マザーが提供するサービスに子供を通わせる親が多いが，小規模で家庭的な雰囲気を好んで，学校へ通い始めるまで保育マザーに子供を預けておく親もいる。

　児童保育は福祉国家スウェーデンの一大特徴として発展し，1930年代後半から40年代初頭にその端を発している。それ以前は限られた範囲で利用でき

るものにすぎなかった。児童保育はかつて，さまざまな非政府組織および財団ならびに多様な団体が提供するものであり，主に慈善活動，寄付などにより資金を調達していた。41年当時には347カ所の児童保育施設があり，13,700人の児童がいた。その半数以上は地方自治体の管轄内であったが，地方自治体当局が運営していたものはその10分の1にも満たなかった。46年までには，児童保育施設にいる児童数は18,250人に達した。その後の児童保育の発展は緩やかなものであった。

　1970年代初頭，国会でプレスクール法が通過し，地方自治体の保育サービス施設を5年間で拡大させていく意欲的な目標が定められた。しかし，地方自治体の保育施設を拡大させていくという方針が政府および地方自治体当局により承認されたにもかかわらず，国家財政の緊縮により，新たなサービスへの要求の増大についていくことすらできなかったのである。74年までに約62,000人の児童が保育サービス施設に加入しており，そのうち約30カ所の保育施設で親が協力し，300人近くの児童にサービスを提供していた。80年までに10万もの児童保育施設を新たに開設する目標を目指したが，一般の人々による努力にもかかわらず，そのうちの5分の2にも達しなかった。このような状況のもとで，新規の施設の担い手は「マーケット」へ入ることを奨励された。85年までには，266,000人の児童が保育施設に入り，そのうち1,300人の児童は「親協同組合」による約100カ所の保育施設に通っていた。

　当時，協同組合による保育施設の（再）出現によって，活発な議論が沸き起こっていた。親協同組合による保育サービス施設は，その大部分が1970年代後半から80年代前半にかけて開設され，地方自治体の保育施設では不可能なモンテソーリ（Montessori），エミリア地方（Regio-Emilia），ウォルドーフ（Waldorf）らの独自の教育哲学が実践されていた。地方自治体のサービスにおける教育哲学に満足できない親がしばしばこのような哲学に感化されていたのである。ある場合には，地方自治体の保育サービス施設自体に教育理念が欠落していると当時の親が考えていたのであろう。ボランタリィ組織が法的地位を獲得したことは，このような親協同組合の第1波といえるものであった。とい

うのも，それらは，85年以前では，公的資金援助を受けることができた唯一の民間保育サービス施設であったからである。

　また，地方自治体の特権を得るのにあくせくするよりも，社会的権利こそ保育への近道であると親は考え始めていた。1985年，親協同組合の第2波が到来する。法律の改正によって，親が経済アソシエーションを創設することができるようになり，さらに地方自治体の保育サービス施設と同等の公的資金援助を受けることが可能になったのである。87年までに，親協同組合による保育サービス施設はほぼ2倍に膨れあがり，3年後にはその数が500に達した。この劇的な増加は当時熱い議論を呼んだ。「特権的」で自分たちの要求を口にできる高学歴の親だけが，このような保育の準備に参加することができるのだと，当時また現在でもしばしば批判されている。労働組合運動，特に地方自治体職員の組合は当時一般的に，親が保育サービス施設の準備の際に正当な担い手として参加することに対してあまり好意的な目を向けていなかった。

　児童保育改革に関する議会の委員会は，1991年までに全児童にプレスクール（活動）を実現するための対策をいかにつくりだすかについての結論を提示した［SOU，1990：80］。そしてそれは，社会サービス法を改正し，93年までに生後18カ月から就学年齢（7歳）までの全児童に対して，保育施設に通う法的権利を付与すべきであると勧告した。プレスクールに通う7歳以下の児童の数は75年から94年の間に急速に増大し，その数は25万人以下から約56万人までに達した。この間，0～6歳児全体に対する割合は，14％から51％[2]とほぼ4倍増した計算になる。保育サービス施設に加入している7歳以下の児童数は75年では約66,000人であったのに対し，95年では約34万人まで増大した。これは20年前の5倍以上の数字である。同時期に増大した0～6歳児全体に対する割合は8％から39％にのぼった。さらにプレスクール対象年齢に達した児童の11％が，保育マザーが提供するサービスに通うようになっていた。

　1991年の総選挙で勝利したブルジョア政権は，保育に関して新しい方策をいくつか打ち出した。保育の「自由開設」に関するそれまでの規制を撤廃し，92年から，先進的な民間の商業的企業であっても保育サービス施設の運営に

対する公的資金を受け取ることができるようにした。93年からは，地方自治体当局が社会サービスを開始する場合でも，これまで以上に自由に管理できるようにした。一括した額で政府から資金を受け取り，社会サービスの種類を問わず利用できるようにしたのである。現在では地方自治体も資金の有効な活用方法を自由に決定し，特定の活動や要求に関する国の規制や制限を受けることがなくなった。これにより政府による直接的な影響力の排除に成功し，公的資金を通じて児童保育の有効性や特徴を伸ばすことに成功した。また，アフタースクール活動も親が仕事をもっている児童は10歳または12歳になるまで，学校にいる時間帯の前後に利用できる制度である。

　民間による保育サービス施設は，「代替的」サービスまたは「個人運営」サービスとしてよく知られており，1985年以降に劇的に増大したものである。88年には，人々の要求に適う政府の援助を受けている民間の保育センターの数はたった500カ所しかなかったが，95年末には約1,900もの数に達した。これは3.5倍の数字である。民間の保育センターに通う児童の数は88年では8,500人であったのに対し，95年末には39,000人に増えている[3]。これは約5倍の数字である。95年末の平均値では，8分の1の児童が通う保育センターは民間の保育サービス施設である。しかしながら，地方の地域格差には注意すべきである。ウプサラ地方では児童の約4分の1が民間の施設に通っているのに対し，ヴェステルボーテン地方北部では約20分の1にすぎないのである［SoS, 1996］。

　民間の保育サービス施設を注視すると，活動の組織化および運営にはさまざまな形態が採用されていることがわかる。親協同組合，ボランタリィ組織，労働者協同組合，専門教師による組織，以上のような組織または「別の」組織の連合体などである。1995年には，「個人運営」または民間の保育施設のほぼ3分の2が，親または労働者協同組合またはボランタリィ組織のいずれかから協力を得ている。同じく95年には，半数以上，1,016もの民間の保育サービス施設が親協同組合により組織されていた。労働者の協同組合による保育は91年末に始まった新しい形態であり，当時から95年までの間にその数は13から

157にまで増加した。95年には，民間の保育センターおよびアフタースクールホームが250カ所存在し，そこにはモンテソーリ，レジオ・エミリア，ウォルドーフといった独自の教育手法が採用されていた。自らを「親協同組合」と呼んでいたが，たいていはボランタリィ組織や基金団体で構成されていた。92年当時，スウェーデンの教会の教区では47カ所の保育センターが運営されていた。さらに，「親協同組合」にはスウェーデンの教会に関係しているものもあり，それは法的にはボランタリィ組織の形をとっていた。

　民間の保育施設の法形態は1995年に明確な形で確立した。それらの半分以上は95年に経済アソシエーションとして登録された。協同組合の保育施設の4分の3が経済アソシエーションとして自己のサービスを登録しており，これは協同組合に好まれた形態でもある[4]。保育サービス施設を提供するボランタリィ組織の数は90年代に減少し，民間の施設の割合は3分の1から4分の1へと落ち込んだ。近年，経済アソシエーンョンとして再登録する向きもあるが，伝統のある組織は依然としてボランタリィ組織の形で運営されている。近年，「世界的キリスト教会財団（ecumenical foundations）」という新たな形態が急速にスウェーデンの教会の好ましい形態となっており，95年には115の組織が登録されている。92年に初めて営利目的または商業的目的で個人運営の保育を登録できるようになった。92年から95年の間に主に南スウェーデンで，商業的組織の数が41から215へと3倍以上に増加した。

　地方自治体の保育施設の平均的規模は，親協同組合による保育サービス施設の規模の2倍であり，それぞれ42人，20人の児童を収容している。保育サービス施設を提供する個人運営の営利企業が親協同組合に近い規模である一方，労働者協同組合による保育サービス施設は親協同組合と比べて約1.5倍の規模である。地方自治体の保育サービス施設では民間の場合よりも多くの職員数を要するが，親協同組合では親の参加によって不足分を補い，職員の負担を緩和している。

　報告書によるとストックホルムの場合，1995年の時点で親協同組合の組織数は200である。89年から90年の間に親協同組合は，ストックホルムにおけ

る保育の増加の主流を占めていた。地方自治体の保育サービス施設が近くに無いことが主な理由である。地方自治体の施設以外には親が保育施設を利用する機会はほとんどなかったのである。この理由として，地方自治体の条例に兄弟姉妹特権が存在していたことと，労働力市場の「加熱」があり，これらの理由により第一子がストックホルムで保育施設に通い難い場合が多々あったのである [Sundell, m, fl., 1991]。90年および91年のストックホルムにおける協同組合による保育の総合研究 [同上] によると，親協同組合は小規模であることが多く（1，2部局構成），自力で児童を募集し，地方自治体の保育よりも短い時間しか利用できない状態にあった。同じ現象はスウェーデンの別の地域でも見ることができた。ストックホルムにおける親協同組合による組織には，社会経済的地位の高い親や両親が揃った家庭が多く，地方自治体の保育所よりも外国人の数が少なかった（本書第10章，親の社会的背景を参照）。

1990年代の地方自治体における予算削減により，地方自治体による保育サービス施設の質は急激に低下し，児童数に対する職員の割合も激減し，臨時傷病手当もほとんど出ないといった状況にあった。こういった地方自治体によるサービスの質の変化を親が黙って見過ごすことはなかった。WECSSが親の研究で示しているように，親は改善策を模索し始めた。したがってこれは，地方自治体の動きの先手を打つことを意図した「先走り」といった問題でも，地方自治体によるサービスと歩調を合わせられない親の問題でもなかった [Antman, 1996]。むしろどちらかといえば，地方自治体のサービス不足，予算削減，サービスの質の低下こそが，地方自治体のサービス自体を低いレベルに閉じ込める要因であった。サービスの質が低下した場合，深刻なリスクが発生し，他に行くあてのない親だけが地方自治体当局が提供するサービスを利用し続けることになる。そうでなければ，親は同じ境遇の人々と協力し合い，どうにかして別のサービスを見つけだすか，あるいはつくりだすことになる。このようにして，原因それ自体ではなく，予算削減やサービスの質の低下の徴候や結果が，多くの民間による保育サービス施設を噴出させるのである。

1995年末の時点では，地方自治体の保育施設と民間のサービスとの経費の

差は，約10〜15％であった。民間に比べ地方自治体の平均的な資金調達額は，95年の数字で児童1人当り年51,420スウェーデンクローネに達している。一方，地方自治体の保育サービス施設を運営するのにかかる総額は，児童1人当り年70,309スウェーデンクローネである。この差は親が支払う金額によるものであり，これは後者の数字に入れられるものであって前者ではない。以上の数字は，保育サービス施設にかかる総経費の12〜15％に相当する。残りに関しては，民間のサービスの一形態である労働債基金に頼っており，親協同組合のほぼ全額（98％）が労働債や親の協力で賄われている。たとえば，資産管理（94％），掃除・洗濯（74％），食事の支度（31％）といった具合である。しかしながら，別種の個人運営の保育サービス施設のうち5分の1以下（17％）は親の負担に頼りきっている。1カ月当りの親の負担は，親協同組合では，児童1人当り月4.5時間となり，労働者協同組合では児童1人当り月0.8時間，さらに別な個人運営の保育サービス施設では児童1人当り月0.3時間となっている。これは，各保育施設に対して親協同組合では年平均61時間という計算になり，さらに労働者協同組合で13時間，他の民間の組織で7時間という計算になる[Socialstyrelsen, 1995]。雇用された職員が多いというような民間の保育サービス供給とその他の差異は，地方自治体と民間の保育サービス施設にかかる経費の差異をある程度説明する（第9章において詳述）。

第2節　労働環境と社会的企業に関するプロジェクト

　われわれは，社会サービスを提供する社会的企業の労働環境を考察するために，調査方法を最重視して実地調査を計画し実行した。当初は種類の異なる社会サービスをいくつか研究する予定であったが，実際的な理由により，保育サービス施設に絞って研究を進めることにした。そして，スウェーデンの6カ所の地域で保育サービスを提供している社会的企業を研究対象に定め，広い地理的基礎をもつことにした。すなわち，イョーテボリと，ヤムトラント，マルメ

ヒュース，ストックホルム，ウプサラ，ヴェステルボーテン地方の6地域である。第1段階として，以上の6地域における民間の保育サービス施設のほぼ全て，またはこのようなサービスが提供する計278の社会的企業を対象とし，任意にサンプルを抽出した。このうちの5分の3，166の組織が調査への協力に好意的であった。第2段階として，調査の協力に好意的である組織を対象にして，さらに57の保育サービス施設を任意に抽出し，その結果29の保育センターを選定した。このうち21の興味深い事例は第1段階で得られた補足的情報を基準として選定され，7のストックホルムの労働者協同組合は評価されている研究を基準として選定された（詳細は [Pestoff & Cullstorm, 1994]）。

今回の調査におけるサンプルの内訳は，保育サービスを提供する24の親協同組合，16のボランタリィ組織，17の労働者協同組合といった異なる3種の社会的企業である。プロジェクトの性格が多様性を失わないように，社会的企業それ自体にかぎらず，その職員や顧客にも研究対象を広げていくことにした。こうして，57の協同組合による保育センターを対象とした組織研究，同組織の244人の職員を対象とした研究，および同じく57の保育センターに児童を通わせている580人の親を対象とした親の研究，以上3つの異なる研究を平行して進めていった。大部分の関係者の自宅を訪問して57の保育センターの責任者にインタビューを行った。ヤムトラントやヴェステルボーテンに住んでいる人には，実際的な事情から電話でインタビューを行った。自宅を訪問した際に併せて，規約，予算，地方自治体などの契約体系に関する書類を収集した。職員および親の研究に対する質問は保育センターの責任者に送付と回収をお願いした。回収率は，親の研究が70.4％，職員の研究は81.7％である。なお，3種のWECSSに関するデータの大部分は1994年当時のものである。

調査の第2段階において，種類の異なる社会サービスを提供する社会的企業に関する研究を継続しようとしたために，時間，資金，および選定したことによる全体像と掌握事項との有効性といった深刻で現実的な壁にぶつかった。しかも，研究の準備段階では，今回の質問に応じてくれたヤムトラント北部地域における協同組合の障害者介護，高齢者介護および基礎健康介護にまで手を広

げていた。だが実際には，以上のような研究を終わりの段階では完全に遂行することはできなかった。

われわれは，プロジェクトの素案を練る際に，可能な限り現実的な調査となるように心がけた。国の内外を問わずよく知られているスウェーデンの諸センターに接触し，平素彼らが突き当たる問題とは何かを探っていったのである。このような手法によりわれわれと彼らの仕事が比較検討できることを期待している。ここで扱っている3種の研究に関する調査手段に関しては以下の面に配慮している。

a) 組織研究——さまざまな活動場所における物理的側面および組織的側面の両者を調査し，それぞれの活動場所における物理的性格，職員就業率，組織構造，組織内の相互活動，経済的側面，および関係地方自治体当局の相互活動に関する問題をもその対象とした。

b) 職員研究——職員の物理的，労働心理的労働条件に対する満足の度合を調査し，意思決定過程における職員の参加にも注目した。2種類の質問（その1つは労働者協同組合，もう1つは親協同組合とボランタリィ組織）によって，社会的企業における物理的，労働心理的労働条件に関する職員の評価を調査することにした。地方自治体が運営する保育施設における労働心理的労働環境が関係する場合，比較可能な過去に出された質問もこれに含めた。

c) 親の研究——クライアントの視点から見た状況を，保育サービスを提供する社会的企業におけるクライアントと職員の相互活動，および保育の社会的企業のなかから選択をする場合の理由に注目して調査した。比較可能な過去に出された質問もこれに含まれている。労働者および消費者協同組合にはそれぞれ，種類が異なる質問をしている。

第3節　保育サービスを提供する社会的企業の諸指標

この節では，WECSSプロジェクトの組織研究を形成する57の保育協同組合

第8章　スウェーデンにおける社会的企業と労働環境

の責任者から得られたインタビューとその際に収集した文書の両者をもとにしている。後者の場合には，分離された予算の研究および地方自治体の規約の研究に触れている。ここで，新たな社会的企業を開始した時期，場所，理由および方法から論じていくこととする。異なる3種の協同組合による保育サービス施設の開始に関して明確な違いをいくつか検証してみた。初めて親が保育サービス施設を経済アソシエーションとして運営することが認可された1985年当時以前にサービスを開始したものは，サンプルとした協同組合による保育サービス施設の10分の1にすぎない。サンプルの5分の2以上が85年から90年の間の時期に位置している。さらに，サンプルの約半数は90年以降の開設である。組織の種類でみると，ボランタリィ組織の4分の3が91年以前の開設であり，親協同組合の3分の2が85年から90年の間である。一方，労働者協同組合の10分の9は90年以降である。

　保育サービスを提供する社会的企業とはまず，都会の現象[5]であり，サンプルの5分の3はストックホルム，イョーテボリ，マルメといった3カ所の主な大都市地域から得られたものである。しかしこのような都市化の点で，3種の社会的企業には明らかな違いがある。親協同組合の5分の3およびボランタリィ組織の3分の2が，すでに挙げた3つの大都市のいずれか，またはその近郊を拠点としている。一方，労働者協同組合の場合は5分の2にすぎない。労働者協同組合の形態は，保育サービスを提供する社会的企業の残る2つの形に比べて明らかに地方を基盤とする傾向がある。

　地方の地方自治体当局と社会的企業との間の関係では，民間によるサービスの発達という点に注意しなければならない。このような関係では特に，新規のサービス開始時における公的支援の度合，および現在のその関係の特徴といった2点が興味深い。自治体当局と社会的企業の間には開始時に積極的な協力をする傾向があることが判明した。保育サービス施設に対する公的支援を規制する法律の改正後から，まず親の，のちに従業員の経済アソシエーションも保育サービス施設に関する公的資金の受給資格を得ることができるようになった。これによって社会的企業の保育施設の数が劇的に増大した。社会的企業の保育

施設の10分の9以上が親および従業員の手で開設された。その内4分の3は地方自治体による無料のサービスであった。つまり，サービスを提供するよう工夫を凝らし，地方自治体当局の手が届かない地域[6]の要求にも合致する工夫をしたのである。一方，8分の1は従業員によって，既存の地方自治体によるサービスを「引き継ぐ」形で開設された。これは従業員が自分たちの仕事を守ろうとする防衛反応ともいえたが[7]，既存の地方自治体によるサービスを「刺激する」効果もあった。

　地方自治体のサービスの負の側面として，サービスが単に不足していたり，地方自治体によるサービス（の融通のなさや官僚主義）を避けようとする意思が，保育サービスを提供する社会的企業を開始する際の理由としてしばしば口にされてきた。しかし，その多くの場合，独自の教育を進めようとしたり，親の影響力を強めようとする積極的な動機こそ，以上のような新たに保育センターを開設する際の理由であった。こうして，地方自治体当局が人々の要求に応えようとして失敗したり，協同組合による保育を積極的な態度で進めていくことができなかったことにより，親は乳幼児に対する要求を達成しようと新しい形態を増加させていった。

　保育サービスを提供する社会的企業は，たいてい開設当初に地方自治体当局から積極的な支援を受けてきた。そのうち4分の3は自治体当局から直接的な資金援助を受け，また5分の4が特別な「開設資金」を受け取っていた。さらに，全体の半数が開設方法に関するアドバイスや補助的な支援を自治体当局から受けており，一方，まったく支援を受けていない事例はたった4分の1にすぎなかった。また，5分の3が自治体当局から既存の施設を引き継いだり，新しい施設を譲り受けていた。その3分の2は運営当初は建物が良い状態にあったと明言している。社会的企業の半数以上が自治体当局が設定する保育サービス施設の教育方針に従っていたこともつけ加えておこう。

　以上の内容から，開設時における保育サービスを提供する3種の社会的企業の全体像が浮かび上がる。親協同組合による保育サービス施設は主に1985年から90年の間に3カ所の大都市の中から確立した。地方自治体の保育サービス

施設の不足と親の影響力の増大を受けて，新たなサービスを提供しようと親自ら手がけていったのである。開設時には地方自治体当局および地域協同組合支援組織（region cooperative development agency）から支援を受けていた。大部分は12〜18人の児童を単位とする小規模な施設であったが，親にとってはこの規模にこそ魅力的があった。ボランタリィ組織は主に3カ所の大都市のなかから始まったが，他の保育サービスを提供する社会的企業の大半は70年代にすでに始まっていた。地方自治体のサービスが不足していたことから，親と独自の教育方法を促進する職員が力を合わせて新しいサービスを提供していった。自力で開設まで漕ぎ着け，次第に施設を拡大していったのである。労働者協同組合の保育サービス施設は90年以降に地方を中心に始められたものばかりである。主に新しいサービスを提供したが，なかには地方自治体のサービスを引き継いだものもあった。職員を中心に地方自治体の保育サービス施設の官僚主義をなくし，独自の教育方法を促進していた。開設時には地方自治体当局および地域協同組合支援組織から支援を受けていた。次第に施設を拡大し，12〜15人の児童を単位として4〜5グループを擁するまでに至った。

しかしながら，1994年における地方自治体当局との関係の特徴に目を向けると，様子はかなり違っている。第1に，地方自治体の運営規約が非常に多岐にわたっていた。つまり，保育サービスを提供する社会的企業を申し出る場合，親の支払額，地方自治体の助成金，児童の募集方法などで同じ運営条件の地方自治体は1つとしてなかったのである。このため地方自治体と民間の保育サービス施設を比べようとしても結果は満足いくものになり難かった。たとえば，保育サービスを提供する2つの社会的企業は，運営規約の同じ所がただの1つもないのである［Hansson, 1995］。

第2に，以下に示すように社会的企業と地方自治体当局の日々の関係は希薄である。3分の1が地方自治体当局，他の保育サービス施設センターとのどちらとも機能的な関係になく，約半数が地方自治体当局と仕事上の関係を築いているにすぎず，地方自治体の保育サービス施設についてはそのような関係はないのである。一方，地方自治体当局や地方自治体の保育施設の両方と仕事上の

関係があると述べているところはほんのわずかである。しかし，われわれのサンプルの4分の1で情報が欠落しており，そこには「批判的な」記述をすることにためらいがあることに注意しておこう。

このように，成り行きやセミナーにおける散発的な話し合いは別として，社会的企業に携わる職員が保育施設で同僚と定期的に話し合いをする機会はまったくといってよいほどない。しかし，保育施設が他にほとんどないような場所で特に小規模の施設においては，社会的企業は孤立化しているようである。大都市地域では，職員の一部は，独自の教育理念例えばモンテソーリ等を掲げる地方の組織の定期的な会合に参加したり，民間の保育センターのための地方の利害団体の会合に出席していると述べている。

いうまでもなく，保育サービスを提供する社会的企業を以上のような定期的な会合から排除したりすれば，それらはそういった会合によって契約を実行するための情報や地方自治体当局に対する義務を果たすために必要な情報を得たり，質の高い保育サービス施設を維持していく手助けとすることがきわめて困難になる。社会的企業が専門分野の進歩や法律の変化などに歩調を合わせていくのは容易ではない。反面，地方自治体が民間のサービスの進歩に遅れをとらないようにし，民間の活動を気に留め，質の高いサービスを維持していくことも非常に難しい。このような保育サービス施設は小規模で単一の施設で提供されている場合が多く，専門家の力が必要とされているが，そのような必要な人材が不足しており，困難な状況に陥っている。

地方自治体当局との折衝や関係を改善するためには，情報交換のためのシステムや定例的な機会の形態を見出し，協同組合形態や採用した独自の教育手法への理解を深めるべきであると責任者たちは主張している。また，「質の高い情報を」，「機能性の高いネットワークを」，「すべての人にネットワークを」「保育センターの責任者を月例会合に参加させよ」，「もっと学習をする機会を」などという声もある。

さらに，保育サービスを提供する社会的企業の半数以上が，地方自治体の監督責任のある部局から査察や管理をいっさい受けたくはないと明言している。

一方，残る半数は時折呼び集められていると述べている。だが，ここでも4分の1の回答を集めることができなかった。社会的企業の大部分は，年次総合報告書および収支報告書を関係地方自治体当局に提出しており，これが唯一の地方自治体との結びつきである場合が多い。時折質問書に記入して返却する場合もある。また，自治体当局による査察や管理を最低限にしていこうとする人々の姿勢を嘆く声もある。こうして，現状では自治体の監視や監督の質に疑問が生じていることは明らかである。自治体当局に対して年次総合報告書を提出したり，質問書に年に1度回答することは，責任のある自治体当局との間に現地視察や定期的な顔を突き合わせた会合があることからみれば，かなり嘆かわしい事態なのである。

3分の2以上の社会的企業では保育サービスの順番待ちの名簿を管理しており，8分の1以上が加入の順番待ちをしている児童の名簿の作成を地方自治体当局に頼っている。一方ほぼ同じ割合が，順番待ちの列がすでにできているのに，地方自治体の公共的な順番待ちリストから児童を加入させている。

組織研究の別な面に目を向けると，親の参加や労働する義務はたいてい行政上，現実上，社会上の問題に限定されていることがわかった。これらは，ごく限られた場合を除いて，教育的活動には入らない。親全員あるいはその一部は，親協同組合による保育施設の役員会に出席し，協同組合の運営に対して正式な監督責任のある立場にある。行政上の責任の大半は役員会に選ばれた親が生み出すものである。5分の2近い親協同組合やボランタリィ組織では，定期的に保育施設の建物を清掃・修理したり，あるいは別な形で同施設の運営・維持に貢献するように計画されている。労働者協同組合の大部分ではこういった親参加の活動がどれも不足している。

協同組合は，普通年次総会におけるメンバーの投票権や役員の選出権によって民主的に組織が運営されている。しかし，だれが協同組合のメンバーになるかは，問題になる協同組合のタイプに部分的に左右される。従業員は大抵は親協同組合の保育施設のメンバーになることができた。特に該当する保育施設に自分の子供が加入していた場合そうであった。しかし，社会的企業の規制によ

ってこのような対応が法律上不可能となった。ボランタリィ組織の3分の2では従業員をメンバーから締め出し，親協同組合でも同じ事が起きた。労働者協同組合では，職員でメンバーが構成され，選挙・被選挙権のどちらももっていたため，職員が自動的に役員会を代表するようになった。少数の親協同組合やボランタリィ組織では職員に代表権を認め，職員に投票権を与えていた。しかし，職員の代表は保育センターの責任者になれない規制がある場合が多く，必ず責任者に投票権が与えられるわけではなかった。親協同組合やボランタリィ組織の半数以上では，職員に対し何らかの代表権を与えていたが，職員に投票権を与える場合は全体のうちわずかにすぎなかった。

1993年度予算の考察で判明した数字によると，協同組合の保育センターへの平均的な政府による補助金は1993年で年57,260スウェーデンクローネ，平均的な親の支払い額は年10,910スウェーデンクローネである。地方自治体当局は協同組合による保育運営経費の84％，親の支払い額の16％を助成している[Onn, 1995]。これは全保育施設の場合のそれぞれ85％，15％という数字に匹敵する [Konkurrensverket, 1993：37]。地方自治体当局の支払い額，およびそれよりもずっと低い親の支払い額は，建物の賃貸料の額に非常に左右されやすく，地方よりも都市部のほうがずっと高い割合を示している。地方自治体当局は通常保育サービス施設の名目的賃貸料を支払っていた。

最後に，労働環境のさらなる研究における諸指標に関連して，社会的企業の5分の2で「かなり低い」割合の無断欠勤が記録されていることに注目した。労働環境の調査，特に保育サービス施設を提供する労働心理的労働環境の調査対象については4分の3に達している。この点に関しては次節で扱っている。

第4節　保育サービスを提供する社会的企業の労働心理的労働環境

ここからは，WECSSのプロジェクトに関する職員の研究の主に経験に基づいた結果を要約している。スウェーデンの異なる6地域からほぼ無作為に抽出

した，保育サービスを提供する57の社会的企業に従事する244人の職員へのアンケートから得た情報のうち最も重要なものを示していく。以上のような保育施設を，消費者協同組合，ボランタリィ組織，労働者協同組合と，運営方法に従って3種類の異なる分野に分け，そこから得た回答を比較している。

労働環境およびスウェーデンにおける社会的企業に関する以上のような研究の基本的なものは，労働心理的労働環境に関する要求・自己管理・支援のモデルであり［Karasek & Theorell, 1990］，第7章において詳述した。このようなモデルにはいくつかの側面や範囲があり，それぞれは労働環境を理解するうえで重要である。要求，自己管理のモデルといった2つの側面は，労働心理的労働環境を調査する出発点になっている。社会的支援がこのモデルに加えられる。クライアントとの相互活動，業務上の安全といった他の面は，このモデルにさらに複雑さを加える。心理的な要求の面は，早く集中して働かなければならないといった過度の労働という内容から成り，一方，労働者の自己管理は，仕事に関する大きな不満，意思決定の自由，新たな技能の継続的習得，仕事の多様性などといった決断の自主性や技能面の行動の自由と関連がある。

心理的な要求と職員による自己管理の両者または決定に関する自主性のモデルには，すでに見てきたように，1）高い緊張を伴う仕事，2）能動的な仕事，3）低い緊張の仕事，4）受動的な仕事，といった次元の高低がある。まず，初めの2つに注目し，社会的企業がストレスの高い仕事を意欲的な仕事へと変え得る条件や方法を検討していくことにする。高い緊張を伴う仕事は要求と関連性が高く，自己管理とは関連性が低い。また結果として疲労，不安，うつ状態，体の病気などといった心理的ストレスを生み出す。能動的な仕事とは，消極的な心理的緊張なしに，水準の高い実行力があり，程度の高い自己管理を必要とするものである。このような仕事によって，健康と生産性の両者へとつながる学習や成長を結果としてもたらすのである。活動の最善の方策を決定する自由を与えられると，その人物は効果的な解決を見出すことができるのである。男性であれ女性であれ，うまくいっている場合はそれを強化し，失敗した場合には変更をすることができるのである。女性の多くは伝統的にストレスの

高い仕事をしている場合が多く，一方，男性は明らかに能動的な仕事を独占しており，高収入や仕事への満足感を得ている。

　社会的企業や協同組合は，国内の社会的・政治的過程の力によって，決定に関する自主性または仕事の自己管理を拡大し，意思決定過程への従業員の参加を促進してきた。そのため，それらは高い緊張を伴う仕事を能動的な仕事へと変容させる力となっているのである。保育サービスは，たくさんの幼い児童と働かねばならないので，心理的に厳しい仕事の典型である。地方自治体の施設から社会的企業へサービス提供を移していくような組織的モデル等々の変革とは，職員が仕事の内容，方法，時期に関する自己管理を徹底することを意味している。

　以下の展開では，要求・自己管理・支援のモデルの種々の側面に関して個別に考察していくことにする。すなわち，心理的な仕事の要求，技能面の行動の自由，決定権，共同決定，労働での社会支援である。その後，被雇用者と雇用者の関係およびクライアントの相互活動，モデルに注視するだけでは得られない面へと論を進めていく。さらに，表面的にはわからない点にも注目し，上記の諸要因が，職員の健康状態，サービスの質，労働環境に関する職員の検討，彼らの社会的企業や仕事全体の満足に関する将来的展望に対して有する潜在的な影響力のいくつかに注目する。社会的企業の3つの違ったタイプのわれわれの比較には力みがちなところがある。しかし，ここで考察された社会的企業の3つのタイプの間にはいくつかの基本的な対照的特徴があることを明らかにし，労働心理的労働環境の差異にかかわるいくつかの結論を導き出した。

　第1に，保育サービスを提供する社会的企業の職員に，他の協同組合と直接交流をしたことのある者がほとんど皆無である点に注目した。3タイプの社会的企業のなかから現在の仕事を選んだ際の理由が職員によって異なっている点に注目したのである。いずれの職員も「意味のある仕事に就きたかった」と述べ，この点を重視して仕事を決めている。さらに，親協同組合や労働者協同組合の職員は，「職員の影響が増大したため」と述べ，これが先ほどの理由に次いで重要としている。一方，ボランタリィ組織の職員は，「独自の（教育理念

的）面」を優先し，これが保育サービスを提供する社会的企業に従事する仕事を選ぶ際の理由の第2位に挙げられている。

　心理的要求に関する自己評価を要約すると，3タイプの社会的企業に従事する職員に共通する点がいくつか見られた。彼らが口にする心理的要求の水準は似ており，不満の水準も似通っていた。しかしながら，それらの3者の相違点も別な場合では見られた。労働者協同組合の職員は仕事に多様性がなく，大きな責任が伴う仕事を任されているわけでもなかった。職員は仕事に縛られ，自由が利かない状況にあったのである。さらに，仕事が山積みで，厳しい骨の折れる仕事に従事していた。しかし，他の2タイプの保育サービス施設の職員に比べ，労働者協同組合の職員は経営にかかわることが比較的可能であり，仕事の評価もされており，自分たちが携わる社会的企業と方針が一致している場合も多いのである。

　労働者協同組合で働く職員の心理的要求の側面には，自分たちを雇用しているのは自分たち自身であり，保育サービス施設の成功や失敗の責任は自分たちにあるという事実が明らかに反映されていた。対照的に，親協同組合で働く職員の心理的要求の側面には，親が被雇用者でありクライアントでもあるという組織の性格が反映されている。親協同組合では，経営に参加している職員はほとんどいなく，親やそれ以外の人々は仕事を評価された経験がまったくといっていいほどないと不満を漏らしていた。ボランタリィ組織の職員の大部分は，仕事に多様性があり，自由に仕事をしているが，責任が重いと述べている。一方，仕事が多すぎたり，肉体的につらく骨の折れる仕事をしていると漏らすものの数は少なかった。しかし，これは，社会的企業自体に疑問をもつ者の数が少なく，理解を示す者の数が多いということでもある。

　ここからは，保育サービス施設にとって重要な12カ所の地域における，自己啓発，重要決定事項に対する意思決定権および参加，共同的，個人的影響力等のいくつかの指標を考察していく。この研究における大部分で，労働者協同組合の職員は意識の高さや積極的姿勢をその特徴としていた。彼らは自己啓発や意思決定権の能力が高く，他の2タイプの協同組合による保育サービス施設

の職員よりも重要な決定事項に頻繁に関与していた。さらに，共同的，個人的影響力に関してもこれまで検討してきたなかで，抜きんでた特質を示していた。彼らの組織は，職員への権限委譲を促進したり，責任者や所有者と職員の役割を統合するといったように独自性が強いので，この結果は十分予想できることでありまったく疑問の余地がない結果でもあった。このように労働者協同組合の職員は，労働者協同組合モデルと一般的に結びついている，技能面の行動の自由，意思決定権，合議決定制度の効力によって，ストレスの高い仕事を能動的な仕事へと変えていく機会に恵まれているようである。

親協同組合やボランタリィ組織のどちらの職員も個人的影響力が弱いと報告されていたが，親協同組合職員の方が共同のあるいはグループの影響力が最低である場合が多かった。職員の影響力に関する全体的な印象としては，労働者協同組合が高く，ボランタリィ組織が中位を占め，親協同組合は最低であった。

社会的支援の点に関して，3タイプの保育サービス施設の間に大きな差異は見られなかった。どの保育サービス施設の職員も，上司や同僚から同程度の社会的支援を受けていた。したがって，3タイプの社会的企業の全てにおいて「労働者の参加」が進んでいく機会は同程度であるようだ（詳細は第7章を参照）。

雇用者と従業員の関係そしてクライアントの相互活動あるいは親と職員の協力の補足的な面に目を向けた場合，協同組合モデルの独自的状況として，従業員，職員，クライアントの関係が急激に変化している点に留意すべきである。従業員，雇用者，クライアントの3者からなる一般的なモデルは，3者のうち2者の役割が統合されたところでは，2者のモデルに置き換わっている。2つの明らかな例としては，消費者と労働者の協同組合が挙げられる。前者では，消費者あるいはクライアントが雇用者となっている一方，職員の立場は概して変化していない。後者では，職員が自ら雇用者となる一方，クライアントの役割は概して変化していない。ボランタリィ組織は職員とクライアントの両方が同組織のメンバーになり得たことから，それら2つの協同組合間のどこかに位置

し，役員会に代表として加わったり選出されたりすることによって，いまや雇用者の立場ともなるのである。こうして，協同組合における職員と雇用者の関係は，公的あるいは民間セクターにおける雇用者と従業員の関係の中には通常は見出せないような諸相を見せている。予想できないことではないが，労働者協同組合の職員は，従業員つまり彼ら自身との関係が最も良好であり，親協同組合やボランタリィ組織の職員はほとんど満足のいくような関係にはなかった。

　労働者協同組合に親が参加するケースは稀であったが，親は期待や理解を熱心に示し，自分たちの要求を慎み，干渉をせぬようにしていた。一方，ボランタリィ組織の職員は他の2タイプの保育サービス施設よりも多くの親の参加，要求や干渉を経験していた。ボランタリィ組織や親協同組合ではより進んで生産者とクライアントあるいは職員と親との積極的な交流を進めていた。また，ボランタリィ組織は親と職員のコミュニケーションを積極的に推進していた。親協同組合の職員は，親との協力の効力に意欲的な態度を示すことはあまりなかった。親の参加によって生まれる保育サービス施設の変化の可能性に関して，ボランタリィ組織の職員は極めて積極的であったが，労働者協同組合は通常あまり積極的ではなかった。

　労働心理的労働環境の可能性のある成果へと目を向けると，肉体的苦痛，ストレスおよび精神治療学上の症状に関して，労働者協同組合で働く職員がそのような症状を訴える割合は，大部分の項目で他の2タイプの保育サービス施設に比べて著しく大きいことが注目される。他方で，親協同組合の職員やボランタリィ組織のそれに相当する職員の場合，残る2タイプの保育施設に比べて半数の項目において示される割合はたいてい少ないのである。労働者協同組合で働く職員は，他の2タイプの保育サービス施設職員よりストレスの症状を示す場合が多く，大きな肉体的苦痛や精神治療学上の問題を抱えていたが，その違いが常に大きいわけではなかった。まず一方では，このことは，大なり小なり親と責任を分担している他の2つのモデルと比べて，典型的な労働者協同組合に特有の職員の責任の大きさを反映していると解釈できよう。他方では，それ

は，労働者協同組合の職員が最近まで，社会サービスへの地方自治体の予算が大幅に削減されたため労働心理的労働環境が90年代前半に急速に低下した地方自治体の保育サービス施設に従事していたという事実を反映しているともいえるだろう。こうして，以上のような症状の大半が，以前の職場から続く「固有のものになっている」のかもしれない（90年代の保育に従事する労働者の労働環境の変化に関する詳細は第7章を参照）。

　労働環境に関する職員の討議に注目すると，一般的に労働者協同組合で働く職員の間では労働環境に関して討議が重ねられていることがわかる。つまり，児童が遊ぶ環境を改善しようとする強い意思について，他の価値観と二律背反になるような矛盾が少ない状況について，また，もし労働環境を改善するために必要であるならば，労働賃金の引き下げを受け入れるより強い意思があるといったことについてである。親協同組合やボランタリィ組織の職員は，以上のような点に関して意識が薄かったが，同時に親協同組合で働く職員は，児童が遊ぶ環境を改善するために労働賃金と労働環境の間に妥協点を見つけようとする者はほとんどいなかった。また，彼らの間にはこのような問題に関して多少の軋轢が生じており，労働環境を改善するために賃金が減ってもよいと思う者は非常に少なかった。こうして，親協同組合で働く職員は現状の労働条件に大きな不満をもつようになったのである。

　最後に，将来に向けた職員の計画，全般的な仕事への満足感，わずかながら仕事に関する全体的な意見について検討したが，はっきりとした傾向を掴むことはできなかった。社会的企業のあるタイプの職員はある点に関して積極的であるが，別の職員の場合は違う点に対して積極的であったのである。こうして，あるタイプの社会的企業に従事する職員が，他の2タイプの職員よりも満足している傾向を示すことはできなかった。

　保育サービスを提供する社会的企業の労働環境に関するWECSSの職員の研究から，他にも概略的な結論に達したものがある。まず，労働心理的労働環境に関する今回の研究において採用した200項目以上の大半の項目で，労働者協同組合は一貫してその職員の示す高い割合が観察された。しかし単純に，労働

者協同組合が，労働心理的労働環境にかかわる優れたモデルと結論すべきではない。労働者協同組合モデルはむしろ，集団活動を促進する組織構造のなかでも，労働者や従業員の利益の促進に都合のよい組織構造を基盤としている。しかし他方では，これは責任が大きいということを意味し，多くのストレス症状を伴うものであることを意味していた。さらに，親の関与や参加する面を犠牲にして，労働者は影響力の増大を達成したのである。労働者協同組合の責任者が労働者協同組合や同僚を自分の民間企業の従業員であるかのように扱っていると批判する何人かの職員の声も1，2例現れている。ボランタリィ組織は混合的あるいはマルティ・ステイクホルダー組織と類似の機能を示す場合が多かったが，さまざまなステイクホルダーの利益を結びつけた共通のイデオロギーや教育的視点をもつ点でそれと大きな違いがあった。親協同組合では，親と職員の関係が機能障害を起こす兆候を示す場合が多く，労働心理的労働環境を悪化させていた。

　以上のような異なる種類の社会的企業がもつ組織の論理は，雇用者と従業員の関係に関する回答に十分に出尽くしている。労働者協同組合の職員は自身が雇用者であり，親協同組合の職員はクライアントの従業員である。一方，ボランタリィ組織の職員は保育サービス施設の共同のメンバーであり，従業員でもある。WECSSの職員の研究内容から明らかなことは，親協同組合の職員が資格や責任に関する職員の影響力が必要以上に低いことを是認している点である（このような関係に対する親の問題は第10章を参照）。第5章の考察を踏まえて，このような状況を改善する対策として示唆できることは，メンバーを従業員にまで拡大し，親協同組合をマルティ・ステイクホルダー組織へ転換すべきであるということである。そうすれば，親および職員の両者は共にメンバーとなり，したがって，保育の協同組合の運営と管理にかかわることになり，多くのボランタリィ組織で見られるような状況に近づくであろう。

　親協同組合の職員が引き起こす他のいくつかの問題には，さらに注意を要するものがある。特に，職員との関係という点で，親協同組合の管理者にプロ意識が欠けていることは真摯に受け止められる必要がある。解決する方法はいく

つかある。1つの提案としては，親協同組合の役員に対し，被雇用者と雇用者の関係を重視して育成や教育をしていくことである。役員会のメンバーは，きわめて単純に，良い従業員はいかにして成長するか，労働協約をいかに調整するか，プロの目でいかに職員を管理するか等を学ぶ必要がある。しかし，小規模の社会的企業の力ではこのような育成の経費を賄うことはできない。したがって，地方自治体当局や従業員の組織，協同組合連合組織（KFO）は，このような協同組合の保育を存続させ力強く成長させるためには，すでに述べた改善への試みを後方から支援していいかねばならないだろう。

しかし，3タイプの社会的企業を1つのグループとしてみると，労働心理的労働環境の点では，地方自治体の保育サービス施設に比べてずっと良い状況にあると言える。地方自治体のサービスは次の章で取り上げている。社会的企業は，意思決定権と決定の自己管理，社会的支援，クライアントとの人間関係等の改善を進めてきたことによって，高い緊張を伴う仕事を能動的な仕事へと変化させているようである。こうして，社会的企業は一緒になって，また，特に3タイプの社会的企業の各々が，労働心理的労働環境を改善し，労働生活を刷新，活性化し，良質の仕事を提供し，そして先進的な福祉国家の公共セクターを改良していくための方法についてもっと綿密で真摯な考察を行っていくべきである。それらはまた，第10章で扱うように，社会サービスの共同生産者として，市民の進歩を促進する。さらに，それらは市民民主主義を強め，第11章で見るように，福祉国家が福祉社会へ転換していくことを助けるのである。

注

1) このような変化は，児童保育のさまざまな形態とその発展との比較を長年にわたり行うことを難しくしている。1996年，0～12歳児が何らかの児童保育活動に通う割合は，全体の58％であり，全体の7％が民間のサービスを受けている [SoS & SCB, 1997]。7～12歳児の3分の1だけが学校が関係するアフタースクール レクレーション施設に通っている。0～6歳の4分の3の児童が何らかのプレスクール活動に参加している。また，6歳児のほぼ全て（97％）が何らかの

プレスクール活動に参加している［同上］。だが，保育センターに注目すると，96年には0〜6歳の児童の43％がこのような形のプレスクール活動に参加している。一方，同世代の8分の1は民間のサービスに参加している。

2) これはEU域内の多くの国が5％であることと比較しても際立った数字である［Espring-Andersen, 1996］。

3) 1996年度の数字では，57,000人と報告されている［SoS & SCB, 1997］。

4) 最近まで経済アソシエーションとして登録するには最低5人が必要であったが，1993年にたった3人へと削減された。

5) スウェーデンの人口の83％はグレーターストックホルム，イョーテボリ，マルメといった大都市地域に住んでいる。

6) 新興住宅地域では地方自治体のサービスがない場合が多い。

7) 7歳以下の児童数が減少しているため，また地方のサービスを大規模なものに統合するため，地方や都市部の既存の保育センターを閉鎖する方針が地方自治体のサービスプランに盛り込まれた。対象となる施設の職員はそのような計画に反対し，新しい指導理念のもとで，従来の施設でサービスを提供し続けることを決めた。こうして労働者協同組合のうち3分の2は，地方自治体のサービスを自らが引き継ぐ形で始まった。

第9章 スウェーデンにおける女性の労働環境の改善

　1980年代までの社会サービスは，ほぼすべてが地方自治体によって提供されていた。80年代後半から90年代にかけ，スウェーデンでは，社会サービスの提供に関するさまざまな代替モデルが発達した。第三セクター，つまり，購買者─提供者モデル，協同組合の社会サービス，ボランティア活動や第三者等への外部委託があるが，これらは，スウェーデンの福祉状況が現在直面しているイデオロギーや財政面の深刻な問題を解決しようと取り組みを続けているモデルのうちのほんの数例にすぎない。民営化や外部委託は，さまざまな新しい社会的企業を拡大し，以上のような社会サービスにおける公共的対応の重要な選択肢となっている。

　これまでの議論では，社会的企業は，経費削減や雇用創出を実現するための手段として論じられる場面が非常に多かった。そして，社会的企業が，他の社会的意義を促進するという面についてはほとんど見過ごされてきた。社会的企業には，職員の労働状況を豊かにし，労働環境を改善し，社会的企業の方針決定の際に多大な影響力を彼らに与える力がある。本章では，労働状況の質的向上と職員の力量の向上について取り上げる。また，社会的企業には，そのようなサービスのクライアントを共同生産者として向上させる力もある。なお，この点については次の章で扱っている。職員もクライアントも，たいていは女性である。スウェーデンの保育サービス施設の職員は，ほぼすべてが女性であり，一方，乳幼児の世話をする際には母親が積極的な役割を演じる場合が多く，彼女たちはその仕事の義務等を十分に遂行している。したがって，職員とクライアントの権限を拡大するということは，同時に女性の権限を拡大することである。

現在，スカンジナビアでは，女性が自分の賃金労働によって生計を立てるようになっており，夫の賃金にはそれほど依存していない。母親としての責任感と労働市場での不平等な立場にあることによって，彼女らは，公共セクターの従業員および社会サービスの消費者の両者として，社会福祉システムのクライアントと同じように，公的セクターへの依存の度合をますます深めている [Siim, 1990：89]。このような状況は，歴史的に見られるような夫への妻の経済的依存よりははるかに問題は少ないであろう。したがって，スカンジナビア的福祉国家のように，強い福祉国家を国への強い依存性の問題と等しく論じること自体が誤りである。むしろ，多くの女性にとっては問題は別の面にある。つまり，公的サービス部門への強い信頼性は労働市場に参加する際の必須条件であり，それにより，一家の大黒柱である夫にひたすら頼ったり，クライアントとし国に依存したりすることを避けるのである。

　デンマークやスウェーデンでは，まず従業員や公的サービスのクライアントとして国に依存するようになっている。ただ公的サービスのクライアントとしての割合が小さいだけの話である。イギリスやアメリカ合衆国では，反対の数字がでている。女性がかなりの割合で自分自身や子どもを家族関係に頼って養っていかなければならず，その努力が失敗に終わった場合，まず国に頼り，そのあとにクライアントになるだけである [同上：102]。したがって，国ごとに女性の役割には大きな違いがあるということができる。イギリスでは，児童保育への関与をかなり抑える形で母親の特性を明示的にサポートしており，全体として政策における家族の志向性を維持している。ノルウェーでは，最低限の公的児童保育を保持することによって稼得主―主婦の家族モデルを暗黙のうちに支えている。スウェーデンとデンマークは，女性の労働力への参加を積極的に支援し，第2次大戦後に個人経営の児童保育から公的児童保育へと大きく移行した [Brochorst, 1990：176]。

　従来は家族や教会，慈善活動に任されていた問題について，公的管理を強化し，支出を増加させたことは，福祉国家の中心な役割を明確にすることに役立っており，また，公式・非公式のケア，有料・無料，個人運営と公的ケアの提

供の違いを生み出すことにもつながっている。たとえば，児童保育は，親など身内によって無料で提供できると同時に，託児所，保育サービス施設，保育園などで専門家の力を借りることもできる。スカンジナビアにおける女性の福祉国家への依存は，社会福祉サービスの労働者と消費者の両者であることによって，社会福祉サービスの提供に強い影響を与えている。特に，個人経営の福祉サービス提供を社会的企業に外部委託すると，福祉国家への女性の依存を加速させることになるが，しかし同時に女性の労働生活を改善し，消費者としての力量を強めることになる。本章の目的は，保育における社会的企業の状況を検討し，スウェーデンにおける女性の労働生活を改善する要因を探ることである。

すでに第7章で述べたように，女性の労働環境は一般的に男性より劣っており，1968年から91年までに，女性にとってはストレスの強い仕事が増加した [Szulkin & Tahlin, 1994]。91年から95年の期間を見ると，保育サービス施設の職員の心理的負担が増大し，労働力全体の平均よりもはるかに大きな負担を強いられている。さらに，SCBによる従業員を対象とした過去5年間の職歴研究から，保育サービス施設の職員に対する労働への要求が，90年代初頭の労働力全体に比べて大きく増大していたことがわかる。これは特に，仕事のペースやきつさといった負担が増えたと感じる保育センター職員の割合が増加した証拠となっている（詳細は表7-4を参照）。保育サービス施設に携わるスタッフの労働環境が劇的に悪化した理由は，社会サービスを扱う地方自治体当局の予算が大きく削られた点にあるといえる。これは，地方自治体の保育センターでは児童数に対する職員数が不足しており，疾病時の助成や一時的な配置転換が受けにくくなっていることが一因である。保育サービス施設に関する労働環境のマイナス面が増大したことにより，ますます人事面での労働環境を改善する方法を早急に実施する必要性が高まっている。さらに，保育サービス提供にかかわる職員の管理と運営と参加を特に強化するような労働力の（再）編成がますます重要となっている。社会的企業や協同組合のサービスは，現在の地方自治体のサービスに見られる労働環境の全般的な悪化に対する1つの明確な代替策を

提供する。

　職員の研究では，すでに述べたように，社会的企業を3タイプの企業や組織に分類している。つまり，親協同組合，ボランタリィ組織，および労働者協同組合である［Pestoff, 1996a, およびPestoffによる未発表論文］。この調査の回答者は女性が圧倒的に多く，全体の95％を占めている。労働者協同組合は，労働心理的労働環境調査で取り上げた200項目以上の大部分で，一貫して高く評価されていた。これを見て，労働者協同組合が労働環境の優れたモデルであると単純に考えてはならない。労働者協同組合のモデルは，労働者や従業員の意欲が増進する集団作業を促進しやすい組織構造を基盤にしている。ただし，第10章で扱うように，親としての関与や責任を犠牲にしている可能性もあるのである。さらに，労働者協同組合の責任者が，協同組合や同僚を自分の会社や従業員のように扱っていると繰り返し批判されているケースも1，2例あった。ボランタリィ組織は，混合的或はマルティ・ステイクホルダー協同組合のように運営されている場合が多く，多様な利害関係や関心の橋渡しをする共通のイデオロギーや教育的観点をもつ点で，大きな違いがあるといえる。親協同組合は，親―職員関係が適切に機能しておらず，労働心理的労働環境が悪化している徴候をしばしば示している。そこで，そのような問題に注意を向け，マルティ・ステイクホルダー協同組合や社会監査の発展などを含め，多少なりとも問題を軽減するいくつかの提案をしたい［同上］。

第1節　社会的企業と地方自治体のサービス

　社会的企業は，スウェーデンでは比較的最近の現象である。協同組合の保育サービスに携わる職員の大部分には，種類を問わず，以前に地方自治体の保育サービス施設に従事していた経験がある。職歴として地方自治体のサービスを経験したことのある職員の割合は，ボランタリィ組織で56％，親協同組合で75.％，労働者協同組合で84.5％である。この数字には，各保育サービス施設

の歴史の長さがある程度反映されている。1975年までは，公的資金の受給資格をもっていたのは地方自治体の保育サービス施設だけであった。その後，独自の教育手法を採用するボランタリィ組織にも受給資格が与えられるようになった。85年に大きな変化が生じ，親協同組合に初めて受給資格が与えられ，続いて91年には公的融資の規制が撤廃された。こうして，労働者協同組合や個人運営の営利企業でも，公的支援を受けた保育サービス施設が開始されたのである。

　ここからの考察は，地方自治体の保育サービス施設における職員の現在の労働状況と，過去の職歴との比較に注目していく。職員の現状と，地方自治体の保育サービス施設で働いた際の経験とを比較すれば，過去に遡って両者を比較することができる。これは，2タイプまたは4タイプの保育施設を平行して調査するわけではないが，むしろそのことにより，地方自治体と民間の2タイプの保育サービス施設を同一人物が直接経験したことで，その違いを明らかにすることを容易にするのである。

　ただし，労働環境を遡って比較する前に，職員が別の協同組合に所属していたことがあるかを簡単に探り，協同組合的保育センターに就職する際に最も重視した志望理由も確認しておくとしよう。このような2つの経歴という要因は当然のこととして，従業員が社会的企業に対して当初抱いていた期待と関係があると予想されるからである。

　現在の仕事を自ら進んで選択したのかどうかを確認するために，過去に協同組合の労働形態を経験したことがあるかどうかを尋ねたが，そのような経験者はほとんどいなかった。3タイプの協同組合的保育サービス施設で働く職員のうち，以前に協同組合にかかわって直接的または間接的に何らかの仕事をしたことがある者は，わずかに10分の1から5分の1である。職員であった者はごくわずかであり，協同組合で選出された被選出職は，さらに少数であった。大部分は直接的な経験がまったくなく，3分の1程度が友人から見聞きして協同組合について間接的に知っていたにすぎない。したがって，地方自治体の保育サービス施設の職員との比較は，大多数の事例が，公的企業および社会的企業

表9-1 あなたは何故現在の協同組合保育センターで働くことにしたのか

(%)

完全に同意した理由*	親協同組合	ボランタリィ組織	労働者協同組合
やりがいのある仕事を求めた	67.1	71.9	78.4
職員の影響力の増加	44.7	28.5	65.6
良好な労働時間	44.1	38.6	34.1
自宅に近い	40.9	35.7	38.6
小さな組織	38.8	38.6	48.4
親の参加の可能性	40.7	35.1	20.3
特別の（教育的）側面	28.2	49.2	44.2
良好な仕事の便益	28.6	29.8	40.0
仲間がいた	20.2	12.3	40.0
仕事を得る唯一の方法	8.4	9.9	9.6
他の仕事がみつかるまでの間	7.2	8.6	4.2
平均	33.5	32.6	38.5

注：＊上記の理由に完全に同意する返答の割合のみである。つまり，6，あるいは7の項目がここに含まれる。
出所：WECSS 職員研究，1996a.

の2形態で最近初めて経験したことに基づくデータなのである。

また，組合の保育施設の職員は，以前働いていた保育サービス施設を志望した動機を尋ねられており，その際に，いくつかの選択肢に関して「完全な誤り(1)」から「完全な事実(7)」までの7段階評価で自己の姿勢を示していた。職員が完全に同意した（6，7の項目）割合のみを当該の表に示す。平均して，各社会的企業で働く職員の3分の1が高い得点をつけているが，特定の項目については注目すべき差異がみられる。そのような差異が，各組織の基本姿勢やその特徴を反映しているのは明らかである。

3タイプの保育サービス施設の全職員は，現在の職に就く際の最も重要な理由として「やりがいのある仕事がほしい」という項目を挙げている。さらに，親協同組合と労働者協同組合の職員は，「職員の影響力を強めたい」を2番目に挙げており，一方でボランタリィ組織の職員が2番目の動機として挙げた項目は，「特別の（教育的）側面」である。労働者協同組合の職員は，他の2つの保育サービス施設の職員に比べて，職員の影響力の増大，小規模な組織，良好

な仕事の便益といった項目に大きな関心を示していた。3タイプの保育サービス施設の全職員は，通勤時間の短縮についての関心ではほぼ等しく，また，「仕事を得る唯一の方法」や「他の仕事がみつかるまでの間」といった理由は非常に少なかった。親協同組合の職員は，他の2つのタイプの保育サービス施設の職員に比べ，好条件の労働時間を重視する割合が多少大きい。このように，仕事への影響力の増大か独自の教育的側面かが結びついている。仕事の内容は，社会的企業の保育サービス施設の職に就く際に，最も重要な理由になっている。ほとんどの従業員が，必要に迫られて一時的な雇用や他の現実的な問題に対応しているわけではなく，社会的企業の保育サービス施設での労働が，労働生活の積極的な発展につながると考えていることが，この調査資料から明らかとなっている。

第2節　社会的企業における労働生活と地方自治体の保育サービス施設のそれとの全般的な比較

　過去の職歴に関する調査で最初に取り上げたのは，協同組合や地方自治体の保育サービス施設における労働環境の概略的な比較である。回答者には，協同組合や地方自治体の保育サービス施設に対する好みを説明するよう求めた。また，両方の保育サービス施設の労働環境に関する23項目の状況についても質問した。協同組合と地方自治体の保育サービス施設での労働を概略的に比較した回答により，3タイプの社会的企業で働く全職員の圧倒的多数が協同組合の保育サービス施設で働く方を好んでいることが判明した。親協同組合やボランタリィ組織で働く職員の3分の2以上，さらに労働者協同組合で働く職員の5分の3以上が，社会的企業に従事するほうが良いと述べている。地方自治体の保育施設よりも協同組合で働くほうが悪いと回答したのは，すべての協同組合の職員のごく少数である。

　親協同組合の職員の半数，ボランタリィ組織の職員の半数近く，労働者協同

表9-2 あなたは社会的企業で働くことを地方自治体の保育施設に比べてどれほど好むか

一般的比較*	親協同組合	ボランタリィ組織	労働者協同組合
より良い	68.3	71.9	85.5
大きな違いは無い	27.0	25.0	3.6
より悪い	4.8	3.1	3.6
(md-%)**	(28.4)	(45.8)	(14.4)

注：*列を加えれば100％になる。**地方自治体保育施設の経験をもたない職員の割合。
出所：WECSS職員研究, 1996a.

組合で働く職員の4分の3が，協同組合の形態を好むという趣旨の意見を寄せている。親協同組合やボランタリィ組織の職員が寄せた意見のうち，2番目に多かった意見と，親協同組合の職員が最も多く寄せた意見を次に紹介する。この質問は，長いアンケートの最後の方にあったので，意見を書きやすかったのであろう。寄せられた意見の数の多さから見て，この話題が回答者にとって特別の事柄であり，重要であったと言える。つまり，思うところが非常に強かったのである。

　地方自治体の保育サービス施設の個人的比較について，親協同組合の職員が寄せた圧倒的多数の意見を見ると，社会的企業のあり方に対する評価は肯定的である。しかし，消極的な意見もあった。寄せられた意見は，影響力の拡大，責任あるいは自由といった問題を含んでいる。つまり親と良い関係をもっていること，早く短い意思決定，全ての人の参加，従業員との直接的な関係，小規模の集団等々である。前の2つは，かなり頻繁に親との良い関係と影響力の拡大にかかわる意見として登場した。地方自治体の保育サービス施設を個人的に比較した場合のボランタリィ組織で働く職員の圧倒的多数の意見は，社会的企業の形態に対して非常に積極的であった。そこでの問題は，従業員との近い関係，親或その関係者とのより良い関係，きめ細かい短縮された早い意思決定，影響力と責任と自由の拡大，さらに，親による発案や処理や称賛が大きいこと，より小規模なグループ，そして，場合によってはそのようないくつかの動

機の組み合わせといったものであった。影響力と責任の拡大はしばしば他の選択肢よりわずかに多かった。地方自治体の保育サービス施設と比較した場合，労働者協同組合で働く職員の圧倒的多数は，社会的企業のあり方に対して示す姿勢が非常に積極的であった。しかし，中立的な意見や消極的な意見を示す者もわずかながらいたのである。影響力の拡大，責任またはより大きな自由に関する意見は，労働者協同組合の職員が選んだ度合に関する他の全ての選択肢よりも抜きんでている。一方，自己裁量権は2番目であり，おそらく前の意見につけ加えられたものであろう。

第3節 社会的企業と地方自治体の保育サービス施設における労働生活の詳細な比較

　ここで，労働心理的労働環境や共同決定などを含め，保育サービス施設の労働生活を特徴づけている詳細な論点へと目を向けていくことにする。職員には，改善，現状維持，状況悪化といった観点で，現在の労働条件を地方自治体の保育サービス施設の労働条件とを比較する質問に回答してもらった。地方自治体の保育サービス施設と協同組合とを比較し，多数の項目について，「大幅に増加」，「わずかに増加」，「変化なし」，「わずかに減少」，「大幅に減少」という評価を求めた。ここで扱う保育サービス施設における労働生活についての23項目は，労働環境および共同決定の肉体的，社会心理的，組織的側面に関する社会的企業および地方自治体の形態を詳細に比較するものである。

　表9-3は，3タイプの協同組合の保育サービス施設と地方自治体のそれとを比較した際の特に大きな差異を示している。簡略化のため，同表には，「大幅に増加」と回答した割合，つまり大きな改善を示す割合だけを示してある。理論上予想される差異はすでに論じてあるので，表にはさまざまな保育サービス施設を比較した差異をおおまかに選択した。異なる協同組合の間に見られる差異は，各協同組合が提供する保育サービス施設の中心的な特徴を示している。

表9-3 地方自治体の保育と比較して,以下の事柄は今日どうであるか

(%)

以下の諸項目における一定の増加の可能性*	親協同組合	ボランタリィ組織	労働者協同組合
あなた自身の労働への影響	42.3	48.5	81.0
あなた自身の責任	52.9	39.4	81.0
決定過程への参加	35.8	65.4	78.3
あなた自身のアイディアを試す	48.5	36.4	62.2
親との交流	40.3	41.2	27.7
労働の満足感	25.4	35.3	60.2
個人の発展	28.4	23.5	45.8
労働価値の仲間での分配	22.4	14.7	43.4
労働環境への影響	17.9	27.3	42.0
経営との接触	20.6	40.6	43.5
仕事上の地位	12.2	15.6	24.1
不潔な大気や不潔な構内	18.2	15.6	1.2
より弾力的労働時間	6.0	8.8	14.6
少ない摩擦**	3.0	14.7	18.3
全23項目の平均	20.6	20.9	31.5

注:*次のような選択肢があった。一定の増加,いくらかの増加,不変,いくらかの減少,一定の減少。ここでは,一定の増加に該当する割合が取り入れられている。**ここでは,大きな低下を表明する割合が記されている。摩擦の増加を表明する割合はそれぞれ4.5%, 2.9%, 1.2%であった。
出所:WECSS職員研究, 1996a.

　労働状態を管理する力の増大したさまざまな状況は,3タイプの保育サービス施設全てのスタッフによって大きく改善されつつある。こういった状況には,自己の労働を左右する可能性の改善,自己責任遂行の機会の改善,意思決定に参加する機会の改善,自己の考察実践の機会改善,保護者との関係改善,労働に対する満足感の増進,自己啓発の可能性の改善,同僚との価値観共有の増進,労働環境改善の機会増進,経営への参加の改善がある。そして,その全てにおいて,地方自治体の保育サービス施設と比べて,社会サービスのほとんどのタイプに対して「激増」と答えた割合がかなり大きくなっている。

　3タイプの保育サービス施設の全職員にとって,以上のような改善の可能性は進んだのであるが,労働者協同組合の職員にとってこの改善は,親協同組合

やボランタリィ組織の職員に対してよりも大きな意味合いを示す場合が多い。労働者協同組合職員の大部分は，他の2タイプの社会的企業に従事する職員よりも，23項目のうち15項目で「大きく改善を果たした」と述べている。親協同組合やボランタリィ組織の職員が出した改善の得点は似通っている場合が多いが，労働者協同組合の職員と比べた場合には低い数字を示している。注意すべき1つの例外事項は親とかかわる場合であり，この点で，労働者協同組合の職員が大きな改善をした割合は，他の2タイプの保育サービス施設の職員に比べてかなり小さいのである。これはもちろんまったく論理的である。というのは，親が保育サービス施設の他の2タイプではメンバーであるからである。

　また，他の2タイプの保育サービス施設に比べて親協同組合の職員が摩擦を引き起こしていると報告している割合は少ない。一方，親協同組合の職員は，空気が悪い，施設が汚いと報告している割合が多い。地方自治体の保育サービス施設に比べて改善が進まない状況が発生していることを示す項目も他にいくつかある。これには，暴力が表面化する危険性や休暇の期間，新たな役職の増加，特別な問題を抱える児童の入会，心理的要求，柔軟性の高い労働時間，給与，肉体的にきつい仕事などがある。

第4節　個人的な就労の状況——出発時点と現時点

　3タイプ全ての協同組合的保育施設の職員に，現在の職場で仕事を始めた時点の個人的な就労と現在働いている時点での彼らの就労の比較評価をしてもらった。3分の2またはそれ以上が最初の時点で常時就労したものであり，残ったなかの5分の1から4分の1が「大部分の時間」の就労にかかわるものであった。このように，仕事を始めた時点では3タイプ全ての協同組合的保育施設の職員が似たようなレベルの就労をしているが，現在の就労は違った程度であることが注目される。

　労働者協同組合で働く職員の大部分は，親協同組合やボランタリィ組織の職

表9-4 あなたは現在の職業を初めた時に今の業務に就労していたか

開始時に就労していたか*	親協同組合	ボランタリィ組織	労働者協同組合
はい，常時	70.9	65.9	72.2
はい，ほとんどの時間	23.3	24.1	20.6
人数	88	59	97

注：＊列を合計しても100％にならない。それは，回答者の「はい，かってしばらくの間」と「いいえ，まったくなかった」は非常に少ないのでここでは除外されたからである。
出所：WECSS職員研究，1996a.

表9-5 今日同じ就労状態にあるか

(％)

今日就労しているか*	親協同組合	ボランタリィ組織	労働者協同組合
開始時より高い度合で	31.0	32.8	43.3
開始時と同じ	31.0	43.1	41.2
開始時より低い度合で	37.9	24.1	15.0
人数	88	59	97

注：＊列を加えると100％になる。
出所：WECSS職員研究，1996a.

員のいずれと比べても，現在の就労の割合が高い。一方，親協同組合で働く職員の大部分は初めよりも現在の就労の割合が低い[1]。これはまた，1つの就労の格差を示しているのであり，それは今日の就労の高い割合から低い割合を差し引いて得られる。ここでは，プラスの得点は，就労にかかわる1つの余剰を示し，マイナスの得点はその不足を示している。

就労の差異は親協同組合で-6.7であり，ボランタリィ組織では8.6，労働者協同組合では28.3もの数値を示している。しかし，他の2タイプの協同組合の保育サービス施設の場合平均してずっと長い年月を経ているのに比べ，労働者協同組合の職員は現在の社会的企業に携わるようになってから数年しか経っていない点を念頭に置かねばならない。親協同組合で働く職員の5分の2近く，ボランティア組織の職員の半数近く，労働者協同組合で働く職員の4分の1近くが，この質問に対して意見を寄せた。

表9-6 あなたがもし自由に選択できるとすれば，再び協同組合で仕事をするか

(％，人)

あなたは再び協同組合を仕事に選びたいか*	親協同組合	ボランタリィ組織	労働者協同組合
はい，明確に	33.3	33.3	66.7
はい，多分	54.0	59.6	29.2
いいえ，ほとんど／明確にそうしない**	11.5	7.0	4.2
人数	88	59	97

注：＊列を加えると100％。＊＊回答の「いいえ，ほとんどそうしない」と「いいえ，明確にそうしない」を加えたもの。
出所：WECSS 職員研究，1996a.

　以上のような意見は，社会的企業の形態自体に対する提案や批判のどちらも示すものではないが，小規模の組織における共通の目標に向けた協同労働の精神をむしろ強調するものであり，そういった目標や達成の手段に影響を与え得る精神を強調するものである。しかし，働き過ぎ，保護者との摩擦，経済状況の悪化，自治体当局からの資金援助の削減，または破産の恐れは，相対的に雇用の不安がない地方自治体の保育サービス施設と比べて，社会的企業の保育における雇用の積極的な面を損なうかもしれない。

　最後に，協同組合の組織を仕事の場として（つまり地方自治体の保育に戻るかあるいは他の職に就くかといったことよりはむしろ）再び選ぶかという仮定の質問を，地方自治体の保育サービス施設との比較に関連して行った。表9-6は，3タイプの社会的企業に携わる職員の回答を示している。労働者協同組合で働く職員においてはもう一度協同組合で働くと回答している数は，親協同組合やボランタリィ組織の職員の2倍の割合である。残るわずかな者だけが，自由に選べるのであればもう一度協同組合で働こうとは思わないと答えている。これによって，ごく少数の者だけが地方自治体や他の保育サービス施設に従事することを希望しいると考えることができる。何らかの協同の保育センターで働くことを自由に選択するすることに関する質問については，どの職員のグループ

からもわずかな意見が寄せられただけであった。親協同組合やボランタリィ組織で働く職員においてこの質問に意見を寄せたのは4分の1以下であったが、労働者協同組合の職員ではわずか5％だけであった。

第5節　要約と結論

要　約

　調査結果を要約すると，職員の圧倒的多数は，社会的企業の保育サービス施設で働く以前に協同組合での保育サービス施設で働いていた経験がないものの，大部分が地方自治体の保育サービス施設で働いていた経験がある。したがって，社会的企業や協同組合的保育サービス施設は，協同組合モデルの個人的経験を拡大し，知識を深める手段となっているのである（協同組合モデルのアイデア再生に関する議論については［Stryjan, 1989］を参照）。大多数の女性が，地方自治体の保育サービス施設よりも，社会的企業で働きたいと考えていることは明らかである。3タイプすべての協同組合的サービスの職員が，労働生活のほとんどあらゆる面で，地方自治体の保育サービス施設よりも，社会的企業のほうが優れていると回答している。社会的企業での労働生活に関する23項目すべてに「大幅に改善」と回答したのは，親協同組合とボランタリィ組織の5分の1，労働者協同組合の約3分の1であった。職員の40％以上が「大幅に改善」と回答した項目数は，親協同組合で4項目，ボランタリィ組織で3項目，労働者組合では9項目に達した。おおまかに言えば，労働者協同組合の職員は，地方自治体の保育サービス施設と比較して，現在の労働環境に最も肯定的である。親協同組合とボランタリィ組織は，改善を認識する水準が低い。したがって，労働生活のほとんどの面で，最も明確に改善を認識しているのは，労働者協同組合の職員である。

　3タイプすべての社会的企業において職員の大多数は現在の職業に初めから

就いていたのであるが，現在でも同じ職業を継続している割合は，労働者協同組合の職員において大きい。最後に，もう一度やり直すチャンスが与えられたとして，それでも協同組合の形態を選択すると答えている割合は，労働者協同組合の職員の3分の2に対し，親協同組合とボランタリィ組織では3分の1である。社会的企業で働いている回答者のなかで，地方自治体の保育サービス施設で再び働くことを考えている者はごく少数である。

労働者協同組合の職員は，独立した保育施設および事業主として，自分で方針決定をする自由と責任をもっている。したがって，現在の状況と，地方自治体のサービスに従事していた頃とを比較して，労働者協同組合の職員が最も肯定的な変化を経験したという結果は，それほど驚くべきことではない。地方自治体の保育と，親協同組合やボランタリィ組織とを比べると，肯定的な変化はかなり小さいようである。ただし，いくつかの分野，特に自己啓発や経営参加の分野ではそのように見ることはできないのであって，親協同組合やボランタリィ組織の職員も，地方自治体の保育に従事していた以前の状況に比べ，かなり改善されたとしている。

質問に対する多数のコメントにより，協同組合的保育サービス施設における労働生活には，メリットとデメリットの両方が共存していることが確認された。これらのコメントからの圧倒的な印象は，表が示している状況をさらに裏づけている。社会的企業の保育サービス施設は，地方自治体の保育サービス施設に比べ，職員が自分の仕事に大きな影響力をもち，方針決定に責任をもって関与し，保護者と積極的に接し，労働環境を改善するチャンスが得られ，労働の喜びも大きい，等々を可能にするのである。

結　　論

この研究によって明らかになったことは，スウェーデンにおける社会的企業が，文字どおり「良い仕事」を提供しているという事実である。カラセックとテオレルの言葉を借りれば，社会的企業での業務は「心理的負担が大きい」が，労働者にとっては決定の自由度が高く，質の高い社会的な支援も期待でき

るのである。このような労働生活の特性は，スウェーデンのみならず，他国でも同様に，公共セクターサービスと関連している大規模な階層的官僚組織によるサービスとは対照的である。この意味で，社会的企業モデルは，社会サービスという仕事が活発化し，参加型や対話型の業務となるのに役立つだけでなく，従業員の労働生活を豊かにすることもできるのである。つまり，スウェーデンの対人社会サービス部門において，労働生活を豊かにし，労働を再設計し，人的資源の管理を促進する最も迅速で直接的な方法の1つは，社会サービスの提供を分散し，社会的企業がサービスを提供することであることが，ここに示唆されている。

　カラセックとテオレルは良い仕事と悪い仕事を対比した［1990］。良い仕事とは社会的企業における多くの労働のようなものであり，悪い仕事はそれ以外の労働のようなものである。2人は，良い仕事の特徴を次のように述べた。技能的な自由裁量：仕事がその人の技能を最大限に生かし，さらに技能を向上させるチャンスが得られる。自律性：労働者を子供扱いする硬直的な工場原理を廃し，労働者が仕事の手順を選択する影響力をもち，労働者が仲間として長期計画にも参加できる。心理的な要求：仕事が予測できる方法で新たな学習課題に自由に挑戦するという基本的な要求を満足できる。社会的関係：新たな学習の基礎として社会的接触が促進され，新たな接触により他者と協力することによる自己実現の可能性を多元化していく。社会的権利：職場においては民主的な手続が行われている。有意義性―顧客―社会的フィードバック：労働者は顧客から直接的な反応が得られ，労働者と顧客が協力し合い，顧客のニーズに合わせて商品を完成させる［同上：316-7］。

　さらに，労働者協同組合による保育サービス施設で働く女性は，親協同組合の女性よりも，このような組織的な変化に肯定的である。しかし，親協同組合では，親の影響力の強化や，子どもの日常生活への関与強化など，その他の面で評価が高い。どのような変化モデルが採用されたかによって，組織的な変化には明らかに表裏2つの側面がある。集団利益や集団対立といった問題は，社会的企業の1団体だけが方針決定に大きく関与することによっては十分に解決

できない。労働者がさらに大きく関与すれば，労働者の権利は強化されるが，クライアントが満足するとは限らない。同様に，消費者の関与によってクライアントの権利は強化されるが，労働者の利益が必ず増大するわけではない。

　このようにみてくると，これは，社会的企業の方針決定構造において単一の集団の利益を制度化する限界を示しているともいえる。社会的企業によって組織的な変化が生じた結果，労働環境が改善される可能性はあるが，にもかかわらずその結果として労働者とクライアントとの間には二律背反ができることになる。しかし，これはマルティ・ステイクホルダー・モデルの組織変化を採用することで，単一の利害関係者でなくもっと多数の利害を促進するために必要な支援構造を提供できる。マルティ・ステイクホルダー協同組合は，社会的企業の成功に貢献する複数の団体の正当な利害を認識し，内部の方針決定にそれらの利害を反映させる制度を提供するのである（[Pestoff, 1995c] また，第5章参照）。

　この問題に関しては，ボランタリィ組織が，労働者協同組合と親協同組合の両方に選択肢を提供してくれるようである。ボランタリィ組織は，親協同組合に比べ，労働環境の改善に関して職員の評価が高ったケースが多いが，労働者協同組合の子持ちの親に比べ，親の影響力についても高い評価を受けている。ボランタリィ組織は，共通の教育プログラムを求める両者の利害を両立できる，マルティ・ステイクホルダー組織の初期的形態であると思われる。これが他の社会福祉サービスにも当てはまるかどうかは，現段階では何とも言えない。他の分野のもっと公式的なマルティ・ステイクホルダー制度が，社会的企業を成功へ導くような，時には対立するさまざまなグループの利害を調整するために必要な基礎を提供する可能性はありえよう。

　この研究によって明らかなように，社会的企業は，スウェーデンの女性の労働生活を豊かにし，労働関係を活撥化することができる。社会的企業がすべての問題を解決できるわけではなく，労働市場における女性の不当な扱いが解消するとも思えないが，それらが労働者や消費者として国に依存する状況を軽減し，同時にそれらの両方で影響力を高めていくことはできるであろう。女性

は，社会的企業の方針決定プロセスに大きく関与し，影響力をもつようになることによって，仕事やサービスを管理する力を獲得する。どの集団が最大の利益を獲得する立場になるかは，構成員が誰であり，どのような社会的企業モデルを採用するかによって決まるのである。

　社会的企業におけるスウェーデン女性の労働環境に関する研究では，対人社会サービスの明白に限定された部分，つまり保育サービスに焦点を置いた。われわれは，その研究が，労働生活を豊かにし福祉国家を新しくする可能性のあるモデルの理解の前進や多元化へとつながることを期待している。単一のモデルが，労働生活の全ての部分，全てのタイプの生産，あるいは全てのタイプのクライアントや消費者，そのいずれにも普遍的に適用可能であることはありえない。公的モデルにも，民間モデルにも，また協同組合モデルにも，単独で現代社会の全ての人に全てのタイプの商品・サービスを創り出す万能薬やモデルを提供することはできない。これまでの解決法は，民営化や公的対応の継続を保証すること，協同組合としてそれを展開することを単純にベースとするものであり，どれも目標に届くものではなかった。したがって，われわれは，福祉国家が世紀の変わり目に直面する問題のその解決方法を提案することを意図するのではなく，むしろわれわれは，ヨーロッパの1つの福祉国家における1つのタイプのサービスが抱える1つの問題に対する1つの解決方法の提案を意図しているのである。どこか別の国の別なタイプの問題や社会サービスに対して，それは何らかの関連性があるかもしれない。だがそれはその解決方法を示したというのなら，われわれの努力は明らかに失敗に終わるであろう。しかし，公的部門が直面するほかの問題にたいし他の諸解決方法を組み合わせるとすれば，それは労働生活を豊かにすることに貢献でき，その結果福祉国家を新しくすることに貢献できるのである。

　公務員の労働生活を豊かにし，彼らの労働環境を改善することは，スウェーデンや他の国で公共部門の大きな官僚主義のなかで働く何万人もの数の女性や男性にかかわる重要でなされるべき当然の問題である。生産性の喪失，サービスの質の低さ，ストレスに関係する症状や病気を原因とする長期欠勤を処理す

るコストなどに注意するならば，自ずから労働環境の改善こそが重要な経済的，社会的，政治的問題となる。福祉国家を改革する努力には，労働環境の改善を考慮すべきである。しかしながら，スウェーデンにおける公共的な論争は，その都度1つのことを焦点とするだけのように思われる。現在の歴史的に高い失業率を考える場合に，第三セクターおよび社会的企業は，雇用創出の可能性にかかわるものとしてのみ考えられているにすぎない。仕事はもちろん必要である。だが，悪い仕事より良い仕事の方が望ましい。何故同時に両方を獲得することを試みないのだろうか。

　それに先立って，社会的企業の大きな貢献の力は，金のかからないサービスを提供することにかかわって考えられた。そしてこれは，対人社会サービスをつくりだすときに社会的企業がその内容を増大していくための主な動機であった。金のかからないサービスはもちろん望ましいが，同じ価格の質の高いサービスは，たとえスウェーデン人でなくても望ましいものであろう。職員の雇用増大はサービスの質の高さを保証する最良策の1つである。社会的企業は職員の就労の活性化に貢献できるが，これは，選んだ組織のモデルによって変化するのである。

注

1) イョーテボリ（25.7％）の場合に比べ，ストックホルム（45.2％），ウプサラ（36.4％）の親協同組合で働く職員の間で現在の業務従事の割合は明らかに高いのである。一方，マルメ（10.0％）の場合，最も小さい割合を示している。

第10章　共同生産者としての市民のエンパワーメント

　本章では，地方の公共サービス，とくに対人社会サービスの生産においてより多くの市民参加を可能にすることと社会的企業および市民民主主義との関係について考えてみたい。一方の道は，市場メカニズムや退出をさらに促進し，他方は，市民の関与や抗議をいっそう強調することになるだろう［Hirschman, 1970］。公的セクターの再生に向けた別のアプローチもある。そこには，位階制モデルのもとでさまざまなグループが排除されているとはいえ，より組織的関与が認められている「参加型国家」の再生も含まれる［Peters, 1994］。こうしたアプローチは下層ないし現業労働者とならんで，現業労働者や市民の役割を高めようと努力し，投票以外の方法により民主主義的参加を活発にしようとしている組織の利用者に向けられている［同上：13］。

　参加型国家における公益の意味は政策選択に熱心な労働者と市民にかかっている。したがって，参加型国家はまた，いっそうの消費者選択と，市場モデルと同様の計画にたいする直接的統制を市民にもたらすかも知れない。しかし，参加型国家においてこうした消費者選択が行われる仕方はより政治的であろう。市民は，市場でクローネ，ドル，円によって投票するのではなく，いくとおりかの政治過程を通じて投票することになるだろう。この参加は，国民投票という政治の場で行われるかも知れないし，学校委員会等における親の関与のように，地方レベル（local structures）で行われるかも知れない［同上：15］。第1章では，求められる対人社会サービスの協同組合的市民自治という，この新しい種類の市民参加を理解するために，市民民主主義について検討し定義を行った。

　読者には，共同生産者の概念に関する過去の議論にも注目するように促して

おいた（第4章参照）。共同生産者の概念は市民民主主義の定義の理論的主柱である。対人社会サービスの利用者ないし消費者の役割の変化を理解するためにとくに重要なのが共同生産である。消費者が共同生産者に転化することや，福祉国家の再生における最近の社会的経済の役割といったことに対する新しい社会的企業の貢献を理解するためにも，この概念は必要である。とくにここで興味を引くのは，公立や私立の保育施設において参加の可能性が欠けているのとは反対に，協同組合的保育サービスのいくつかの形態においてより大きな参加の可能性が存在することから親のために創出される価値を探ることである。つまり共同生産は，生産過程一般におけるさらなる消費者の関与を意味するのであり，通常は生産過程における1つ以上の局面でのさらなる消費者の参加を意味する。とくに，われわれの興味を引くのは，消費者協同組合やボランタリィ組織がこうしたサービスの利用者を活性化する可能性であり，これこそが本研究の目的である。

もうひとつの視点は1980年代後半にスウェーデン・パワー・インベスティゲイションによって提案された「サービス民主主義」の概念に見ることができる。ほとんどの市民は公的セクターが提供するサービスに満足し，かつ当該問題に自らかかわりたいとは思っていなかったのである。ウプサラ郡における保育と高齢者介護の比較からわかることは，「親協同組合が運営する保育に子どもを通わせている何人かの親は公立のサービスを好む傾向があった。そこでは，あまりにも過重だと感じられる責任を回避することができたのである……。日常的な活動に携わることはあまり魅力がない」[Möller, 1996：376]。「サービス民主主義の積極的な消費はおおいに魅力的であり，親はそれ自体価値のあるものとして活動を経験することはない」[同上：383]。範囲や目的の違いはあっても，WECSSの親の調査は，以下で見るように，これらの結果のいくつかへの挑戦であると思われる。

第4章では，退出，発言，ロイヤルティ（忠誠）が導入され，永続的サービスからの退出のコストが議論された。質の低下と同様に，より良いサービスへの期待も，退出の動機となりうる。1990年代を通じて自治体のデイケアサー

ビスの質が低下したが，これは職員数の削減と引き続く減少のせいであり，最近かなり多くの親が他に供給されるサービスを選択する理由のひとつを提供する。しかし多くの親は，サービスの改善が得られるのではないかとか，自治体のサービスでは望めそうもない一定の価値を実現することを期待して，非公的サービスを選択するのかも知れない。特定のサービスを選択するだけでなく，引き続き利用する理由，ないし他に供給されるサービスへの信頼は，供給されるサービスのあり方や範囲の違いを表わしているのかも知れない。

ロイヤルティの3つの種類は初めから区別されている。すなわち，手段的ロイヤルティ，価値的ロイヤルティ，そして両者の結合である［Möller, 1996］。後者は，利用者と企業ないし組織との間のもっとも強い結びつきを表現している。独自の価値に基づいて特定の種類の保育サービスを選択する親は，もしそのサービスに満足しているのであれば，たんに手段的理由からサービスを選択する親より強いロイヤルティを示していることになる。このことは，労働者協同組合の保育サービスに子どもを通わせている親より，親協同組合やボランタリィ組織が供給する保育サービスに子どもを通わせている親の方がロイヤルティが高いだろうことを意味する。しかしながら，近年自治体のサービスの質が低下しているのであれば，3つの種類のどの社会的企業に子どもを預けている親であっても，初めから自治体が提供する保育センターのサービスを受けていた親よりも満足が高いはずである。以下の実証的資料にあるように，われわれは協同組合と自治体の両方のサービスについて親の満足を調べた。

ここに紹介する実証的資料およびデータは，スウェーデンにおける労働環境と協同組合的社会サービスに関するプロジェクト，WECSSプロジェクトから取ったものである。600近い質問票が集められ，親の研究のために分析され，その結果がここで報告されている。主な関心は，公立や私立の保育施設では存在しない参加の可能性が，保育サービスのいくつかの協同組合的形態においてより大きな可能性として存在することによって得られる，親にとっての価値を探ることにある。この研究に含まれる社会的企業の3つの種類とは，親協同組合，ボランタリィ組織，労働者協同組合である。WECSSの親の研究が光を当

ているのは，親が他でもない社会的企業のひとつの形態だけを選択し，共同生産者として関与したりしなかったりするときの動機である。

第1節　社会的企業における子どもをもつ親の社会的背景

ここではWECSS親の研究の説明を，彼らの社会的背景から始めて，そのあと協同組合の保育サービスに関連するいくつかの側面への彼らの態度に移っていきたい。親協同組合の保育所に子どもを通わせている親の3分の1がその発足に参加していたが，ボランタリィ組織や労働者協同組合で参加したのは10

表 10 – 1　保育サービスを供給する社会的企業に子どもを通わせている親の社会的背景

(%)

社会的背景	親協同組合	ボランタリィ組織	労働者協同組合	平均
結婚している	91.5	94.1	87.4	90.9
母親の教育				
高校	34.7	28.9	44.8	36.9
大学	57.7	68.1	46.6	57.4
父親の教育				
高校	40.7	34.2	40.8	38.5
大学	50.5	61.8	47.3	52.8
母親の職業				
ホワイト・カラー	47.3	54.6	47.9	49.9
父親の職業				
ホワイト・カラー	51.1	47.7	46.7	48.5
自営	16.5	21.3	19.2	19.1
住宅				
持ち家	50.0	69.5	64.4	59.8
賃貸	15.8	10.5	17.3	14.6
平均月収				
25,000クローネ以上	53.9	63.0	48.8	55.8
実数	190	189	201	580

資料：WECSS Parent Study, Pestoff, 1996a.

分の1に満たなかった。これは，親協同組合保育サービスの出発点に1980年代の自治体によるサービスの不足があり，そのため出発時には保育サービスを自分たちで立ち上げたという事実の反映である。協同組合形態をとる各種の社会的企業に子どもがいる親の社会経済的背景を概観してみると，余裕のない親という均質な集団を形成しているわけではないことがわかる。

　ボランタリィ組織が供給する保育サービスに子どもを通わせている親は，他の形態の協同組合的保育サービスに子どもを通わせている親と比較して，親の教育，親の職業，住宅の種類，所得といった，ほとんどの社会的指標において高い比率を示している。労働者協同組合の保育サービスに子どもを通わせている親は，他の2つと比較して低いことが多い。住宅の種類は別で，親協同組合に子どもを通わせている親がもっとも低い。子どもが各種の協同組合的保育サービスに通った平均年数はいずれも，そんなに変わらない。親協同組合の子どもが2.2年，ボランタリィ組織が2.3年，労働者協同組合が1.9年である。

　残念ではあるが，公立の保育サービスに子どもを通わせている親と比較するデータはない。上の平均は，6歳未満の子どもがいる大人の全国平均や，公立の保育サービスに子どもを通わせている親の平均より高いのではないかと思うが，その違いを正確に確定する方法はない。

第2節　親の関与，動機，満足

　この3タイプの協同組合的保育サービスの制度的な違いが，労働心理的労働環境に関する職員の態度やその労働に影響を及ぼす可能性に明瞭に現れていることはすでにみた [Pestoff, 1996a : chap7-8]。労働者協同組合の組合員は通常その労働条件にもっとも満足している。同様に，各種の協同組合的保育サービスにおける親の態度の違いも予想される。親もまた異なった制度的基盤の上に置かれているのである。親協同組合でも，ボランタリィ組織でも，親は保育協同組合の組合員であるが，労働者協同組合では違う。彼らは普通，組合員として

労働義務や，協同組合の民主的構造への参加の可能性をもっている。親が保育サービスの一方のタイプを選んで，他方を選ばない理由に，組合員であることが反映しているといえるのだろうか。親がいずれかのタイプの保育協同組合に加入することは重要な利害得失に関係してくるのだろうか。組合員であることは，職員との協力における親の態度やデイケアサービスの運営に関する満足度にも影響を及ぼすのだろうか。最後に，このことは，親に関しては自治体の保育サービスとの比較においてもみられるのだろうか。以下では，広くこれらの問題に答えていくつもりである。労働義務と被選出職に就くことへの親の態度から，ここでの研究を始めることにする。特定の協同組合的保育を選択した理由とその利害得失を考察してから，職員との協力や保育所の運営に関する満足度の議論を続けていくことにする。

(1) 組合員，労働義務，被選出職への就任そして影響力

労働義務は協同組合的保育所ごとに違う。労働義務はもともと運営や維持管理に関連する職務からなっていて，教育的活動は含まないのが普通である。しかし，親はしばしば職員の病休ないし欠勤時における臨時の交代要員ないし代替要員として，「毎日の」（日常）業務を交代でこなすことによって，臨時職員を雇用しなくてもすむようにしている。親協同組合やボランタリィ組織の所有構造と労働義務は，こうした保育サービスの運営に親がより多く関与するのに役立つ。労働者協同組合は委員会における親の代表と保育所における労働義務の両方を欠いているが，現在いくつかの労働者協同組合は親との接触を制度化するために諮問委員会を設置している。これらの諮問委員会は年に数回会合をもっていて，おもに情報機能を担っている。平均規模の大きい労働者協同組合的保育サービスの児童数40〜60人を親協同組合やボランタリィ組織の児童数15〜20人と比べてみると，諮問委員会における親の代表形態も理屈に合っている。その規模や構造は，親協同組合やボランタリィ組織では労働義務によってもたらされる情報の非公式な交換も，委員会における親の公式な代表も難しくしている。下記の表は労働義務に対する親の態度に関するデータである。

表 10-2 労働義務についてどう思うか

(%)

労働義務*	親協同組合	ボランタリィ組織
参加意識が得られる	88.0	81.8
帰属意識が得られる	68.0	62.3
貴重な洞察が得られる	63.3	54.4
影響力を行使する 可能性が得られる	45.3	29.2
平均/(総回答数)	2.7/(405)	2.4/(367)

資料：WECSS Parent Study, Pestoff, 1996a. 複数回答のため合計すると100％を超える。＊有効回答つまり労働義務を負っている回答者のみの数字。

　この2つの協同組合形態において労働義務を果たしていないのは親の8分の1余りにすぎない。荷が重い，資格がない，親間ないし親と職員間の軋轢を生むといった，労働義務に対する否定的見解は親からはほとんど出てこなかった。すなわち1.3％から5.2％の間にすぎない。スペースの都合でここではこれ以上は触れない。さらに労働義務に関してまったく意見を表明しなかった親は少数にすぎなかった。それぞれ7％と5％だった。労働義務に関して親からもっとも肯定的な支持を得た項目は，参加，帰属，貴重な洞察そして影響力である。

　この2つのタイプの協同組合的保育サービスにおいて，親は同じような優先順位と労働義務に関する肯定的な評価を示したが，影響力の可能性に関しては違った。5分の4以上が労働義務によって参加感が得られたと述べ，約3分の2も帰属感が得られたことを挙げている。さらに，半数以上が労働義務によって協同組合的保育サービスの運営に関して貴重な洞察が得られたとしている。つまり，親は概して労働義務を半端仕事とは認めていないだけでなく，むしろ娘や息子が通っている保育所の日常活動への統合を促進する積極的な制度と認めている。この2つのタイプの保育サービスにおける父母間および父母と職員間の相互活動の不安定さを削減するのに，労働義務は役立つ。それはまた，これらの組織の父母と職員間のより大きな信頼を促進するのにも役立つ。

　労働義務それ自体には，親が労働に影響を及ぼす可能性をほとんど見いだす

ことができない。とはいえ，親協同組合に子どもを通わせている親は，ボランタリィ組織に子どもを通わせている親と比較して多くが影響力をもつ機会があるとみている。多分これは，ボランタリィ組織と比べて親協同組合では，より多くの親が被選出職にも就いているという事実を反映している。こうして彼らは，もし必要であれば，変化をもたらすために労働義務によって得られた洞察力を結集することができるのである。

親協同組合やボランタリィ組織に子どもを通わせている親の4分の1以上が，労働義務，被選出職に就くこと等々に関する回答のなかで意見を述べている。その意見にはいくつかの異論が含まれていて，そこには積極的見地も消極的見地も，道具的見地も表現的見地も含まれている。積極的見地には，コスト抑制の必要性，他の子供たちやその親との接触の必要性，自分の子どもの日常生活に触れることの必要性，帰属や参加の必要性，子どもたちにより高い安全を提供する必要性，より大きな影響力をもつ必要性，そしてすべての親が積極的に責任を引き受ける必要性が含まれる。次に中間的表現が多く，そこでは，運営，維持管理，病休職員の臨時の代替要員といった親の責任と，職員の教育的問題に関する責任との区別が強調されている。被選出職に就く親にだけ関係する論点だが，新しく選出される親を見つけることが難しいこと，理事をしている親と職員との間の軋轢といった少数の消極的意見もあった。

被選出職を置くことが問題になるのは，協同組合的にいえば理事会に席を占める，親協同組合とボランタリィ組織の両方の親にとっても，親諮問委員会に席を占める労働者協同組合の親にとっても同じである。親協同組合に子どもを通わせている親の5分の3以上（62.6％），そしてボランタリィ組織に子どもを通わせている親の5分の2以上（43.2％）が協同組合的保育の被選出職に就いているのに対して，労働者協同組合の諮問委員会に席を占めているのは少数の親にすぎない。したがって，後者は以下の表から除いてある。被選出職に就くことに対する否定的見解がこの表から除かれているのは，被選出職について否定的経験を指摘する親が少ないからである。親間ないし親と職員間の軋轢が，かなり激しい，恒常化している，大騒ぎになったという回答は1.2％から5.3％に

表10-3 理事としての仕事についてどう思うか

(%)

理事としての仕事*	親協同組合	ボランタリィ組織
影響力を行使する可能性が得られる	66.2	53.9
参加意識が得られる	62.4	48.6
貴重な洞察が得られる	54.1	44.1
帰属意識が得られる	40.8	34.2
特にない	17.4	19.6
平均/(総回答数)	2.4/(400)	2.0/(328)

資料：WECSS Parent Study, Pestoff, 1996a, ＊複数回答のため合計すると100％を超える。

すぎなかった。

　被選出職に就くことに関してよく指摘される項目は，ここでも，影響力，参加，洞察力，帰属であるが，しかし重要さの順番が違う。労働の義務に関する親の態度と違って，被選出職はまず何よりも親に自分の子ども（たち）が通っている協同組合的保育所の労働に影響を及ぼす機会を提供する。被選出職に就くことに関して，程度さえ問わなければ，この2つのタイプの協同組合的保育サービスの親については，他の項目の順番は同じだということがわかる。選挙の義務も参加意識を提供し，貴重な洞察や帰属意識を得させるのである。約5分の1の親は被選出職に就きたくないという意思表示をしたが，おそらく経験の少なさからきているのだろう。

　親は被選出職や名誉職に就くことにも意見を寄せている。ほとんどの意見は積極的なものであるが，幾人かの親は否定的な意見を述べている。積極的意見では全員参加の平等が強調され，否定的意見は時間がとられることに集中している。

　この2つのタイプの協同組合的保育において親は労働の義務や被選出職への就任を通じて，ごく自然に自分の子ども（たち）の保育の共同生産者になる。被選出職への就任には，この2つのタイプの保育において親と職員の間の相互関係における不確実性を縮減するという，より大きな効果がある。これはま

表 10 - 4 影響力を行使しているか もっと積極的でありたいか

(%)

影響力と積極性	親協同組合	ボランタリィ組織	労働者協同組合
影響力を行使している*	84.2	81.4	51.0
もっと積極的でありたい*	18.5	24.1	30.9
実数	190	189	201

資料：WECSS Parent Study, Pestoff, 1996a, ＊肯定的回答のみ。

た，これらの組織における親と職員の間の信頼を促進する助けにもなる。労働者協同組合に子どもを通わせている親に当てはまる点はたとえあったとしても少ない。親は組合員ではないし，選挙される立場にいることはきわめて稀で，その場合でももっぱら助言する立場である。つまり，こうした親と保育サービスの関係は他の保育協同組合の2形態の場合と比べてはるかに周縁的である。

親の影響力や活動に関する全般的質問も3つのタイプの協同組合的保育サービスの差異を明らかにしている。親協同組合やボランタリィ組織に子どもを通わせている親の場合4分の3以上が協同組合の保育内容に影響力を行使したいと望んでいるが，労働者協同組合ではそれは親の半数にすぎない。これは明らかに3つのタイプの協同組合的保育サービスの差異の反映である。しかしながら，より積極的でありたいという親は労働者協同組合の方が多い。これは親の影響力と活動に関する指数とその差から説明できる。問6に肯定的な回答から問7に肯定的な回答の割合を引くことによって明らかになる。影響力と活動の差は，親協同組合では65.7，ボランタリィ組織では57.3であるが，労働者協同組合では20.1にすぎない。指数50以上が共同生産者に求められる親の実質的な影響力と参加を示している。

(2) 協同組合的保育サービスの選択，長所と満足

協同組合的保育サービスのなかから1つのタイプを選択した動機について親に尋ねた。ある特定のタイプの協同組合に子ども（たち）を通わせるのに明確な動機があれば，回答に表われるはずである。他でもない1つの協同組合の形

態を選択するときに彼らが増進させたいと望む諸価値に，親たちの動機は反映するはずである。彼らの動機ははじめから価値に基礎づけられていたのか，道具的なものであったのか，あるいはその両方である。この3つのタイプの社会的企業の間で回答が異なっていて，タイプごとの協同組合的保育サービスとそれらが対象とする特定の利用者層の像が明らかにされることが期待される。

親は13ないし11のさまざまな動機のなかから選択することになっていて，複数回答も可能である。親協同組合に子どもを通わせている親の1人当りの回答はほぼ3，ボランタリィ組織に子どもを通わせている親は2.5，一方労働者協同組合に子どもを通わせている親はこの2つより少ない。表10-5の最初の4つの選択肢は価値判断を，一方残りの5つは道具的性格を示すものである。

親のグループごとに得られた動機から，協同組合的保育サービスのタイプごとの鮮明な像を見ることができる。親協同組合に子どもを通わせている親は影響力に最大の重要性と可能性をおいているが，家に近い，他の選択肢がなかった，さらに経済的に有利といった実用的項目と同様に，子ども（たち）の日常生活への参加要求にも強い動機をもっている。ボランタリィ組織に子どもを通

表10-5 現在の保育形態を選択したのはなぜか

(％)

協同組合的保育を選択した理由*	親協同組合	ボランタリィ組織	労働者協同組合
影響力の可能性	52.6	42.3	**
自分の子どもの日常生活に参加したい	45.8	31.7	6.5
特別な教育を求めて	15.8	50.8	17.4
親の協力の可能性	25.8	24.3	**
他の選択肢がなかった	31.1	14.3	18.4
家に近い	35.3	21.2	40.8
自治体の保育に不満がある	14.2	21.2	14.4
親戚や友人に薦められて	19.5	20.6	22.9
経済的に有利	28.9	9.0	7.0
平均/（総回答数）	2.9/ (555)	2.5/ (465)	1.7/ (332)
実数	190	189	201

資料：WECSS Parent Study, Pestoff, 1996a, *複数回答のため合計すると100％を超える。**この2つの選択肢は，労働者協同組合に子どもを通わせている親には無効。

わせている親は優先順位の1番に特別な教育，2番目に影響力の可能性，3番目に子ども（たち）の日常生活への参加をおいている。彼らはまた，家に近い，自治体のサービスに不満がある，友人や親戚に薦められてといった道具的動機をはっきり挙げている。協同組合的保育のこの2つのタイプでは，両方の親がいくつかの価値を共有していて，価値に基礎づけられた動機と並んで道具的動機ももっていた。しかしながら，労働者協同組合に子どもを通わせている親の場合，優先順位のパターンが非常に異なっていて，家に近い，不明（ここでは挙げない），友人に薦められてといった実用的項目に最大のウェイトが置かれている。労働者協同組合に子どもを通わせている親は，保育サービスの選択に際して道具的心象に動機づけられていることは明らかである。

ところで，協同組合的保育サービスの形態ごとの主な長所について，親協同組合やボランタリィ組織に子どもを通わせている親は他の長所を示唆する項目を含む13の選択肢を挙げているのに対して，労働者協同組合に子どもを通わせている親は不明という項目を含む11の選択肢を挙げているにすぎない。複数回答が可能であることを繰り返しておく。

親協同組合に子どもがいる親が最大の長所と見ているのは，子ども（たち）の日常生活への積極的参加，影響力の可能性，楽しい雰囲気，積極的な職員，そして親の協力であり，すべてこのグループの過半数の親の支持を得ている。ボランタリィ組織に子どもがいる親が最大の長所と見ているのは，積極的な職員，優れた教育的姿勢，楽しい雰囲気，そして影響力の可能性であり，すべてこのグループの過半数の親の支持を得ている。労働者協同組合に子どもがいる親が最大の長所と見ているのは，積極的な職員と優れた教育的姿勢であり，それぞれこのグループの親の約4分の3と3分の1の支持を得ている。

ここでは，その長所に関連して，それぞれ異なった協同組合的保育サービス像を見ている。しかしながら，積極的な職員と楽しい雰囲気については，協同組合的保育サービスの3つのタイプすべての親が重要な長所として挙げている。これは先に第9章で見た事実と一致する。われわれのWECSS職員研究から，3つのタイプの協同組合的保育サービスでは，いずれも彼らが以前雇用さ

れていた自治体施設より職員の関与が多いことがわかっている[Pestoff, 1998a]。

保育サービスのタイプごとに短所があるが，それがまたそれぞれの組織像を特徴づけるものになっている。3つのタイプの協同組合的保育サービスのどれにたいしても，幅広い層の親が短所は見当たらないと述べている。親協同組合とボランタリィ組織では，いずれの親も労働義務それ自体を嫌がっているわけではないが，協同組合形態であることから求められる追加的時間には批判的であり，親の役割と使用者の役割を結びつけることが難しいことにも苦慮している。労働者協同組合に子どもを通わせている親からは，とくに大きな短所は指摘されていない。

職員との協力について，いくつかの質問に親が回答している。3つのタイプのどの協同組合に子どもを通わせている親も，3分の2以上が職員との協力は概して良好だと感じている。職員の子どもに対する態度についても，きわめて積極的に評価していて，子どもが安心して生活できるように職員が頑張っていると感じていることは明らかである。大多数の親が，職員の親に対する態度に

表10－6 現在の保育形態の主な長所

(％)

主な長所*	親協同組合	ボランタリィ組織	労働者協同組合
影響力の可能性	62.6	50.8	38.4
自分の子どもの日常生活への参加	68.4	47.1	19.9
楽しい雰囲気	62.6	58.2	66.2
積極的な職員	59.5	73.5	75.6
優れた教育姿勢	35.8	64.9	38.8
親の協力	50.0	37.6	**
社会的ネットワーク	30.0	23.8	6.5
妊娠中に席が確保できた	24.7	13.8	17.9
経済的に有利	32.6	10.6	10.4
民主的運営	21.1	15.9	3.5
平均/(総回答数)	4.8/ (915)	4.2/ (793)	1.6/ (323)
実数	190	189	201

資料：WECSS Parent Study, Pestoff, 1996. ＊複数回答のため合計すると100%を超える。＊＊この選択肢は労働者協同組合に子どもを通わせている親には有効でない。

ついても非常に積極的に評価している。協同組合的保育サービスの3つのタイプごとの違いが小さいのは，組合員であることそれ自体が親の職員との協力に対する態度形成に重要な役割を演じていないからである。事実，労働者協同組合に子どもを通わせている親の場合，職員の親に対する態度について積極的に評価する割合は少し多い程度である。

　親協同組合ないし労働者協同組合に子どもを通わせている親のほぼ5人に1人が職員との協力に関する回答にコメントを寄せている。一方，ボランタリィ組織に子どもを通わせている親の場合，その割合は8人に1人超である。そのコメントは，関係改善，親と職員の分業，親であり使用者であることの難しさ，ないし親であり，かつ職員の一員としての役割を果たすことの難しさ等，幅広い論点にわたっている。

　さらに，3つのタイプの協同組合的保育サービスに共通して，圧倒的多数（94.4～97.7％）の親は，職員は親が出してきた改革や改善の提案を議論することに積極的だと感じている。また，3種類のどの協同組合的保育サービスに子どもを通わせている親も，5人に1人がこの設問にコメントを書き加えてきている。職員が改革の議論に寛大で積極的かということでは，親のコメントはほぼ3つに分類できる。職員は改変の議論に積極的，職員は教育問題を除けばどんな議論にも積極的，職員は改変の議論に積極的でない。この設問は，親の提案によって実現した改革の例を取り扱った別の設問によって補強できる。親の3分の1以上がこうした変革の具体例を提供している。

　娘や息子の保育協同組合の管理運営について，どれくらい満足しているかということも親に聞いている。他の2つのタイプの協同組合的保育とくらべて労働者協同組合に子どもを通わせている親の方が「非常に満足」が多く，他方「まあまあ満足」は少なかった。しかし，この2つの回答を足すと，3つのタイプのどの協同組合的保育サービスでも，親の4分の3以上が子ども（たち）の保育サービスの管理運営に満足していることがわかる。職員との協力に関する親の態度と子ども（たち）の保育サービスの管理運営に対する満足度は同じように高い水準にあるが，このことからは3つのタイプの協同組合的保育サービ

スの間に大きな構造的差異があるようには見えないし，親が自ら参加する可能性も見えない。ひとつの結論として，親にとってこうした可能性の違いはほとんどないと言えるかもしれないが，しかしそれは軽はずみであり，間違っていると思われる。

　親は子どもの保育サービスの質を自己の価値に基づいて判断するのであって，「良い教育」とか「良い保育」といった，いくつかの一般的で絶対的な価値ではない。もし自己の価値観とある特定のタイプの保育サービスを選択する際の動機との間に相対的に良い組み合わせが存在し，その保育サービスがその価値を増進できれば，そのとき親は満足するのである。もちろん，このことは，自治体や民間の保育サービスに子どもを通わせている親にとっても真実であろう。つまり，労働義務や役員に選ばれることについての違いは保育サービスの運営方法に親が満足か不満足かということに反映しないのである。むしろ，労働義務や役員に選ばれることへの親の態度は彼らの層ごとの生活態度や価値観におけるより基本的な差異を反映するのであろう。

　ある親は子ども（たち）の成長過程の早い時期に他の親より多くかかわりをもつし，ある親はそのことを労働義務や役員に選出されることによって得られる影響力と結びつけて楽しんでいるが，他の親はそうしない。ところで，参加を望む親は，もしその可能性が存在しなければ多分満足しないか，不満ばかりが残ることになる。つまり，保育サービスの最上の形態が問題なのではなくて，むしろある層の親にとって良いことが別の層にとってはそうではないということが問題である。こうして，優れた福祉プルーラリズムだけが市民が欲する保育サービスを提供するために，自治体や民間の保育サービス，親協同組

表10-7　保育所の管理や組織への満足度

(%)

管理への満足*	親協同組合	ボランタリィ組織	労働者協同組合
非常に満足	42.9	44.3	55.6
やや満足	46.7	42.2	25.8
実数	190	189	201

資料：WESS Parent Study, Pestoff, 1996a, *満足しているという回答のみ。

合，ボランタリィ組織，労働者協同組合といった数多くのさまざまな形態をつくりだすことができるのである。

第3節　地方自治体の保育サービスとの比較

　親の視点から協同組合的保育サービスと自治体施設での保育サービスを比較する方法は2つある。ひとつは，2タイプ以上の保育サービスの親を平行調査するもので，それぞれのグループの親の調査結果を他のグループのものと比較する。各タイプの保育サービスごとの平均値が得られ，他と比較される。ここで行われている3タイプの協同組合的保育サービスの平行調査がこれにあたる。もうひとつは，2つのタイプの保育サービスを親に経験させ，自分自身で比較させる方法である。これは遡及的比較と呼ばれている。われわれはこの方法を選択する。WECSSの親研究では，親に子ども（たち）が以前に自治体の保育サービスを受けていたかを尋ねた。もし受けていたら，協同組合的保育サービスの職員は自治体の保育所の職員より親の願いに寛大で配慮してくれるか，また自治体の保育所と比べて協同組合的保育サービスに対する評価はどの程度かを尋ねた。以下の2つの表は比較調査の結果であり，以前に子どもが自治体のサービスを受けていた親だけを含んでいるので，有意の比較評価が行なわれている。親協同組合に子どもを通わせている親の3人に1人以上（35.0％），ボランタリィ組織に子どもを通わせている親の5人に2人以上（42.6％），労働者協同組合に子どもを通わせている親の半数近く（47.6％）が2つの形態を経験していた。

　3種類のどの協同組合的保育サービスに子どもを通わせている親も，ほぼ4分の3が自治体の保育サービスと比べて協同組合の職員の寛大さと配慮を好意的に評価している。親協同組合ないしボランタリィ組織に子どもを通わせている親のうち該当する親の半数以上，労働者協同組合では5人に3人が職員の寛大さや配慮について比較したコメントを寄せた。圧倒的多数のコメントが自治

体の保育サービスへの不満か現在の協同組合保育所での良い関係を強調するものであったが，職員の寛大さや配慮はどちらでも同じだったというものもあった。

　どちらの形態が良いと感じるかを尋ねてみると，協同組合的保育サービスへの肯定的評価はボランタリィ組織に子どもを通わせている親がわずかに多い。社会的企業のどのタイプでも，親の4人に3人以上が自治体の保育サービスと比べて協同組合形態の方が良いと思うとはっきり述べている。親協同組合と自治体サービスに子どもを通わせている親のほぼ半数（48.7％），ボランタリィ組織と自治体サービスに子どもを通わせている親のほぼ4人に3人（76.9％），労働者協同組合と自治体サービスに子どもを通わせている親のほぼ5人に3人（61.9％）が両者を比較したコメントを寄せている。まさにこれが親からもっとも多くコメントが寄せられた問題であり，親にとって重要な論点であることを示している。一方，次に多く寄せられたのが職員の寛大さと配慮についての比較である。親のコメントは主に3つの種類に分けることができる。圧倒的多数がこれに当たるが協同組合の長所を強調するもの，自治体のサービスの短所を強調するもの，その他協同組合と自治体のサービスでそれほど違いがない教育の重要性等々に関するコメントである。

　最後に，もし自由に選択できるとして，自分の子ども（たち）のために再び協同組合的保育サービスを選択するかも聞いている。当然ありうる短所を明らかにする設問である。3つのカテゴリーのどの親も，ほぼ4分の3以上が自治体の保育所より協同組合の保育の方がはっきり良いと表明した。ただし，労働者協同組合保育サービスに子どもを通わせている親の回答には，かなりの不明分があったことは忘れないようにしていただきたい。親協同組合やボランタリィ組織に子どもを通わせている親の4分の1以上が将来もまた協同組合的保育を選択するという意思表示をしているのに対して，労働者協同組合に子どもを通わせている親の場合は5分の1以上だった。もう一度繰り返すとすれば，彼らの回答は，コメントの大部分が指摘しているように協同組合形態の長所か，特別な教育といった自治体形態の短所か，あるいはまれに協同組合形態のいく

表 10-8　協同組合的保育は自治体のサービスより優れているか

(%)

	親協同組合	ボランタリィ組織	労働者協同組合
優れている	81.5	85.5	77.4
実数*	65	76	84

資料：WECSS Parent Study, Pestoff, 1996a. ＊両方の保育形態を経験した親の回答だけが有効。

表 10-9　自由に選択できるとして，現在の保育形態を再び選択するか

(%)

	親協同組合	ボランタリィ組織	労働者協同組合
はい	89.5	81.0	72.1
(無回答*	4.7	14.8	23.9)
実数	190	189	201

資料：WECSS Parent Study, Pestoff 1996a.＊数字は無回答を含む全体に対する比率。3つの親のカテゴリーごとに計算してある。

つかの短所を強調しているのである。

第4節　要約と結論

要　　約

　本章では，われわれは対人社会サービスとこうしたサービスを提供する社会的企業の領域に対する共同生産者概念の拡張と適応に関心を払ってきた。われわれはスウェーデンにおいて保育サービスを供給する3つの異なった社会的企業，すなわち親協同組合，ボランタリィ組織そして労働者協同組合に関するデータを提供した。ところで，親協同組合とボランタリィ組織はともに組合員資格と結びついた労働義務をもっているのに対して，労働者協同組合はこうした特徴を欠いている。親は組合員になれないのである。最初の2つのタイプの社

会的企業の親はともに労働義務に対して積極的な態度を表明した。参加を促し，帰属意識や役に立つ洞察をもたらすのである。とくに，彼らを協同組合的保育サービスの組織や運営に統合することを可能にする。この2つのグループの態度は，労働義務を通して影響力の可能性を獲得することにあまり重きを置いていない。次に，被選出職や名誉職に就いている親は，ボランタリィ組織より親協同組合の方が多かった。一方，労働者協同組合に関与する親はいずれにせよ，ほとんどいなかった。諮問委員会があるだけである。労働義務への態度と対照的に，理事会での仕事への親の態度はまず第1に協同組合的保育サービスの被選出職に就くことの政治的意味合い，とくに親の影響力を増大させる点を強調する。すでに労働義務に関連して指摘した統合的観点については，被選出職や名誉職に就く割合も2つのグループの親が高い。被選出職や名誉職に就く親の割合はボランタリィ組織より親協同組合の方が高い。これは前者より後者のタイプの協同組合的保育サービスの親の方が影響力を手に入れる機会が多いことを意味する。

　保育サービスを供給する社会的企業のうち望ましい形態を選択した理由について，われわれは保育サービスのタイプごとに明確な特徴づけを行った。影響力，子ども（たち）の日常生活にもっと参加したいという願い，そして家との近さは，親協同組合に子どもを通わせている親の明確な像を提供する。特別な教育，影響力への願望，そして子ども（たち）の日常生活にもっと参加したいという願いは，ボランタリィ組織に子どもを通わせている親の動機において優位を占めている。この2組の親は道具的価値よりも，むしろ表現的価値に基づいて協同組合的保育形態を選択している。家との近さ，親戚や友人の薦め，そして他の選択肢がないことが労働者協同組合に子どもを通わせている親の主要な動機である。これは明らかに，この親たちの道具的態度が強いことを示している。

　ところで，彼らが挙げた3つのタイプの社会的企業ごとの長所の違いには，道具的価値が大きな役割を果たしている。それぞれのタイプの協同組合的保育サービスの親が挙げた4つの主な長所の1つが，楽しい雰囲気，積極的な職員，

そして影響力の可能性である。もちろん最初の2つのタイプの保育に属する親にとっても，子どもの日常生活への参加や教育は重要である。数は少ないが短所についても触れた。

改変や改善の提案を議論する職員の熱心な姿勢を親は高く評価している。さらに3つのタイプのどの社会的企業の親も，自分の子ども（たち）の保育サービスの運営や管理に同じ程度の満足を表明している。ところで，労働者協同組合に子どもを通わせている親は明確に道具的態度であるのに対して，親協同組合やボランタリィ組織に子どもを通わせている親はより表現的態度を表明しているのだが，この2つのタイプの社会的企業に属する親が，労働者協同組合に子どもを通わせている親と同程度に影響力や参加の機会が少なくても満足しているかは未解決の問題である。われわれがここで指摘したことは，どのような組織形態であれ，単一のタイプの社会的企業がすべての親の保育サービスにたいするニーズや必要を満たすことはできないということである。むしろ，福祉ミックスや福祉プルーラリズムが発展するほど，対人社会サービスの供給形態が多様化する必要があるということである。

以前は，多くの親が自治体の保育サービスに子どもを通わせていた。そして，協同組合と自治体のサービスを比べてみると，職員の開放性は明らかに社会的企業の長所である。親たちもまた，タイプを問わず保育サービスを供給する社会的企業の方が自治体のサービスより優れていると感じていることは明白である。最後に，自由選択であるが，彼らはタイプを問わず社会的企業形態を選択すると述べている。

結　　論

市場の失敗や情報の不均衡こそが，第三セクターや非営利組織による対人社会サービス供給を正当化する。それが，ある種の市場の失敗を緩和し，そのサービスの消費者と供給者の間にいっそうの信頼関係を醸成するからである。いくつかの対人社会サービスの継続的性格は退出より抗議にふさわしい。さらに，こうしたサービスを市場を通じて供給する場合の取引費用は，消費者，生

産者にとっても，そして社会にとっても非常に高価である。こうした考察のすべてが，市場と政治にたいする第三セクターの道を正当化する。ここでは，共同生産者としての市民，社会的企業，そして協同組合的社会サービスは市場および準市場に対するもうひとつの道を提起することができる。この3者はまた市民的民主主義と地域における社会サービスの協同組合的自主管理の発展に貢献する。

　われわれの調査結果は「サービス民主主義」の概念の修正を求めている。そこでは，親は地方自治体が責任を引き受けてくれることを望み，自分の娘や息子の保育所の運営に参加すること自体に価値を見いだす親はほとんどいない。WECSS親の調査によれば，親協同組合かボランタリィ組織に子どもを通わせている親は明らかに，被選出職か名誉職に就くことによって労働義務と参加の可能性が結びつくことに高い評価を寄せている。さらに，ほとんどの親はオルタナティヴないし協同組合的保育サービスの方が地方自治体のサービスより優れているとはっきりと述べていて，地方自治体のサービスの悪化を含むいくつかの理由を，選択の動機として挙げている。サービス民主主義は多くのスウェーデン人の考え方であるが，この数十年の協同組合的保育の急速な成長が示しているように，永続的なサービスの供給者との不安定な関係を改めたいという人の数も増えている。

　財やサービスの生産者と消費者の間の交換における不確実性の程度と，こうした不確実性を除去することによる潜在的利益が，関係者にとっては共同生産の動機である [Wirkström, 1996]。社会的企業や協同組合的社会サービスは明確な社会的目標と非営利的動機をもっていて，機会主義的行動の可能性を最小限化し，あるいは除去することによって，こうしたサービスの生産者と消費者の間に信頼を生みだすのに役立つ。保育の場合，いくつかのタイプの協同組合的社会サービスでは，共同生産者として親の参加を促すことによって，つまり労働義務と民主主義的手続きや親が名誉職に就任することを結びつけることによって不確実性が除去されている。いくつかのタイプの協同組合的保育所では，親の価値観に対応した利益を創造することが可能である。とくに，親協同組合

やボランタリィ組織に子どもを通わせている親にとっては，親の影響力，自分の子ども（たち）の日常生活への参加，特別な教育，帰属意識といった価値は重要な価値である。共同生産はこのようなサービス生産に親を巻き込むことによって，生産者と消費者の間の相互作用に伴う不確実性を除去する。そして親の参加は，親次第で最高の品質保証になる。親が力をつけ，自分の子どもたちの施設保育について親独自の価値観を追求する権限を手に入れることができるのも共同生産のおかげである。

　労働者協同組合でも地方自治体や民間の保育サービスでも，同様の価値を追求することは，可能であっても決して容易ではない。しかし，それにもかかわらず親の道具的価値を追求しているのが労働者協同組合の保育サービスである。この点では親協同組合とボランタリィ組織は独特で，共同生産に対応する価値の創造を追求しているといえる。こうした子どもの保育形態が存在していなくて，協同組合的保育サービスの生産に親の参加と関与がなければ，このような親のためにこうした価値が創造されることもないだろう。つまり，これらの特別な保育サービス形態は親を共同生産者として引き込むことによって，その親のために価値を創造するのである。こうした選択肢が存在していなかったり，政治的あるいは財政的理由で切り詰められるようなことがあれば，このような保育サービスに子どもを通わせている親の生活や価値観も，そしておそらくその子供たちの生活と価値観も共同生産によって豊かにされる可能性はないだろう。共同生産に付随するこれらの価値はどれも，労働者協同組合とか地方自治体や民間の保育サービスによって供給されるサービスにおいては実現不可能である。そこでは親の参加や共同生産は追求されないのである。このような保育サービス形態がないところでは，これらの親はこうした価値を獲得することができないだろう。つまり，多くの親のグループが共同生産によって独自の価値を追求するのである。つまり，民間の社会サービスが公的資金を手当てされることによって強化され，そしてより参加的な福祉社会に転換することによって福祉国家を再生することに共同生産は貢献するのである。

　社会的企業は親の表現的価値を実現するための機会を提供することによって

市民民主主義を推進し，共同生産者としての市民の役割を強化する。社会的企業はこうしたやり方で，保育サービスにおける親と職員の間の関係の不確実性を除去することに役立つだけでなく，利用者とその社会的企業の間のより大きな信頼を促進するのである。

1

第Ⅲ部　結　論

第11章　新千年紀の展望

　この最終章では，スウェーデンにおける社会的企業と市民民主主義という前人未到の航海の行程を要約することにしたい。社会的企業，とくにそれがスウェーデンにおいて供給している社会サービス，そして市民民主主義が新千年紀における福祉国家再生のモデルを提供することができるか考えてみたいのである。この特殊な社会福祉サービス供給形態が公的ないし民間のそれと比較される主な長所は何だろうか。その短所は何で，解決策はあるのだろうか。社会的企業はスウェーデンの福祉国家を改革して，福祉社会に転換する展望をもっているのだろうか。この最後の問いに答える前に，まずこの報告の主な結論を要約しておきたい。

　序章では，複合的な社会的目標と関連づけて社会的企業を定義した。それが，さまざまな面で民間営利企業から社会的企業を際立たせているからである。われわれは，3つの主要なタイプの社会的企業，労働者協同組合，消費者協同組合，ボランタリィ組織のそれぞれについて独特な社会的価値をかなり詳しく検討した。労働者協同組合は労働者のエンパワーメントや労働生活の改善を，消費者協同組合は消費者のエンパワーメントや生産過程への参加を，ボランタリィ組織は他の社会的目標を追求している。市民民主主義については，継続的な対人社会サービスを供給する小規模な社会的企業の自主管理，そして自らが必要とするサービスの共同生産者としての市民と関連づけて定義した。

第1節　いくつかの理論的反省

　WECSSプロジェクトの理論的背景に関連して，われわれはいくつかの重要な概念について議論した。労働環境の改善と共同生産者としての市民のエンパワーメントの重要さ，そして両者の関係を理解するのに必要だったからである。最近の論争の多くは，対人社会サービスを供給する第三セクターの役割，市民社会の性格，そして第三セクターと市民社会の関係に関するもので，明確な新自由主義的偏向を反映していて，第三セクターと国家，あるいは市民社会と国家の間の競争や紛争という，歪曲されたパラダイムに基づいている。こうした展望は不正確で無知に基づいているだけでない。スカンジナビア諸国に共通する福祉国家を脱正統化し，切り詰め，最終的にミーンズテスト（資産資格検査）によって最低限のセイフティネットに置き換えることが主要な目的のように思われる。

　ところで，われわれは福祉トライアングルや福祉ミックスと関連づけて第三セクター概念について議論し，それを拡張した。われわれは原理的というよりむしろ関係的な定義を躊躇なく選択したことを表明した。われわれのこの概念に関する定義はアメリカ租税法や，いわゆる第一制約原理に基づくものではない。むしろ，それは社会的経済や民衆の福祉事業（folkrörelser）といったヨーロッパ的現象に近く，さらにそれは社会的企業の民主主義的側面にむしろ関心が払われているのであって，経済的側面のみが考察されているのではない。われわれは，はっきりと異なる民営化の主要な3つの道，すなわち市場，家族，そして第三セクターを通るそれぞれの道について説明した。選択肢はいずれも独特な特徴をもっていて，独自の社会的価値を推進するのである。

　次に，われわれは市民民主主義の政治側面についても研究した。現代社会において市民が纏っているさまざまな役割，消費者というよりむしろ市民ないし市民権という概念，そして公的セクターと連動した市民のエンパワーメント

が，それに関連していることがわかった。われわれは市民の多様な役割や，彼らに開かれている影響力のさまざまな回路，たとえば政治の説明責任について議論した。われわれは福祉国家の再生という視点から第三セクターの役割について考察を行った。水平的連帯の推進，市民のイニシアティヴや社会サービスに彼らが参加する領域の拡張，つまり福祉国家の福祉社会への転換がそれである。われわれは消費者という目新しい用語を使わないで，市民概念を堅持することの重要性を強調した。前者は暗黙に，あるいはしばしばあからさまに政治的に分断されていて，後者の用語は権利や責任と結びつけられているのである。そして，われわれは市民民主主義のいくつかの側面が周辺のスカンディナビアおよびヨーロッパの各国で最近発展している様子がわかった。しかし，われわれは保育サービスを供給する社会的企業を除いて，スウェーデンではこのような概念が現実にはあまり広がっていないことを知っている。

　次に，われわれは市民民主主義の経済的側面の考察に進んだ。第三セクターや非営利組織による対人社会サービスの供給は市場の失敗や情報の不均衡によく対応している。それらは，こうしたサービスの消費者と供給者との関係に，より多くの信頼を醸成するのである。また，対人社会サービスのある種の生産者による便宜主義的行動の可能性によって準市場が押しつけられる。ある種の対人社会サービスは永続的な性質をもっているので，退出ではなくて発言の方がより適合的である。さらに，こうしたサービスを市場をつうじて供給する際の取引費用は，消費者，生産者，そして社会にとってあまりにも高価である。こうした考察の全てが，市場と国家に対する第三セクターというオルタナティヴを支持している。ここで市場や準市場に対してオルタナティヴを提供しているのは，地方やミクロ・レベルでの交渉経済，共同生産者としての市民，そして社会的企業である。これらはまた市民民主主義や，社会サービスの地方的な協同組合的自主管理の発展にも寄与している。

　市場経済下の私企業では，それぞれの所有権に基づいて，所有者，労働者，消費者の機能が明確に区別されている。資本の所有者は協働生産から生ずる利潤の処分権が保証され，労働者と他の雇用者のほとんどは労働を販売した対価

として時間単位で報酬が与えられ，消費者や利用者は購入して得られた財やサービスの処分権を獲得する。協同組合は普通この3つの生産機能や，それぞれの利益を結びつけている点で，伝統的に私企業と区別される。協同組合的所有は財やサービスの生産者と消費者どちらの機能とも結びついている。ところで協同組合はある一定の深刻な限界ないし制約のもとで活動している。もっとも重要な点は，協同組合がその成否を左右する重要な利害関係者の一方の利益だけを容認することにある。

さらに，スウェーデンでは，社会サービスは主に公的資金によって賄われている。したがって，ここでの主な関心は社会サービスの利用者と職員と財務官の利益を代表することにある。ところで，スウェーデンでは，協同組合的社会サービスを組織するという別の方法がある。たとえば，親協同組合的および労働者協同組合的保育サービスという主な2つの方法があるが，これらは消費者協同組合および労働者協同組合モデルを基礎としている。このいずれのモデルも，社会サービスの消費者ないし生産者という単一集団の利益を制度化したものである。利用者であれ職員であれ単一の集団がサービス供給組織の理事会に代表を送るのが普通である。これら2つのグループの混合体がマルティ・ステイクホルダーないし混合社会サービス組織で，社会サービスの消費者と生産者両方の利益を制度的に結びつけている。非営利組織という別のタイプのもう1つのモデルがある。協同組合のような機能をもつ一方，別の方法で，利用者，職員，そしてたとえばボランティアや資金提供者のような他の利益集団の利益を制度化するのである。こうしてマルティ・ステイクホルダー・モデルは制度的大改革を実現するかも知れないのであって，そこでは対人社会サービスの供給者と利用者の間の対話が活発化し，両者間の情報の不均衡が克服されることになる。マルティ・ステイクホルダー組織では，職員と利用者は共に組織の構成員として処遇される。マルティ・ステイクホルダー協同組合の例としては，カナダ，スペイン，スウェーデンが知られている。

次に，社会会計について見てみると，財務会計が社会的企業の経営状態について提供する像があまりに狭く一面的であることに注目しておきたい。社会サ

ービスを供給する社会的企業の目的遂行や経営状態を正確かつ継続的に評価するために，外部の社会会計は財務情報制度の補完として必要である。これは社会的企業の所有者と経営者の間のプリンシパル／エージェンシーの論理的拡張である。営利を目的としない組織による社会的報告のモデルを確定しようとして，さまざまな議論が行われ，近年発展を遂げてきた。社会監査に関する既存の方法論，手段そして技術の中でNPO／NGOや新しい社会的企業に適合的ないし相応しいものはほとんどない。実用可能な方法論はほとんど私的セクターや公的セクターに焦点が当たっていて，社会的企業の独自の性格を考慮に入れるのに失敗している。社会会計の独自の方法論を開発することが必要なのである。それは性格上規範的で，目的記述的で，財政問題と非財政問題，そして短期と中期両面の報告でなければならない。カナダとイタリアにおける協同組合の社会的監査の例が議論されている。

最後に，カラセックとテオレル［1990］によって開発されたモデルには，3つの構成要素ないし次元が含まれている。心理的要求，ジョブ・コントロール，そして社会的支援である。ところが，彼らは別の次元の存在も指摘している。利用者の相互関係，ジョブ・セキュリティー等である。彼らは初め，労働に対する要求とコントロールに基礎を置く2次元モデルを提唱する。次に彼らは，労働に対する社会的支援を加えることによってそのモデルを発展させ精密にする。しかしながら，われわれは利用者との規則的な接触という別の次元を加えることによって，彼らのモデルをさらに拡張することを提案する。スウェーデンの保育サービスにおいて，女性労働の労働心理的労働環境が1990年代に急速に悪化したこともまた明らかである。

第2節　実証研究成果の要約

この実証研究成果の要約は3つのタイプの協同組合的保育サービスの比較に基づいていて，時に応じて自治体の保育サービスとの比較も行っている。ここ

に含まれるのは，スウェーデンにおける協同組合的保育の成長と発展，労働環境と保育を提供する社会的企業に関する独自の研究設計，これらの保育サービスの媒介変数，保育サービスを供給する社会的企業の労働心理的労働環境，女性の労働生活の質的向上と社会サービスの共同生産者としての市民のエンパワーメントに関する節である。

(1) スウェーデンにおける協同組合的保育サービスの成長

1970年代および80年代における協同組合的保育の（再）登場とともに活発な議論が引き起こされた。親協同組合の保育サービスの多くは70年代後半から80年代初めにかけて出発し，例えばモンテソーリ，レジオ・エミリア，ワォルドーフ等のような，自治体の保育施設では見られない独自の教育哲学を実践した。自治体サービスの教育哲学や教育哲学の欠如ともとれる事態に満足できない親を，かれらはしばしば引きつけたのである。この親協同組合の第1世代はボランタリィ団体の法人格を取り，85年以前において唯一公的財政支援を受ける資格をもつ非自治体保育サービスとなった。

親もまた自治体の特権にすがるのではなく，保育を利用することを社会権と考えるようになった。保育サービスへの要求が高まり，自治体施設が不足しはじめて，親協同組合の第2波が始まったのが1985年だった。法改定によって，親は経済アソシエーションを組織し，自治体の保育サービスと同額の公的財政支援を受けることが可能になった。非自治体保育サービスはスウェーデンで議論するときは，たいてい「オルタナティヴ」とか「民間」サービスとして知られているが，85年以降劇的に拡大した。国家支援を得て公的需要に応える非自治体保育所は88年にちょうど500だったが，95年末には3.5倍の1,900近くに達した。これらの非自治体サービスに登録されている子どもの数は88年の8,500人から95年末には5倍近い39,000人にふえた。95年の平均では，子ども8人中1人弱が非自治体サービスを提供する保育施設に登録されていた。しかしながら，地域ごとに大きな違いがあることに注意しなければならない。ウプサラ県では非自治体施設に通っている子どもは4分の1だったが，北部のヴェ

第11章　新千年紀の展望

ステルボーテンでは約20分の1にすぎなかった。

　非自治体保育サービスを詳しく見てみると，こうした活動を組織し運営するために，親協同組合，ボランタリィ組織，労働者協同組合，特別な教育組織，あれこれの形態の組み合わせ等々，さまざまな形態が採られていることがわかる。1995年には，「民間」ないし非自治体保育施設の3分の2近くが，親協同組合か労働者協同組合かボランタリィ組織によって運営されていた。95年には，非自治体保育施設の半数以上，つまり1,016が親協同組合によって組織されていた。労働者協同組合保育は91年末には新しい形態だった。95年までの間に労働者協同組合は13から157に増加した。95年には，例えばモンテソーリ，レジオ・エミリア，ワォルドーフのような特別な教育を提供する非自治体保育所や学童保育所は250あった。彼らは自分たちを「親協同組合」と呼んでいるが，通常ボランタリィ組織や基金として組織されている。

　非自治体保育施設の法形態は法人設立ないし登記の際に明らかにされる。1995年には，その半分以上が経済アソシエーションとして登記された。協同組合的保育施設の4分の3は自分たちのサービスを経済アソシエーションとして登記することを選択した。協同組合企業形態を選択したのである。ところが，近年スウェーデンの教会は急速に「全キリスト教会の基金」という新しい形態を選択するようになり，95年には115の基金が登記された。92年にはまず民間の営利ないし商業保育の登記が可能になった。92年から95年の間に，商業企業の数は41から215に5倍以上増加した。ほとんどが南スウェーデンだった。

　保育サービスの発展について言えば，1993年以降，自治体には，要求と適格性があるすべての住民の子ども（たち）に保育サービスを提供する義務がある。これらのサービスの費用は，供給主体に関わりなく85～88%の間で公的資金が補填し，親の保育料が残りの12～15%を賄う。就学前サービスへの公的資金は75年以降劇的に増加し，スウェーデンでは現在6歳以下の子どもの半数がいずれかの形態の保育施設に毎日通っている。さまざまなタイプの保育施設に登録されている就学前の子どもは40%近くに上り，その12%以上が公的

に支援されている非自治体保育サービスに毎日通っている。約4万の子どもが約2,000の非自治体保育サービスに通っている。この非自治体施設の3分の2が，保育サービスを供給する社会的企業であることは間違いない。

これらの保育サービスには公的資金が支出されているが，こうしたサービスの生産は社会的企業のメンバー自身か，雇用された職員によって行われている。資金調達は公的なままであるが，実際のサービス供給は委託である。つまり資金調達と公的サービスの生産が分離している。公から社会的企業への組織形態の変化は，協同組合的保育サービスの職員の労働条件や労働環境，利用者の影響力にとってどのような意味があるのだろう。これらの疑問に答えることがWECSSプロジェクトの主要な目的だったのである。

(2) 労働環境と協同組合的社会サービスに関するスウェーデン・プロジェクト

社会サービスを供給する社会的企業の労働環境を研究するために，われわれは主にいくつかの調査方法に基づいて実証研究を計画し実施した。われわれはさまざまな地理的条件を得ておきかったので，スウェーデン各地の6地域，つまりイョーテボリ，ヤムトラント，マルメヒュース，ストックホルム，ウプサラそしてヴェステルボーテンで保育サービスを供給する社会的企業を研究することにした。第1段階として，われわれはこれらの県ごとに，単純無作為標本としてこの6地域のほぼ3つに1つの「協同組合的」保育所を抽出した。5分の3がわれわれの研究への参加の意思を表明した。第2段階として，次にわれわれは57の保育サービスの準無作為標本を集めた。それには，参加に同意したもののなかから2つに1つの単純無作為標本を抽出した29の保育所が含まれていた。これには1回目の接触で得られた追加情報に基づいて選抜された21の興味深い事例が含まれていた。ストックホルムの労働者協同組合は評判の高い標本ということで含められた。

われわれのサンプルには，保育サービスを供給する3つの異なったタイプの社会的企業が含まれる。24の親協同組合，16のボランタリィ組織そして17の

第11章　新千年紀の展望　　　293

労働者協同組合である。われわれのプロジェクト設計はきわめて複合的で，社会的企業それ自体，つまり職員と利用者の両方の研究を必要とした。こうしてわれわれは，3つの異なった，しかし同時並行的な研究，つまり57の協同組合的保育所の組織研究，これらの社会的企業の職員244人の職員の研究，そしてこの57の保育所に子どもを通わせている580人の親の研究に着手したのである。われわれはこの57の保育所の管理者に面接を行い，こうした訪問の際や事後に文書資料を収集し，そして職員研究と親の研究のために質問票を配付した。職員の質問票への回答率は81.7％，親の質問票への回答率は70.4％だった。WECSSプロジェクトに関するほとんどのデータは1994年に収集されたものである。

　(3) 保育サービスを提供する社会的企業の特質

　WECSS組織研究は，消極的であれ積極的であれ「オルタナティヴ」ないし非自治体保育サービスが始まった理由を明らかにすることから出発した。保育サービスを供給する社会的企業が活動を始める理由の多くは，自治体サービスの単なる不足といった，その消極面や自治体サービス（の硬直化や官僚化）を回避したいという要求がそこにある。特別な教育方法を創り出したり，親の影響力を増大させたいという積極的動機に応えたのが，これらの多くの新しい社会的企業だった。つまり，自治体が市民のニーズを把握することに失敗したことこそが，幼い子どもに対する親のニーズ満足させるために，この新しい形態を成長させたのである。

　保育サービスを供給する3つのタイプの社会的企業の出発条件における輪郭はWECSS組織研究の情報から得られた。親協同組合の保育サービスは主に，1985～90年の間に3大都市圏の1つにおいて設立された。自治体施設の不足か親の影響力を増大させること，あるいはその両方に起因する新しいサービスを供給するために，しばしば親自身によって親協同組合は始められた。親協同組合は出発時点で自治体や地方的な協同組合開発機関から支援を受けた。それらはほぼどれも小さな施設で，通常12～18人の子どもが1つのグループに集

められている。ボランタリィ組織は主に3大都市圏の1つで，しかし保育サービスを供給する他のタイプの社会的企業よりも早く，その多くはすでに70年代に設立された。新しいサービスを提供するか，独自の教育方法を実現するために，あるいは両方の理由から親とスタッフによって始められたのである。自治体サービスには，それらが欠けていたからである。

出発に当たってどのような支援も受けなかったし，小さな施設から大きな施設まで幅が広い。労働者協同組合保育サービスが始まったのは，どれも1990年代以降である。しばしば農村地域で，通常職員によって，自治体保育サービスの官僚制を回避するとか，独自の教育方法を実現するために，あるいは両方の理由から始められた。もっぱら新しいサービスを提供したが，しかし少数ではあるが既存の自治体サービスを引き継いだものもあった。出発に当たっては，自治体や地方の協同組合開発機関の支援が行われた。小さな施設から大きな施設まで，つまりそれぞれの施設は12～15人の子どもたちからなるグループが1つから4～5つまでと幅が広い。

次に，それらの今日的状況について見てみると，自治体との関係についていくつかの重要な欠陥があることがわかる。第1に，自治体の行政契約に大きなばらつきがあって，2つの自治体がオルタナティヴな保育サービスに，例えば親が支払う保育料，自治体の補助金，子どもの募集等，同じ運営条件を提案してくることはない。このことが自治体ないし非自治体の保育施設に関して運営状態の有意味な比較をすることを難しくしている。保育サービスを供給している2つの社会的企業が同じ行政契約をしていることはないのである。

第2に，こうした社会的企業と自治体との日常的関係に関する次のようなあり方がわかった。社会的企業の管理者は直接関係のある自治体の会議や自治体サービスの同業者との月次の会議からしばしば排除されている。一方，こうした定例会議から排除されることによって，彼らが契約や自治体への責任を遂行するのに必要な情報を得たり，質の高い保育サービスを保証することが，いっそう難しくなるだけではない。専門性の発展水準，法律の改定等に合わせることも難しくなる。他方，自治体が非自治体サービスの発展を把握し，その活動

を監視し，良好なサービスの質を保証することがますます難しくなる。こうした保育サービスはしばしば小さな単一の施設で提供されるので，専門家が必要とされるときに困った状況に置かれる。必要な能力が不足しているのである。

(4) 社会的企業の労働心理的労働環境

スウェーデンにおける社会的企業の労働環境に関する研究の基礎は労働心理的労働環境の要求／コントロール／援助モデル［Karasek & Theorell, 1990］にある。このモデルはいくつかの部分と次元を含んでいて，どれも労働生活を理解するのに重要である。2次元的な要求／コントロールモデルは心理社会的労働環境の分析の出発点をなす。次に，このモデルに追加されるのが社会的援助である。このモデルでは，心理的要求と職員のコントロールないし自己決定には高低幅があって，先に見たように，4つの異なったタイプの仕事がある。1）緊張の強い仕事，2）能動的な仕事，3）緊張の弱い仕事，4）受動的な仕事である。われわれはまず最初の2つの種類に関心をもった。もし可能であれば，どのようにして社会的企業が緊張の強い仕事を能動的な仕事に転換できるか探ってみたいのである。そのためには，仕事の水準が高く，否定的な心理的緊張がないことが求められる。このためには，社会的企業が高度なコントロールを提供することが必要である。こうした仕事は学習と成長に役立ち，その結果として健康と生産性につながる。女性は伝統的に緊張の強い仕事に就いていて，男性は明らかに能動的な仕事を占め，最高の収入と仕事への満足を得ている。

社会的企業や協同組合はその内的な社会的政治的過程のおかげで，自己決定ないし労働のコントロールを拡大し，意思決定における雇用者の参加を進めている。つまり，緊張の強い仕事を能動的な仕事に転換する潜在的能力をもっているのである。保育サービスは伝統的に心理的要求の強い仕事で，多くの小さな子どもたちを相手に働かなければならないのである。しかし，組織モデルの変化，つまり自治体施設から社会的企業によるサービス供給への移行は，何が，どのようにして，いつ行われるのかについて，職員がより強く労働をコントロールすることを意味する。

第1に，保育サービスを供給する社会的企業の職員のなかで，どのような種類であれ直接個人的に協同組合の経験をもっているメンバーはほとんどいないことが注目される。3つのタイプの社会的企業で働くことを選択した職員の動機については，いくつかの顕著な違いがある。この3つすべての職員は「意味のある仕事をしたい」がその決定にとってもっとも重要だったことを示している。そして，親協同組合と労働者協同組合の職員はともに「職員の影響力の増大」が2番目に重要だと述べた。一方，ボランタリィ組織の職員は，保育サービスを供給する社会的企業で働くことを選択した2番目の動機として，「特別な（教育的な）側面」をあげた。

　労働者協同組合の職員の心理的要求の側面は明らかに，彼らが自らの雇用者であり，保育サービスの成功も失敗ももっぱら自らの責任であるという事実の反映である。ところで，親協同組合の職員の心理的要求の側面も，親が雇用者であり利用者でもあるという，その組織的性格の反映である。経営者つまり親と良い関係にある親協同組合の職員はそれほど多くない。職員の多くは，自分たちがあまりにも評価されていないと不満を述べた。ボランタリィ組織の職員の大部分は，仕事が変化して，協力的で自由な労働になったが，責任がかなりきつくなったと主張した。一方，やるべきことが多すぎる，ないし肉体的にきつい，そして労働への要求が厳しいと主張した職員はあまり多くなかった。つまり，労働者協同組合の職員の労働現場では，要求がより厳しいのかも知れないが，しかしこの社会的企業自体の内部では葛藤はあまり見られないし，意見の一致も大きい。集合的ないし集団的影響力については，親協同組合の職員はしばしばその得点が最低だった。一方個人的影響力については，親協同組合とボランタリィ組織の職員はともに得点が低く出ていた。全般的な印象では，職員の影響力は労働者協同組合で大きく，ボランタリィ組織で中間，親協同組合では最低だった。

　労働者協同組合では，どうしても親の参加は少なくなりがちだが，しかし親はほとんど要求したり干渉することもなく，常々敬意を払い承認を与えていた。一方，ボランタリィ組織の職員は他の2つのタイプの保育サービスと比較

してより多くの親の参加，要求そして干渉を経験していた。ボランタリィ組織と親協同組合では，生産者と利用者，つまり職員と親の間の活発で積極的な相互関係があまり大きな障害もなく発展した。また，親と職員の間のコミュニケーションも，ボランタリィ組織ではあまり大きな障害もなく発展した。親協同組合の職員は，親との共同作業の結果についてほとんど積極的態度を示さなかった。親の参加によって引き起こされる保育サービスの潜在的変化について，ボランタリィ組織の職員はしばしばもっとも積極的で，一方労働者協同組合の職員はたいてい，もっとも消極的だった。

　労働者協同組合の職員は子どもの遊戯環境の改善により熱心で，他の価値との交換について葛藤が少なく，そしてもし必要であれば労働環境の改善のために低い賃金を受け入れることにもかなり積極的だった。親協同組合とボランタリィ組織の職員はほとんどの質問項目について，得点はよく似ていたが，しかし低かった。しかし同時に，親協同組合の職員は，子どもの遊戯環境の改善のために，自らの賃金と労働環境をトレードオフにすることにはあまり積極的でなかった。彼らはこうした問題について多少の葛藤も覚えていたし，自分たちの労働環境を改善するために低い賃金を受け入れることにも，あまり積極的でなかった。つまり，親協同組合の職員は，彼らの現在の労働環境にあまり満足していないように思われた。

　WECSS職員の研究から，保育サービスを供給する社会的企業の労働環境について，やや一般的ないくつかの結論を引き出すことができる。第1に，労働心理的労働環境に関するわれわれの研究で用いられた200以上の質問項目のほとんどについて，職員は労働者協同組合を一貫して高く評価していた。これをもって，労働者協同組合が労働者のエンパワーメントにとって優れたモデルであると単純に解釈すべきでない。むしろ，労働者協同組合モデルは，労働者／雇用者の利益を積極的に促進する集合的プロセスを容易にする組織構造を基礎にしているのである。しかし，他方で，それはより大きな責任を意味し，しばしばかなり大きな緊張の兆候をともなうものだった。ボランタリィ組織はしばしば複合的ないしマルティ・ステイクホルダー組織のような機能を果たすよう

に思われた。その大きな特徴は，さまざまな利害関係者の利害を統一する共通のイデオロギーや教育的展望を持っていることにある。正常に機能していない親／職員関係が労働心理的労働環境を損なっていることを折に触れて明らかにしたのが親協同組合である。

このさまざまなタイプの社会的企業の組織的論理が，使用者／雇用者関係に関する彼らの回答に尽くされていることは明らかである。労働者協同組合の職員は彼ら自身の使用者であり，親協同組合の職員はその利用者の雇用者であるが，一方ボランタリィ組織の職員は保育サービスの会員と雇用者の両方である。親協同組合では，その資格と責任に関する職員の影響力の余地がほとんど残されていないことはWECSS職員の研究の資料から明らかである。

しかしながら，3つのタイプの社会的企業を1つのグループとして見たとき，全体として自治体の保育サービスよりはるかに優れていると評価された。意思決定権者とコントロール，社会的支援，そして利用者の関与をふやすための構造と過程を推し進めることによって，社会的企業は緊張の強い仕事を能動的仕事に転換するように思われる。つまり，社会的企業は，この3つのタイプのそれぞれをひとまとめにして考えてみることによって，労働心理的労働環境を改善し，労働生活を再生して豊かにし，良い仕事を提供し，そして福祉先進国の公的セクターを改革するための，きわめて精緻で，より重要な考察が得られるはずである。

(5) 女性の労働環境の充実

3つのタイプすべての社会的企業の職員の大多数が自治体の保育サービスと比較することによって社会的企業で働くことを選択したことは明らかである。社会的企業は労働生活のほとんどあらゆる面で，3つのタイプのそれぞれの協同組合的サービスの職員から，自治体の保育サービスより良い，ないしはるかに良い評価を得ていた。一般的には，労働者協同組合の職員は明らかに自治体の保育サービスと比べて自分たちの現行の労働条件の改善に積極的だった。親協同組合とボランタリィ組織の職員のところでは，改善の意欲は比較的低かっ

た。最後に，初めからもう一度やり直すことができるとして，協同組合形態を選択することを明確にしたのは，労働者協同組合の職員の3分の2だったが，しかし親協同組合とボランタリィ組織の職員は3分の1にすぎなかった。しかし，どのタイプの社会的企業でも，自治体の保育サービスで働くことを考えているという回答は，ほんの一握りにすぎなかった。

　労働者協同組合の職員は，独立した保育施設として，また自分たちの使用者としても自分たち自身について決定する自由と責任をもっている。したがって，自分たちの現状を自治体サービスの労働実態と比較して，彼らがまさに決定的な違いを示したとしても驚くには当たらない。自治体保育と親協同組合やボランタリィ組織との間での決定的な違いはきわめて小さいように見える。しかし，このことから，とくに自己啓発や共同決定に関わるいくつかの領域から目をそらしてはならない。親協同組合とボランタリィ組織の職員も，自治体保育の雇用者としての以前の状態が本当に改善されているのか注目しているのである。

　自治体の保育サービスとの比較から，スウェーデンの社会的企業が言葉のもっとも完全な意味で良い仕事を提供してきたことは，2つの形態で働いたことがある職員にはあまりにも明白である。カラセックとテオレルによれば，社会的企業における労働は心理的に厳しいが，しかし決定に際して自由度が高く，労働者にたいする社会的支持が高い。こうした労働生活の特質は，スウェーデンその他の公的セクターのサービスにしばしば見られるヒエラルヒー的で官僚的な大組織によって供給されるサービスにおけるそれと好対照である。この意味で，社会的企業モデルは社会サービスの仕事を，能動的で，参加型で，そして相互的な仕事に転換するだけでなく，そこで雇用されている女性の労働生活を豊かにすることにも役立てることができる。このことから，スウェーデンの対人社会サービスセクターにおいて，労働生活を豊かにし，労働を再設計し，そして人的資源管理を推進するのにもっとも速く直接的な方法は，社会サービス供給をできる限り分権化することであり，社会的企業にその供給を任せることだということがわかる。

さらに，労働者協同組合の保育サービスに雇用されている女性は，親協同組合にいる彼女らの同僚と比較して，こうした組織的違いにより肯定的だったということにも注目したい。とはいえ，親協同組合は，その子ども（たち）の日常生活への親の影響力を増大させ，親の参加を強めるといった別の価値を推進しているのである。違いがあるどちらかのモデルを用いることになるのだが，組織的違いというコインには2つの側面がある。異なった集団の利害や集団間の軋轢は，社会的企業の意思決定に1つの集団が強力に参加してきても，完全に解決するものではない。労働者参加を強めることは労働者の権能を強めることになるが，しかし必ずしも利用者の利益を増進させない。同様に，消費者の参加を強めることは利用者の権能を強めることになるが，しかし必ずしも労働者の利益を増進させない。

　次に，このことは，社会的企業の意思決定構造のなかに1つの集団の利害を制度化することの限界を示唆している。社会的企業ごとに存在する労働環境の組織的違いによって，労働環境が改善されるかも知れないが，しかし結局は労働者の利益と利用者の利益のある種のトレードオフに帰着する。ところで，組織的違いがマルティ・ステイクホルダー・モデルに基づくものであれば，複数の利害関係者の利益を増進させるのに必要な支援構造を用意することができる。マルティ・ステイクホルダー組織は社会的企業の成功に貢献する個々の集団の合理的利益を認め，組織内部の意思決定制度において，こうした利益を表出する機会を提供する。

　社会的企業がスウェーデンの女性の労働生活を豊かにし，労使関係における彼女らの立場を強化することは，われわれの研究がはっきりと示している。社会的企業が，労働市場における女性の不公平な地位に関連する問題をすべて解決することができると言おうとしているのではない。しかし，労働者，消費者としての地位の従属性を緩和し，この2つの領域で同時に彼女らの影響力を増大させることができるかも知れないのである。女性は，社会的企業の意思決定過程において彼女らの参加や影響力が増大することをつうじて提供される仕事とかサービス，あるいはその両方に対するコントロールを強化する。どの集団

がもっとも多く得ることができるかは，構成員は誰で，どのような社会的企業モデルを用いるのかにかかっている。

公務員の労働生活を豊かにし，その労働環境を改善することは，スウェーデンその他における公的セクターの大規模な官僚機構で働いている幾万の男女の重要かつ当然の関心事である。生産性の喪失，サービスの質の劣化，ストレス症候群やストレス関連の病気による欠勤に対処する費用の上昇等々が存在するかぎり，労働環境の改善は，新千年紀に福祉国家が直面する重要な経済的，社会的，政治的問題である。福祉国家を改革しようとすれば，労働環境の改善を考慮に入れなければならない。しかしながら，スウェーデンにおける公共的議論は一度に1つの事柄に集中しているだけのように思われる。現在の歴史的高水準にある失業を前提として，第三セクターや社会的企業は潜在的雇用創出との関連で理解されているだけである。もちろん仕事は必要である。しかし，良い仕事は明らかに悪い仕事より好ましい。なぜ2兎を追ってはいけないのだろうか。

以前は，より安価なサービスを供給するということで，社会的企業の潜在的貢献が位置づけられていた。そして，このことが対人社会サービスの生産に社会的企業が次々に参入していく主要な動機だったのである。もちろん，より安価なサービスは望ましいが，しかし，ほとんどではないにしても，多くのスウェーデン人は同じ価格でより良い質のサービスを望んでいるのではないだろうか。職員をふやすことは，良いサービスの質にとって最大の保証のひとつである。社会的企業はより多くの職員の契約に貢献することができるが，しかしこのことは選択する組織モデルによって異なる。

(6) 共同生産者としての市民のエンパワーメント

自分の子ども（たち）のために，保育サービスを供給する社会的企業の現在の形態を選択した動機を親に尋ねた。そして，それぞれのタイプの保育サービスごとの鮮明な人物像に注目した。親協同組合に子どもを通わせている親の鮮明な人物像としては，影響力，自分の子ども（たち）の日常生活にもっと参加

したいという願い，そして家からの近さをあげることができる。ボランタリィ組織に子どもを通わせている親の動機のはっきりとした特徴は，特別な教育，影響力への欲求，そして自分の子ども（たち）の日常生活にもっと参加したいという願いである。こうした2つの親の姿勢が，道具的でなく表現的価値を基準に保育形態を選択する動機となっていることは明らかである。労働者協同組合に子どもを通わせている親の主要な動機は，家からの近さ，親類や友人の薦め，そして他に選択肢がないことである。これは明らかに，この親たちの道具的傾向を表している。

多くの親は，以前は自治体の保育サービスに子どもを通わせていた。そして，協同組合と自治体のサービスを比較して，どのタイプの協同組合の職員も開放的だという点で，協同組合の優位性は疑いえない。タイプを問わず協同組合的保育サービスの方が，自治体のサービスより優れていると感じていることも間違いない。最後に，彼らは，自由に選択できると仮定して，社会的企業ということであればタイプを問わず協同組合的形態を選択するとはっきりと表明している。

われわれの調査結果によれば，「サービス民主主義」の概念の修正が必要である。そこでは，親は責任の重圧から自治体サービスを選択し，それ自体の価値として娘や息子の保育所の活動に参加しようとはほとんどしないのである。WECSS親の研究によれば，親協同組合やボランタリィ組織に子どもを通わせている親が，被選出職か名誉職に就くことによって労働義務と参加の可能性が結びつくことに高い評価を寄せていることは明らかである。そのうえ，ほとんどの親が，オルタナティヴないし協同組合的保育サービスの方が自治体のサービスより優れているとはっきり述べていて，自治体のサービスの悪化を含むいくつかの理由を，選択の動機として挙げている。サービス民主主義は多くのスウェーデン人の考え方かも知れないが，この数10年の，保育サービスを供給する社会的企業の急速な成長が示しているように，永続的なサービスの供給者との不安定な関係を改めたいという人の数もふえている。

財やサービスの生産者と消費者の間の交換における不確実性の程度と，こう

した不確実性を除去することによる関係者の潜在的利益が，共同生産の動機である。社会的企業や協同組合的社会サービスは明確な社会的目標と非営利的動機をもっていて，機会主義的行動の可能性を最小限化し，あるいは除去することによって，こうしたサービスの生産者と消費者の間に信頼を生みだすのに役立つ。保育の場合，いくつかのタイプの協同組合的社会サービスでは，共同生産者として親の参加を促すことによって，つまり労働義務と民主主義的手続きや親が名誉職に就任することを結びつけることによって不確実性が除去されている。いくつかのタイプの社会的企業では，親の価値観に対応した利益を創造することが可能である。とくに，親協同組合やボランタリィ組織に子どもを通わせている親にとっては，親の影響力，自分の子ども（たち）の日常生活への参加，特別な教育，帰属意識といった価値は重要な価値である。共同生産はこのようなサービス生産に親を巻き込むことによって，生産者と消費者の間の相互作用にともなう不確実性を除去する。そして，親の参加は最高の品質保証になる。親が，自分の子どもたちの施設保育について自分独自の価値観を追求する力をつけて，そうした権能を手に入れることができるのも共同生産のおかげである。

　労働者協同組合でも，さらに言えば自治体や民間の保育サービスでも，こうした表現的価値を追求することは可能であっても，けっして容易ではない。しかし，一方で親の道具的価値を追求しているのが労働者協同組合の保育サービスである。この点では親協同組合とボランタリィ組織は独特で，共同生産に対応する価値の創造を追求していると言える。こうした子どもの保育形態が存在していなくて，協同組合的保育サービスの生産に親の参加と関与がなければ，このような親のためにこうした価値が創造されることもないだろう。つまり，これらの特別な保育サービス形態は親を共同生産者として引き込むことによって，その親のために価値を創造するのである。

　こうした選択肢が存在していなかったり，政治的あるいは財政的理由で切り縮められるようなことがあれば，このような保育サービスに子どもを通わせている親の生活や価値観も，そしておそらくその子供たちの生活と価値観も共同

生産によって豊かにされる可能性はないだろう。共同生産に付随するこれらの価値はどれも，労働者協同組合とか自治体や民間の保育サービスによって供給されるサービスにおいては実現不可能である。そこでは親の参加や共同生産は追求されないのである。このような保育サービス形態がないところでは，これらの親はこうした価値を獲得することができないだろう。つまり，多くの親のグループが共同生産によって独自の価値を追求するのである。つまり，対人社会サービスが公的資金を手当てされることによって強化され，より参加的な福祉社会に転換することによって福祉国家を再生することに共同生産は貢献するのである。

第3節　新千年紀の展望

　WECSSプロジェクトの実証部分からわかったことは，労働者協同組合は一貫して職員から高い評価を得ていたことである。このことから，労働者協同組合は労働者のエンパワーメントにとって優れたモデルを提供していると単純に解釈すべきではない。むしろ，労働者／雇用者の利益の増進に積極的な集合的過程を促進する組織構造が基礎にあるのが労働者協同組合モデルなのである。ところで，これは親の関与や参加を犠牲にして行われているのである。ボランタリィ組織の機能は，しばしば複合的ないしマルティ・ステイクホルダー協同組合と似ているように思われる。大きな違いは，さまざまな利害関係者の利害を統合する共通のイデオロギーとか教育観を，ボランタリィ組織はもっていることである。親協同組合はしばしば，親／職員関係が機能不全に陥っている，いくつかの明確な兆候を示すことがある。これが職員の労働心理的労働環境を損なうことになる。

　しかしながら，3つのタイプの協同組合をひとつのグループとしてみると，労働心理的労働環境については，いずれも自治体の保育サービスと比較してはるかに優れていると評価されたのである。意思決定権者とコントロール，社会

的支援，さらに利用者の関与を増やすための構造と過程を推し進めることによって，保育サービスを供給する社会的企業はストレスの強い仕事を活動的な仕事に転換しているように思われる。

利用者との関係で，われわれが支持したいのは，親協同組合とボランタリィ組織の両者が利用者を共同生産者にしようとしていることである。3つのタイプの社会的企業のいずれの親も，自分の子ども（たち）の保育サービスの管理運営については，同じ程度の満足を表明している。つまり，われわれの資料によれば，どのような形態の組織であっても，ひとつのタイプの協同組合がすべての親のニーズや要求に応えることはできないのである。むしろ，福祉ミックスや福祉プルーラリズムが広がるほど，対人社会サービスの供給形態も多様化しなければならないのである。

この文脈において，ボランタリィ組織は労働者協同組合と親協同組合の両方に対するオルタナティヴを提起しているように思われる。ボランタリィ組織の労働環境について，その職員は親協同組合と比較して，より積極的に評価している。しかし，親の影響力の価値を増進することについても，ボランタリィ組織の親は，労働者協同組合に子どもを通わせている親と比較して，より積極的に評価している。ボランタリィ組織はマルティ・ステイクホルダー組織の基本形のように思われる。そこでは，共通の教育目標を追求する時に，2つの集団の利害を結びつけることができるのである。これが他のタイプの社会サービスでも可能かどうかは，あとになってみないとわからない。異質で時には矛盾する多様な集団の利害のトレードオフを促進するのに必要な基礎を，他の分野のより定式化されたマルティ・ステイクホルダー制度が提供してくれるかも知れない。こうした多様な集団が社会的企業の成功に貢献してくれるのである。

(1) 民営化への異なる道

市場の失敗や情報の不均衡を前提にすれば，第三セクターや非営利組織は対人社会サービスを供給するのに適していて，ある種の市場の失敗を緩和し，こうしたサービスの消費者と供給者の信頼関係を醸成する。いくつかの対人社会

サービスには永続的性質があるので，退出より抗議の方が適している。さらに，こうしたサービスを市場を通して供給する取引費用は，消費者，生産者そして社会にとってあまりにも高価である。こうした考察はすべて，市場と政治の両方に対するオルタナティヴとしての第三セクターを肯定するものである。こうして，共同生産者としての市民と社会的企業が市場と準市場に対するオルタナティヴを提供することができる。また，市民民主主義と地域的協同組合による社会サービスの自主管理の発展にも貢献する。

民営化および福祉ミックス的転換への異なる道の問題を簡単に振り返っておきたい。スウェーデンで起きている社会サービスの民営化と中東欧のそれとを簡単に比較してみることにする。中東欧の社会サービス改革について，ミクロレベルでは次のようなパターンに注目している。つまり，市場は，中東欧諸国の圧倒的多数の市民が社会サービス供給にまったく無関心であることを証明した。対人社会サービスを利益の上がる新事業に転換し，この「市場」に参入する企業を引きつけるだけの購買力を，ほとんどの市民はまったく欠いていた。中東欧では，社会サービスへのニードは第三セクターでも不足している。さらに，第三セクターは公的資金に過度に依存しているので，政府の金融引締めによって生じた真空を満たす拡張の機会は，資金不足によって急速に縮小している。

ほとんどの中東欧諸国の社会サービス領域における民営化はIMFと世界銀行の指令によって行われていて，それらが他の国際機関とともに推奨している「社会的セイフティネット」は，あまねく供給される企業の社会サービスが取って代わるだろう。この後には，まず，社会サービスを供給する責任を家族や女性に押しつけ，厄介払いする道が来るだろう。その意味するところは，こうしたサービスの圧倒的部分は女性が提供しなければならないということである。しかし，その専門的役割は，もはや公的社会サービスの有給の従事者や専門的供給者としてではなく，むしろ失業した無給の主婦でありシングル・マザーであり娘であり，あるいはそのいずれかとしての役割である。女性は仕事や人権が大規模に奪われ，家庭という逃げ場のない「小世界」の窪みへの退却を

余儀なくされつつある。多くの人びとにとって,それはひとつのタイプの専制の別のタイプの専制への交代,つまり共産主義体制という専制の家庭という専制への転換のように思われるだろう。そこでは,無給の責任が闊歩するだけでなく,まったくの無権利状態にある。

　対照的に,スウェーデンの道はもっぱら対人社会サービス供給の民主化と協同組合化を基礎としていて,市民とくに女性にとってはるかに積極的であるように見える。現在,保育サービスのごく一部だけが民間の商業的営利企業によって供給されている。保育サービスの圧倒的部分は,これまで検討してきたように3つのタイプの社会的企業によって供給されている。さらに,スウェーデンにおける民営化は,3つのタイプのどの社会的企業モデルが採用されても,労働生活や労働環境,共同決定に多くの改善をもたらしていることは明らかである。さらに,保育サービスを供給する,親協同組合,ボランタリィ組織,そして労働者協同組合の職員の95～100％は女性から成る。つまり,本書で詳しく述べてきたように,スウェーデンでは概して,専門家としての有給の女性が労働生活の改善を実感しているのである。

　したがって,スウェーデンにおける対人社会サービスの民営化は隠れた虚偽の市場化にすぎないという議論は,単に口を滑らせたのでなければ,まったくの誤りである。むしろ,スウェーデン・タイプの民営化に反対することは,架空にすぎない諸集団間の平等を名目に,対人社会サービス生産全体の公的独占の維持を主張することを意味する。ところが,今や,故意か否かは別にして,公的セクターにおけるスウェーデン女性の労働生活の充実と改善のための具体的モデル,共同生産者としての市民のエンパワーメント,社会的企業によって維持される社会的価値の増進,福祉社会への移行による福祉国家の再生,あるいはそのいずれかに反対することを,それは意味することにもなる。

　多くの批評家は,福祉国家について根本的に再考するときがきたと主張している［Giddens,1994, 1996；Blair,1998；福祉改革省,1998］。多くのヨーロッパ諸国において,社会主義者はあまねく新自由主義者の攻撃から福祉国家を護ることに集中している。福祉国家は約50年前「階級的妥協」に基づいて創建された。

しかし，それ以来，社会状況は全ヨーロッパ諸国で根本的に変化した。変化は不可避で，ヨーロッパ統合，コミュニケーション革命等のグローバリゼーションに発している。福祉国家はこうした変化に対応して，貧困を解決したり，大規模な所得を生産したり，富を再配分することに成功しなかった（同上）。そのうえ昨日とは違う今日の市民のニーズに応えるために，福祉国家は根本的に再生されなければならないのである。

福祉に関する新しい社会契約が今日必要とされている。さまざまなプログラムからなる受動的な目的に資金やサービスを分配するだけでは済まない。こうしたサービスの労働者と利用者の両方に，市民および共同生産者としての権限を委譲することを目指すべきである。さらに，ジェンダー，年齢，職業上の地位，民族的出自，つまり階級だけでない社会的分裂に注意を払うべきである。とくに，若者，女性，失業者，高齢者，およびさまざまなマイノリティーや被排除集団の立場にもっと焦点を当てるべきである。急速に変化しつつあるヨーロッパ社会に関与し，自らの未来の改善に彼らを積極的に巻き込んでいく方法を発見しなければならない。数10年前に動員された集団だけでなく，ヨーロッパ社会のすべての集団が，新千年紀における福祉社会の形成に関与し積極的な役割を果たすことが保証されなければならない。しかし，そのためには，市場と国家を超えて前進する必要がある。社会的企業と市民民主主義を発展させなければならない。市民が市民および共同生産者として積極的に事業にたずさわるように促さなければならない。マルティ・ステイクホルダー組織や社会的監査を推し進めなければならない。これに成功すれば，内側から福祉国家を再生し，新千年紀には参加型福祉社会に移行することができるのである。

(2) 今後の研究に対するニード

社会的企業におけるスウェーデン女性の労働環境に関するわれわれの研究は，対人社会サービス，つまり保育サービスにおいて明確に範囲を限定された，ひとつのセグメントに焦点を当てた。われわれが望んでいるのは，労働生活を豊かにする可能性のあるモデルへのいっそうの理解とその複数主義，共同

生産者としての市民のエンパワーメント，そして福祉国家の再生への貢献である。労働生活の全セグメント，全生産タイプ，全サービスタイプ，利用者や消費者の全タイプに普遍的に適応できる単一のモデルは存在しない。単独で万能薬を提供するようなモデルは，公的であれ，私的であれ，協同組合的であれ存在しないし，現代社会において，すべての人びとのために，すべてのタイプの財やサービスを生産するような特定のモデルも存在しない。民営化，継続的な公的供給の保証，社会的企業によるその運営に依拠する解決だけでは，どれにも不満が残る。

　つまり，われわれは，世紀の転換期に福祉国家が直面する問題への特定の解答ではなく，むしろひとつのヨーロッパ国家におけるひとつのタイプのサービスに関するひとつのタイプの問題へのひとつのタイプの解答を提案するつもりである。それは他のタイプの問題や他の国の社会サービスに関係があるかも知れない。しかし，もしそれが特定の解答でなければならなかったのであれば，われわれの努力は明らかに失敗だったことになる。しかしながら，公的セクターが直面する別の問題への別の解答と関連づけられることによって，それは労働生活の充実，共同生産者としての市民のエンパワーメント，つまり福祉国家の再生に貢献できるのである。

　この研究から分かることは，社会サービスを供給する社会的企業によって推進される特有の価値が，慢性病の長期医療，高齢者の在宅および施設介護，障害者の在宅および施設介護，教育等々のような，他の分野でも観察できるということである。スウェーデンその他のヨーロッパ諸国では，近年，こうしたすべての分野で社会的企業が発展している。こうした発展についてのより詳細な研究によって，労働生活の充実，労働心理的労働環境の改善，良い仕事の創出，共同生産者としての市民のエンパワーメント，そして市民民主主義の推進への，その特有の貢献を理解することができる。こうした便益が保育サービスやスウェーデンに限定されていると信じる理由はない。むしろ，本書で触れた社会サービスを供給する社会的企業の有益な面の多くが，他の分野や国でも見出されることが期待されるのである。それらは，法律，組織的制約，対人社会

サービスを供給する諸セクター間の構造的差異の違いに応じて，多少異なった発現形態をとるだろう。さらに，これらの社会サービスの生産者と消費者の間の相互作用も，これらの組織やセクターにおける制約の違いによって変化するだろう。こうした関係性は，良い仕事を創出し，市民に共同生産者としての権限を委譲するうえで重要である。

こうした違いをよく理解することが必要だろう。そうすれば，他のサービス部門における社会的企業の貢献を正しく認識し，評価することができる。他の分野で社会サービスを供給する社会的企業が保育サービスで見られたものと同じものであることを期待しているのではない。保育を提供するさまざまなタイプの社会的企業の間にある違いが，他の地域の対人社会サービスでも常に同じだと仮定しているのでもない。しかし，とはいえ多くの類似点があることは期待している。一方の社会的企業と他方のこうしたサービスの公的ないし私的営利供給との間の違いより，これらの類似点の方が大きいことも期待している。つまり，本書で始まった研究を他の地域の対人社会サービスに広げ継続するための有力な論拠がスウェーデンには存在すると思う。スウェーデンでは，社会的企業や協同組合的社会サービスがすでに根を下ろしているので，他の国でそれらを研究することができるのである。

また，スウェーデンの社会的企業や協同組合的社会サービスをヨーロッパの他の地域のものと比較することは非常に有意義である。そして，おそらく日本その他との比較もそうであろう。とくに，イタリア，スペイン，フランスのような国では，社会的企業がこの数10年間に急速に発展している。しかし，またドイツやオランダのような国では，伝統的に既存のボランタリィ組織が，より重要で，顕著な，積極的役割を果たしている。もちろん，北欧の隣人である，デンマーク，フィンランド，ノルウェーを忘れることはできない。社会的企業と密接に結びついた社会的価値を推進することができる点で，社会サービスを供給するこれらすべての国の社会的企業は，スウェーデンのものと比較する意義があると思う。しかし，そのためには，社会サービス供給の展望における公対私といった，単純な白黒，左右イデオロギーの支配を打ち破る努力が求

第11章　新千年紀の展望

められる。市場と国家を超えて前進しなければならないのである。社会サービスを供給する社会的企業の貢献は、それらが推進する固有の社会的価値にあることを理解しなければならない。第三セクターや社会的企業を、公私に共通するもっとも低い可能性に限定しようなどということは止めなければならないし、その貢献を単に貨幣換算して計測し、集計するような単純な経済的視点で評価しようなどということは止めなければならない。

　社会的企業や協同組合的社会サービスを独自のものとして理解しようとする主な理由は、もちろん、労働生活の充実、労働心理的労働環境の改善、良い仕事の創造、共同生産者としての市民のエンパワーメント、そして市民民主主義の推進にある。こうした社会的目的を評価しない人たちは、もちろん社会的企業に魅力を感じないだろう。他の人たちは、公的サービスを私企業が提供することによって、同じ社会的目的を推進できるというかも知れない。しかし、それにはどうしても同意できない。一方、こうした目的を評価し、社会的企業がそれをもっとも良く推進できると感じている人たちは、希望に値する重要な思想が本書に盛られていることを発見し、そしておそらくこのユニークな現象を研究し続け、こうした価値や目標を追求する勇気さえ発見するだろう。

　次に、本書は、スウェーデンにおける社会科学研究の目録の上に、こうした重要な社会的価値の足跡を残すことに貢献するかも知れない。また、福祉国家の将来、公的セクターの再生、そして福祉国家の福祉社会への移行に関わる国民的論争に貢献するかも知れない。社会的企業が推進する社会的価値がスウェーデンの社会科学研究や国民的論争において広範な承認を得られれば、それが新千年紀像を構成する要素になるかも知れない。もし福祉国家が、市民参加の余地を広げ、社会的企業や市民民主主義を推進することによって、内部から復活を遂げなければ、歴史的遺物になってしまうだろう。それは市民による支持の低下に直面している。彼らが必要とするサービスを、期待する質と支払ってもいいと考える価格で提供する、その能力への信頼を福祉国家は失っているのである。社会制度が存続するためには、市民の支持と、現在の社会制度を最初に建設した古い世代と交代する若い世代の再生と継承が必要である。かれらの

支持を獲得し保持し続けるために，福祉国家は成長し発展しなければならない。今日の人々のニーズや価値に適応するのであって，単に昨日の繰り返しであってはならないのである。

　中東欧における共産主義の急激で突然の崩壊は恐らく前兆である。さらに，IMFや世界銀行が「援助に値する貧困」のためにこの地域で推進している最小限のセイフティネットは，福祉国家を過去の事業にしようとしており，あるグループが何をもってスウェーデンやヨーロッパの普遍的福祉国家の代わりにするつもりなのかを明らかにしている。福祉国家を内部から復活させ，共同生産者としての市民参加の余地を広げ，福祉国家を福祉社会に発展させるための対案を積極的に展開しなければ，福祉国家は正統性を失い，最終的に自分自身の重さで崩壊する現実的危険性に直面することになる。よく軍事戦略において，攻撃は最大の防御であると言われる。福祉国家を支える普遍的な社会的価値を支持する人びとが，これから学ぶことはないのかを問うことは多分時機を得ている。もし攻撃が最大の防御であるのなら，既存の福祉国家制度を，その当初の名声と正統性に貢献していた細部に至るまで非妥協的に防御することは，現存制度の徹底的な崩壊を速めるだけだろう。その崩壊，さらにそれによって保たれている普遍的価値の喪失を防ぐ最善の方法は，恐らく，労働生活の豊富化，労働環境の改善，良い仕事の創出，共同生産者としての市民のエンパワーメント，そして市民民主主義の推進によって，内部からそれを復活させることである。

　つまり，社会的企業や市民民主主義が新千年紀の展望を提起できるかどうかは，とりあえず次のような仕方で答えることができるかも知れない。福祉国家の福祉社会への発展と復活，そして市民民主主義の発展といったことがなければ，今日の福祉国家は恐らく自分自身の重みで崩壊して，過去の遺物になってしまうだろう。増税への抵抗が増大し，資本が高課税国を忌避する可能性が増大することに加えて，急速な経済の国際化は今日の福祉国家への支持を衰退させるだろう。ビジネスの国際化がソーシャル・ダンピングを促進するだけでなく，同一の傾向が地球規模での競争や多国籍企業によって推し進められ，結果

として福祉国家全体の徹底的な排除に帰着することが少なくない。組織されたビジネスの大規模な「人員削減」キャンペーンに対抗できるのは，新千年紀における福祉国家の将来的復活という刺激的な展望だけである。願わくば，本書がその展望にささやかな貢献をなすことを。

訳者あとがき

1 福祉社会と市民民主主義の意味するもの

　ペストフは，福祉国家の危機を，高齢化等に伴う福祉予算膨張の財政危機と捉えるだけではなく，その対応策としての新自由主義的政策，新古典派的な市場主義的政策の拡大による福祉社会理念の危機と捉えている。これまでの普遍的福祉国家から，市場原理の導入による福祉の資本主義的民営化とセイフティネットによる残余的福祉国家への移行が，市民社会発展の1つの証である福祉制度とコミュニティにおける民主主義を危機にさらしていると見ている。したがって，この本の福祉社会の市民民主主義は，原題の「市場と国家をこえて」が意味するように，新自由主義モデルと計画経済モデル双方への代替案として，市民自身が福祉の中心的な担い手，すなわち，福祉の需要者でありながら供給者でもある共同生産者となる新たな福祉モデルの理念として提起されている。このような観点は，当然のこととして，国家セクターでも市場セクター（営利企業）でもない第三セクターとしての市民の自主的団体（非営利組織・NPO）を，市民民主主義の組織モデルと見ることになるのである。

　このような「市場の失敗」「政府の失敗」にかかわる第三セクターの今日的な意義に関する多くの議論のなかで，ペストフの理論は福祉サービスのシステムを論理と実証の基点とすることで，新しい組織モデルひいては新しい社会システムの意義を鮮明に描き出すとともに，具体的な説得性を高めている点に特徴がある。そのようなペストフの思考と分析方法の原点は，1冊目の著書 *Between Markets and Politics-Co-operatives in Sweeden*, 1991（『市場と政治の間で――スウェーデン協同組合論』（藤田暁男，田中秀樹，的場信樹，松尾匡訳，晃洋書房，1996年）に蓄積されているが，ここでは，そのような彼の長年の研究で

蓄積された協同組合組織論やそれとかかわるアソシエーションや福祉ミックスの分析が，ハバーマスを含む多くの社会科学者の思考を参考としながら新しい形で集大成されているといえるであろう。

2 社会的企業とマルティ・ステイクホルダー組織の発展性

ペストフは，新しい福祉社会の中心的な組織主体として社会的企業を，実際的にそして理論的に提示している。社会的企業とは，ヨーロッパ諸国に広がりつつある「社会的経済」の中心的な担い手として概念されている経済組織であって，具体的には，福祉等諸社会サービスの非営利組織や協同組合，それらに近い活動内容をもつ中小企業（株式会社を含む）等を主として指している。そして，種々の社会的活動に応じてそれに適合する社会的企業形態がありうるのである。ただ，社会的企業の実態に関する最近の最もまとまった研究書 (C.Borzaga and A.Santuari,ed. by, *Social enterprises and new employment in Europe,* Autonomous Region of Trentino-South Tyrol, 1998) を見ると，論者によっても国によってもその内容は多様であり，社会的企業というカテゴリーがこれからの社会システムの重要な担い手として現在構築されつつある状況にあるといえる。ペストフの社会的企業論は，そのような実際と理論の状況を一歩進めるものとして優れた理論的内容を有しているように思われる。

社会的企業は実際の社会経済的状況のなかで競争にさらされるが，ペストフは社会サービス分野における社会的企業の競争の優位性として，労働者の労働生活の質が向上し，消費者・クライアントの社会的判断力がエンパワーメントされ，そして企業の社会的価値や公共目的の達成度が向上するという，3つの貢献をあげている。協同組合を含む企業の巨大化，官僚化は民主主義を形骸化させ，仕事のやりがいの希薄な労働生活の非主体的傾向，さらには消費者の受動的傾向を強めていき，人間的信頼の乏しい経済関係をつくってしまう。その状況を克服するためには，社会サービスの消費者が供給者・生産者ともなりうるようなシステム，つまり市民の社会サービス「共同生産者」としての社会的企業の発展が不可欠である，と彼は主張する。

さらに，社会的企業は企業にかかわる人々（ステイクホルダー），つまり消費者・利用者，職員・労働者，企業周辺の住民，取引先，関係する公的機関等を，マルティ・ステイクホルダーとして企業の民主主義的組織展開に関係づけていくことが必要であり，その組織論の開拓を意欲的に行っている。そこには，市場システムがもっている供給者・企業と消費者・市民との情報の不均衡の是正を含むマネジメントの根本的変化の必要性の強調とともに，コミュニティ志向を強める新しいマネジメントの発展への強い関心がある。そして，そのような社会的企業の組織管理者と職員との関係，それらと他の多様なマルティ・ステイクホルダーとの仕事と人間関係の問題といった難しい組織問題にも分析のメスを入れている。さらに，そのようなマルティ・ステイクホルダー組織の展開は，いわゆる民主主義のコストとして意思決定の取引費用の増大がありうるが，企業の社会的貢献が高まることから企業の正当性が高まり，したがって企業へのロイヤリティ（忠誠心，帰属意識）が高まり，さらに職員・労働者のやりがい志向が高まり，そのような質的な企業の体質向上によって上記の費用増大は相殺されうると論じている。そしてこの点の若干の実態を，スウェーデン，スペイン，カナダ，イタリアの具体例で分析している。

　このような社会的企業の有用性がなかなか理解されず，また容易に普及しない1つの理由は，その展開の方法が充分検討されていないとして，その中心的な方法として社会会計，社会監査の問題を取り上げている。協同組合を含む社会的企業の目標の特徴は，経済目標と社会目標という複数目標であり，それに照応する情報整理と評価システムとしての会計，監査システムが研究されている。このように，マルティ・ステイクホルダー組織や社会監査は，草の根的な経済民主主義の発展の重要な手段として検討されているのである。

　また，社会的企業と労働環境の関係についても開拓的な分析を試みている。つまり，ストレスを生み出さない，そしてやりがいを感じられる良好な仕事をつくりだしうるかどうかは，自主性・自己裁量性が大きく，仕事のなかの人間関係で相互活動的学習をなしうるような良好な人間関係の労働環境があるかどうかに依っていることを分析し，参加型の社会的企業こそがそのような良好な

仕事と労働環境を提供できることを主張する。そして，そのことを，ペストフのイニシアティヴで行われた「労働環境および協同組合の社会福祉サービスに関するスウェーデンプロジェクト」(WECSS) の調査結果により周到な検証を行っている。また，その調査結果から，社会的企業の企業方針決定への女性の参加が，女性の労働環境の改善に大きくかかわっている等の問題や，社会的企業における市民参加が市民を社会サービスの「共同生産者」として成長させていくことを実証的に示している。

3 新たな社会経済システムへ

ペストフは，上記のような分析をスウェーデンにおける福祉社会の具体的あり方の問題として，また，社会福祉サービスにかかわる非営利・協同組織の組織問題として展開しているが，それらの展開は，これからの社会において，人間の集団や組織が人間活動の自主性と仕事のやりがいを進歩させるにはどのような社会システム，組織システムを発展させねばならないかという，より普遍的なより本質的な社会問題について多くの示唆を提示している。

ペストフが追求している市民民主主義や社会的企業は，日本におけるわれわれの周辺にも数多く存在しており，また，そのような可能性と萌芽性をもった組織システムを見出すことができる。生活協同組合やワーカーズコープの活動ばかりでなく，最近の非営利組織・NPOのなかの社会的企業性を有するもの，あるいは環境保全を基本方針に導入しつつある企業等，注目すべき多くの社会的経済組織が出現しつつある。そのような社会的経済組織の可能性と萌芽性を的確に分析し，日本おける新たな社会経済システムのあり方を追求することが，われわれに強く求められているが，その際，ペストフの優れた分析は重要な示唆を与えるように思われる。

　　翻訳について
　ペストフのこの2冊目の著書は，彼が金沢大学経済学部に客員研究員として滞在しているときに，原稿の最終的な仕上げが行われたが，その間に日本語へ

の翻訳も私との日常的な接触のなかで自然に決まった。翻訳者は，当時，生協総合研究所のサポートにより非営利・協同組織に関する共同研究を行っていた川口清史教授を座長とする「協同経済研究会」の有志である。この翻訳のための合宿を含む研究会を何度か開いて内容の理解や訳語の検討等を行い，可能な限り用語の統一，訳語の妥当性等の相互点検を行った。原著が開拓的な内容だけに，翻訳のむつかしい新しいカテゴリーも少なくない。読者の翻訳に対する忌憚のないご意見と，本書の問題提起に対する意欲的なご意見を期待したい。

　最後に，この翻訳の出版を快諾され，研究会で多くのご助言をいただき，われわれを励ましてくださった，日本経済評論社の宮野芳一氏に，心からお礼申し上げる。

藤田　暁男

参考・引用文献

Abrahamson, P., 1991 ; "Welfare and Poverty in the Europe of the 1990s : Social Progress or Social Dumping?" *International Journal of Health Services*, v. 21/2 : 237-64.

Ackoff, G., 1981 ; *Creating the Corporate Future : Plan or be Planned For*, New York : J. Wiley.

Ajzen, I., Fishbein, M., 1980 ; *Understanding Attitudes and Predicting Social Behavior*, Englewood Cliffs, NJ : Prentice Hall.

Aldrich, H. & R. Stern, 1983 ; "Resource Mobilization and the Creation of US Producer's Cooperatives, 1835-1935", *Economic and Industrial Democracy*, v 4:371-406.

Alfredsson B. & G. Cars, 1996 ; *De boende som medarbetare−Sjävförvaltning i Holma*, Stockholm : SABO, rap. nr. 61.

Ambjörnsson, R., 1988 ; *Den skötsamme arbetaren*, Stockholm : Carlssons.

Anderson, E., 1983 ; *Social Audit : a Key to Excellence*, Ann Arbor, MI : NASCO, No. American Students of Cooperation.

Anheier, H., 1997 ; "The Nonprofit Sector in Germany : a Brief Introduction", Baltimore & Stockholm : conference paper.

Anheier, H. & M. Knapp, 1990 ; "An editorial statement", *Voluntas*, v. 1/1 : 1-12.

Anheier, H. & Seibel, W., (eds), 1990 ; *The Third Sector : Comparative Studies of Nonprofit Organizations*, W. de Gtuyter, Berlin & New York.

Antman, P., 1996 ; *Välfärdsprojektet : Barn och äldreomsorg, Sverigedelen*, Stockholm : Socialdept. Skriftserie : Fakta/kunskap , nr. 5.

Aronson, G., Lantz, A., Westlander, G., 1992 ; *Akademiker under 90-talet. En studie av SACO-medlemmarnas arbetsvillkor*, Undersökungsrapport 1992 : 11,

Stockholm : Arbetsmiljöinstitutet.

ASS/SCB, 1994 ; *Arbetsmiljön 1989/93,* Stockholm & Örebro *: Statistiska meddelanden,* AM 68 SM 9401.

Babchuck, N. & A. Booth, 1969 ; "Voluntary Associational Membership : a Longitudinal Analysis", *American Sociological Review,* v. 34 : 31-45.

Babchuck, N. & J.N. Edwards, 1965 ; "Voluntary Associations and the Integration Hypothesis", *Social Inquiry,* v. 35.

Barry, B., 1971 ; "Exit, Voice & Loyalty. A Review Article", *British Journal of Political Science,* 4:79-107.

Bartlett, W., 1996 ; "Square Pegs in Round Holes : the Privatization of Guidance Services", Trento : conf. paper, 19 pp.

Bartley, K. & S. Hanson, 1994 ; *Barnomsorg i tiden,* Gothenburg : Dept. of Sociology.

Belkaoui, A., 1984 ; *Socio-Economic Accounting* ; Westport, CN & London : Quorum Books.

Bell, D., 1973 ; *The coming of the post-industrial society : a venture in social forecasting,* New York : Basic Books.

Ben-Nar, A., 1986 ; "Non-profit organizations : why do they exist in market economies?" in S. Rose-Ackerman (ed.), *the Economics of Nonprofit Institutions. Studies in Structure and Policy,* Oxford & NY : Oxford Univ. Press.

Ben-Nar, A. & T. v. Hoomissen, 1994 ; "The Governance of Nonprofit Organizations : Law & Policy", *Nonprofit Management & Leadership,* v.4 ; Twin-Cities : University of Minnesota Press.

Berg, E., 1987 ; "Det civila samhället", *Festsknft till prof. skytteanus Carl Arvid Hessler,* Uppsala : Acts Universitatus Upsaliensus, no. 103.

Berrefjord, O. & G. Hernes, 1989 ; "Storforetak, marked og burokrati" *Forhandlingsökonomi i Norden,* Nielsen, K. & O.K. Pedersen, (eds) ; Copenhagen & Oslo : DJÖF and Tano.

Berrefjord, O., 1981 ; *Norsk maktutrednings slutrapport* /Norwegian Power Investigation' s Final Report ; Oslo : NOU 1981 : 22.

Berrefjord, O., 1982 ; *Rafnes-saken forhandlingsökonomien i aksjon*, Oslo : Universitets forlaget.

Blair, T., 1998 ; "Ny väg för Europa vänster"/New Way for the Left in Europe, *Dagens Nyheter & The Independent*, 9 April, 1998.

Blake, D.H. et al., 1976 ; *Social Auditing : Evaluating the Impact of Corporate Programs*, New York : Praeger Publs. 青柳清, 廣井孝訳『現代企業戦略と社会監査』同文舘出版, 1985年。

Blomkvist, K., 1993 ; "Privata daghem och fritidshem-blir fler", Stockholm : Socialstyrelsen, BF-enheten.

Bogason, P., 1994 ; "Community Power Based on Institutional Change", Berlin : IPSA conf. paper.

Bold, J., 1991 ; "Accounting for Change : Co-ops and the Social Audit", Ch. 5 in Fairbairn, B. (ed.), *Co-operatives & Community Development-Economics in a Social Perspective*, Saskatoon : Center for Co-op. Studies, Univ. of Saskatchewan.

Borzaga, C., 1998 ; "Multi-Stakeholder Organizations, an e-mail message", Trento : University of Trento, Dept. of Economics. 21 April, 1998 at 14h37 : 27.

Borzaga, C. & L. Mittone, 1997 ; *The Multi-Stakeholder vs. The Nonprofit Organization,* Trento : Univ. of Trento, Dept. of Economics, Discussion Paper no. 7

Bowen, H.R., 1953 ; *Social Responsibility of the Businessmen*, New York : Harper .

Braverman, H., 1974 & 1975 ; *Labor and Monopoly Capitalism : the degradation of work in the twentieth century*, New York : Monthly Review Press. 富沢賢治訳『労働と独占資本：20世紀における労働の衰退』岩波書店, 1978年。

Breton, G. & L. Côté, 1995 ; "Agency Relationship and Stakeholder Theory Revisited", Brussels : Workshop on Accounting in its Organizational and Social Context.

Brochorst, A., 1990 ; "Political Motherhood and Child Care Policies", *Gender and*

Caring : Work and Welfare in Britain & Scandinavia, Ungerson, C. (ed.) ; NY & London : Harvester Wheatsheaf, pp. 160-178.

Campbell, J.P, 1990 ; "The Role of Theory in Industrial and Organizational Psychology", Dunnette M.D. and Hough L.M. (eds.) *Handbook of Industrial and Organizational Psychology*, Palo Alto, CA : Consulting Psychologists Press.

Carrol, A.B. & G.W. Beiler, 1975 ; "Landmarks in the Evolution of the Social Audit", *Academy of Management Journal*, 18/3 : 589-599.

Cars, G., 1994 ; "Utvärdering av utvecklingsinsatser i projektområdena Kroksbäck, Holma, Rosengård och Persborg", Stockholm : KTH rapport.

Castano, J., 1990 ; "The Health Co-operatives in Catalan", Barcelona : conference paper.

CGM, 1994 ; I *Rapporto sulla Cooperazione Sociale*, Milano.

CGM, 1997 ; II *Raporto sulla Cooperazione Sociale del Italia*, Torino.

Chandler, J.A., 1993 ; "The consumer, citizens and charters", The Waves of Change-Strategic Management in the Public Services, 5-6/4-93, Sheffield.

Christensen, T., 1996 ; "Inter-and Intra-Class Solidarity", Denmark : ISR conference paper.

Chubb, J. & T. Moe, 1990 ; "Market Forces in Education", *American Political Science Review*, v. 84/2:549-567.

Clarkson, M.B.A., 1995 ; "A Stakeholder Framework for Analyzing & Evaluating Corporate Social Performance", *Academy of Management Review*, v 20/1:92-117.

Co-operative Union of Canada, 1985 ; *Social Auditing : a Manual for Co-operative Organizations*, Toronto : CUC, Social Audit Task Force.

Cooper, C. L., & M. Davidson, 1987 ; "Sources of stress at work and their relation to stressors in non- working environments", Kalimo, R., El-Batawi, M.A:, Cooper, C.L. (eds), *Psychosocial factors at work, and their Relation to Health*, England : World Health Organization.

Coser, L., 1956 ; *The Functions of Social Conflict*, London : Routledge and Kegan Paul. 新睦人訳『社会闘争の機能』新曜社, 1978年。

Crouch, C., 1985 ; "Exit & Voice in the Future of the Welfare State", *Government and Opposition,* v. 20/3 : 407-421.

Cyert, R.M. & J.G. March, 1963 ; *A Behavioral Theory of the Firm*, Englewood Clifts : Prentice Hall. 松田武彦監訳, 井上恒夫訳『企業の行動理論』ダイヤモンド社, 1967年。

Dagens Nyheter, l0/1-90, Claes Örtendahl ; 18/1-90, "Missnöjd personal kartläggs" ; 23/1-90, A. Christensen, "Barnomsorg i den svenska fabriken" ; 29/1-90, D. Tarschys, "Barnomsorgens förlorade år" ; R. Premfors, 17/11-94 ; H. Ben Habib & F. Andersson, 22/5-97 ;

Day, P., 1992 ; "Accountability", Birmingham : conference paper.

Deacon, B., 1992 ; *The New Eastern Europe. Social Policy Past, Present and Future,* London : Sage.

Deetz, S., 1994 ; *Transforming Communication, Transforming Business, Building Responsive and Responsible Workplace*, Cresskill, NJ : Hampton Press.

Defourney, J. & J.L. Munzon (eds), 1992 ; *Économie sociale : the Third Sector*, Bruxelles : De Boeck. London : Routledge & Kegan Paul. 石塚秀雄, 他訳『社会的経済』日本経済評論社, 1995年。

Dehoog, R.H., 1990 ; "Competition, Negotiation or Cooperation : Three Models for Service Contraction", *Administration & Society*, v. 22/3:317-340.

Dellenbrant, J.Å., 1988 ; "The Changing Role of Co-operatives in Socialist Countries", Uppsala : conference paper.

Donaldson, T. & L. Preston, 1995 ; "The Stakeholder Theory of the Corporation : Concepts, Evidence & Implications", *Academy of Management Rev.*, v. 20/1:65-91.

Dunnette, M.D., 1990 ; "Blending the Science and Practice of Industrial and Organizational Psychology : Where are we and where are we going?", Dunnette

M.D. & L.M. Hough (eds.), *Handbook of Industrial and Organizational Psychology*, Palo Alto, CA : Consulting Psychologists Press.

Elcock, H., 1993 ; "What price citizenship? Public management and the Citizen's Charter", *The Waves of Change-Strategic Management in the Public Services*. 5-6. 4. 93, Sheffield.

Elvander, N., 1989 ; "Inkomstpolitik i Norden" *Forhandlingsökonomi i Norden*, Nielsen, K. & O.K. Pedersen, (eds), Copenhagen & Oslo : DJÖF & Tano.

Enjolras, B., 1993 ; "La Structuration de L'Offre de Services de Proximitè", Paris : UNIOPSS.

Enjolras, B., 1994 ; "Local Services and Public Policies : International Comparative Aspects", Paris : UNIOPSS.

Enjolras, B., 1995 ; *Le marché providence : Aide á domicile, politique sociale et création d'emploi* ; Paris : Desclée de Brouwer.

Esping-Andersen, G., 1990 ; *The Three Worlds of welfare Capitalism*, Cambridge : B. Blackwell, Polity Press.

Esping-Andersen, G. (ed.), 1996 ; *Welfare States in Transition. National Adaptations in Global Economies*, London, Thousand Oaks & New Delhi : Sage.

Esping-Andersen, G. & W. Korpi ; 1987 ; "From Poor Relief to Institutional Welfare State : the Development of Scandinavian Social Policy", *International Journal of Sociology*, v. 16/3-4.

Espriu, J., 1995 ; *Mrs. Life*, Barcelona : the Espriu Foundation.

Etzioni, A., 1961 ; *Modern Organizations*, Engelwood Cliffs : Prentice-Hall. 渡瀬浩訳『現代組織論』至誠堂, 1967年。

Etzioni, A., 1993 ; *The Spirit of Community Rights, Responsibilities and the Communitarian Agenda*, New York : Crown Publishers, 270pp.

European Communities, 1986 ; *The cooperative, mutual and non-profit sector and its organizations in the European Community*, Luxembourg, the European Community.

Evers, A., 1993 ; "The Welfare Mix Approach. Understanding the Pluralism of Welfare Systems", Barcelona : conference paper.

Evers, A., 1995 ; "Part of the welfare mix : the third sector as an intermediate area", *Voluntas*, v. 6/2:159-182.

Evers, A. and H. Wintersberger (eds), 1990 ; *Shifts in the Welfare Mix ; their Impact on Work, Social Services and Welfare Policies*, Frankfurt & Bolder : Campus Verlag & Westview Press.

Fairbairn, B., 1991 ; *Cooperatives & Community Development-Economics in a Social Perspective*, Saskatoon : Center for Cooperative Studies, Univ. of Saskatchewan, CAN.

Ferris, J. & Graddy, E., 1989 ; "Fading distinctions among the nonprofit, governmental, and for-profit sectors", Hodgkinson, V.A., R.W. Lyman & Assocs (eds), *the Future of the Nonprofit Sector* ; San Francisco : Josssey-Bass.

Filios, V., 1991 ; "Human Systems Management", *Accounting, Organization & Society*, v. 10:267-90.

Firat, A.F., 1990 ; "The Consumer in Postmodernity", Holman, R. N. & M. R. Slomon (eds), *Advances in Consumer Research*, XVII, Provo, UT : Association for Consumer Research.

Firat, A.F. & A. Venkatesh, 1995 ; "Liberatory postnodernism and the reenchantment of consumption", *Journal of Consumer Research*, v. 22 : 239-267.

Fletcher, J. et al., "Competing for tots : operating objectives and characteristics of for-profit and nonprofit child care centers in the Pacific Northwest", *Voluntas,* v. 5, 1 : 59-85.

Flynn, R., 1992 ; "Marketization in the public sector : implications for citizenship, professionalization and welfare", Limerick : ECPR paper.

Folkrörelseutredning, 1987 ; *Ju mer vi är tillsammans*, del 1-3, Stockholm SOU 1987 : 33-35.

Folkrörelseutredning, 1989 ; *Mål och resultat*, Stockholm : SOU 1989:39.

FoU-rapport, 1991:4 ; *Socialtjänsten*, Stockholm : FoU-byrån.

FoU-rapport, 1993:2 ; *Socialtjänsten*, Stockholm : FoU-byrån.

FSE, 1995 ; *The Delivery of Public Services–A Social Economy Perspective*, London : Forum for the Social Economy.

Fölster, K., 1996 ; "Barn och äldreomsorg i Tyskland", Stockholm : Välfärdsprojektet, *Fakta/kunshaper*, nr. 4.

Gastere, L. & M. Taylor, 1993 ; *Learning from Consumers & Citizens*, Luton : Local Gov't Management Board.

Geddes, M., 1 992 ; "The social audit movement", *Green Reporting : the challenge of the nineties*, Owen, D. (ed.), London : Chapman & Hall

Giddens, A., 1994 & 1996 ; *Beyond Left and Right. The Future of Radical Politics*, Oxford : B. Blackwell, Polity Press.

Gidron, B. et al., 1992 ; "Government & the Third Sector in Comparative Perspective : Allies or Adversaries?", pp. 1-30 in *Government & the Third Sector–Emerging Relationships in Welfare States*, Gidron, B. et al., (eds), San Francisco : Jossey-Bass Publs.

Gramsci. A., 1971 ; *Selections from Prison Notebooks of Antonio Gramsci*, Hoare, Q. & G.N. Smith (eds), London : Lawrence & Wishart.

Gray, R. et al., 1987 ; *Corporate social reporting–accounting and accountability*, Engelwood Cliffs, NJ, London, etc. : Prentice Hall International.

Gray, R. et al., 1996 ; *Accounting & Accountability. Changes and challenges in social and environmental reporting*, London, New York. etc. : Prentice Hall.

Grindheim, J-E. & P. Sells, 1990 ; "The Role of Voluntary Social Welfare Organizations in Norway : a democratic alternative to a bureaucratic welfare state?", *Voluntas*, v. l/1 : 62-76.

Gröjer, J-E., 1993 ; "Redovisa anställda på balansräkuingen!", Stockholm : Labora Press.

Gröjer, J-E., 1995 ; "Employees on the Balance Sheet–a matter of cost allocation",

Stockholm : Workshop in Human Resource Costing and Accounting

Gröjer, J-E. & U. Johanson, 1991 ; *Human Resource Costing & Accounting*, Stockholm : Joint Industrial Safety Council

Gröjer, J.E. & A. Stark, 1978 ; *Social Redovisning/Social Accounting*, Stockholm : SNS.

Grönroos, C., 1990 ; *Service Management and Marketing : Managing the Moments of Truth in service Competition*, Lexington, MA & Toronto : Lexington Books.

Guba, E.G. & Y.S. Lincoln, 1988 ; *Effective Evaluation : Improving the Usefulness of Evaluation Results through Responsive and Naturalistic Approaches*, San Francisco : Jossey-Bass Publs.

Guillen, M. & C. Perrow, 1992 ; *The AIDS Disaster in New York and the Nation*, New Haven : Yale Univ. Press. 浜谷喜美子訳『エイズ・ディザースター：ニューヨーク市と国の失策』三一書房，1994年。

Gummesson, E., 1993b ; *Quality Management in Service Organizations*, NY : Internat. Service Quality Org., ISQA.

Habermas, J., 1989 ; *Structural Transformation of the Public Sphere, an inquiry into a category of bourgeois society*, Cambridge : Polity Press. 細谷貞雄,山田正行訳『公共性の構造転換：市民社会の一カテゴリーについての探究』未來社，1994年。

Habermas, J., 1992 ; "Further Reflections on the Public Sphere", Calhoun C. (ed.), *Habermas and the Public Sphere*, Cambridge, MA : MIT Press.

Hall, P.D., 1987 ; "Abandoning the Rhetoric of Independence : Reflections on the Nonprofit Sector in the Post-Liberal Era", *Journal of Voluntary Action Research*, v. 16 : 11-27.

Hall, P.D., 1992 ; *Inventing the Nonprofit Sector and other Essays on Philanthropy, Voluntarism and Nonprofit Organizations*, (Baltimore : Johns Hopkins University Press).

Hansen, H., 1993 ; "Social Insurance Problems and Stuctural Reforms", pp. 89-115,

Social Security in Sweden and other European Countries-three Essays, Olsson-Hort, S-E. et al., (eds), Stockholm : Finansdept. & ESO, Ds 1993 : 5 l.

Hansmann, H., 1980 ; "The Role of Nonprofit Enterprise" in *Yale Law Journal*, v. 89 : 835-850.

Hansmann, H., 1988 ; "Ownership of the Firm", in *Journal of Law, Economics and Organizations*, v.4, no. 2 : 276-304.

Hansmann, H., 1996 ; *The Ownership of Enterprise* ; Cambridge, MA & Oxford : the Belknap Press of Harvard University Press.

Hansson, J., 1995 ; "Avtal och taxor för koopertiva daghem", Stockholm WECSS project report.

Hausner, J. et al. (eds), 1993 ; *Institutional Frameworks of Market Economies-Scandinavian &, Eastern European Perspectives*, Aldershot & Brookfield : Avebury.

Havel, V., 1978 ; "De maktlösas makt", *En dåre i Prag*, Stockholm/Stehag : Symposion bokförlag.

Hegel, G.W.F., 1911 ; *Grundlinier der Philosophie der Reichs-Sämtliche Werke*, Leipzig : Verlag von Felix Meiner. 三浦和男, 他訳『法権利の哲学：あるいは自然的法権利および国家学の基本スケッチ』未知谷, 1991年。

Hellqvist, S.N., 1995a ; *Förskolan i fokus-föräldrarnas och personalens upplevelse av barnomsorg i tre olika driftsformer*, Stockholm : FoU byrån, Stockholm socialtjänst.

Hellqvist, S.N., 1995b ; "Det kommer mera! IKS-95. En studie av kvalitet, inflytande och samverkan i barnomsorg i socialdistrikt 5", Stockholm : FoU byrån, Stockholms Socialtjänst.

Henriksen, L.S., 1993a ; "The Voluntary or Third Sector in a Sociological Perspective", Leiden : ECPR paper.

Henriksen, L.S., 1993b ; "Frivillige organisationer i en lokal kontekst et case studie", Oslo : conference paper.

Henriksen, L.S., 1994 ; "Det civile samfund : Tilbage til politisk filosofi", *Norsk Statsvitenskaplig Tidskrift*, v. 4:357-74.

Henrilsen, L.S., 1996 ; *Lokal frivillig organisering i nye omgivelser*, Aalborg : Forlaget ALFUFF.

Henriksen, L.S., 1997 ; "Voluntary Organizations & Local Government-Lessons from a Danish Case Study", *Voluntas*, v.7/2.

Herman, R. & R. Heimovics, 1995 ; "Researching nonprofit organizational effectiveness : whose criteria? A rejoinder to Osborne & Tricker", *Voluntas*, v. 6/1 : 93-99.

Hernes, 1978 ; *Forhandlingsökonomi og blandningsadministrasjon*, Olso : Universitetsforlaget

Hill, C.W. & T.M. Jones, 1992 ; "Stakeholder-Agency Theory", *Journal of Management Studies,* v. 29/2 : 131-154.

Hirschman, A.O., 1970 ; *Exit, Voice, and Loyalty. Responses to Decline in the Performance of Firms, Organizations and States*, Harvard University Press, Cambridge, MA & London. 三浦隆之訳『組織社会の論理構造:退出・告発・ロイヤルティ』ミネルヴァ書房, 1980年。

Hirschman, A.O., 1981 ; *Essays in Trespassing-Economics to politics and beyond,* Cambridge, MA & New York, NY, Harvard University Press.

Hirschman, A.O., 1982a ; *Shifting Involvements-Private Interest and Public Action,* Princeton : Princeton University Press. 佐々木毅, 杉田敦訳『失望と参画の現象学:私的利益と公的行為』法政大学出版局, 1988年。

Hirschman, A.O., 1982b ; "Rival Interpretations of Market Society : Civilizing, Destructive or Feeble?", *Journal of Economic Literature*, v. XX : 1463-1484.

Hirsh, P., 1994 ; *Associative Democracy. New Forms of Economic and Social Governance*, Cambridge : Polity Press.

Hirsh, P. & G. Thompson, 1996 ; *Globalization in Question*, Cambridge : Polity Press.

Hobbes, T., 1651/1962 ; Leviathan, London : Collins. 水田洋訳『リヴァイアサン』

岩波書店，1992年。

Hoyes, L. et al., 1992 ; *Made to Measure? Performance Measure & Community Care,* Bristol : School for Advanced Urban Studies.

Huber, E. & J. Stephens, 1996 ; "Reconsidering the Welfare State in Europe", Chapel Hill, NC : conference paper.

Hunt, M., 1993, "Accountability, openness and the Citizen's Charter", *The Waves of Change−Strategic Management in the Public Services*, 5−6/4−93, Sheffield.

Hutton, W., 1995 ; *The State We're In*, London : Random House, Vintage.

Häggström, H., 1994 ; "Personalkooperativ och arbetsrätt" Örebro : uppsats ; Institutionen för samhällskunskap.

International Cooperative Alliance, 1995 ; *Making Membership Meaningful : Participatory Democracy in Co−operatives*, Saskatoon, CAN : Centre for the Study of Cooperatives. Univ. of Saskatchewan.

Jessop, B., 1990 ; State *Theory : Putting Capitalist States in Their Place,* Cambridge : Polity Press. 中谷義和訳『国家理論：資本主義国家を中心に』御茶の水書房，1994年。

Jessop, B., 1992 ; "Welfare and Workfare States−Theory and Practice", Chicago : paper.

Johnsson, N., 1989 ; "The Privatization of Welfare", *Social Policy & Administration,* v. 23 : 17−29.

Jonsson, E, 1993, *Konkurrens inom sjukvård*, Stockholm : Spri.

Jordan, J., 1987 & 1989 ; "The Multi−Stakeholder Approach to Worker Ownership", Quarter, J. & G. Melnyk (eds), *Partners in Enterprise : the Worker Ownership Phenomenon*, Montreal : Black Rose Books, pp. 149−171 and in *Yearbook of Co−operative Enterprise*, 1989, Oxford : the Plunkett Foundation.

Jordan, J., 1995 ; fax to V. Pestoff, 27 July, 1995.

Juul, P., 1996 ; "Dumrkehim's View on Social Solidarity", Denmark : ISP conference paper.

Jönsson, S. et al., 1997 ; *Decentraliserad välfärdsstat : Demokrati, effektivitet och service*, Stockholm : SNA förlag.

Kalimo, R.,1987 ; "Psychosocial factors and workers' health : an overview", Kalimo, R., El-Batawi, M.A:, Cooper, C.L. (eds), *Psychosocial factors at work, an their Relation to Health*,. England : World Health Organization.

Kallinikos, J., 1995 ; "Cognitive Foundations of Economic Institutions : Markets, Organizations and Networks Revisited", *Scandinavian Journal of Management*, v. 11, no. 2:119-137.

Karasek, R. & T. Theorell, 1990 ; *Healthy Work : Stress, Productivity, and the Reconstruction of Working Life*, NY : Basic Books, Inc., Publishers.

Kazenstein, P., 1985 ; *Small States in World Markets*, Ithaca & London : Cornell University Press.

Kenis, P., 1992 ; *The Social Construction of an Industry. A World of Chemical Fibers*, Frankfurt am Main & Bolder : Campus Verlag & Westview Press.

Klausen, K. K., 1989 ; "Den Tredje Sektor : Frivillige organisationer mellem stat og marked", i *Stat og Marked : Fra Leviathan og usynlig hånd till forhandlingsökonomi*, Klausen, K. K. & T. Hvid Nielsen (eds), Köpenhamn : Jurisit-og Ökonomforbunders Forlag, DJÖF.

Knapp, M., 1984 ; *The Economics of Social Care*, London : Macmillan.

Kommunallagen, 1991 ; Stockholm : *SFS*, 1991 : 900.

Kooperativa Förbundet, 1974 ; *Konsumentägt*/Consumer Owned, Programkommitten, Stockholm : KF.

Kooperativa Förbundet, 1979a ; *Svensk konsumentkooperation inför 1980-talet*/Swedish Consumer Cooperatives Facing the 1980s, Stockholm : KF.

Kooperativa Förbundet, 1979b ; Internal report on "membership attendance at annual general meetings 1977-1979", Stockholm : KF.

Kooperativa Förbundet, 1983 ; Internal report on "membership attendance at annual general meetings 1980-1982", Stockholm : KF.

Kooperativa Förbundet, 1989 ; *Tjäna varandra i samverkon : verksamhetsidé, mål och riktlinjer för konsument-kooperationen*/Working together for Mutual Gain : business idea, goals and guidelines, Stockholm : KF.

Kooperativa Förbundet, 1990 ; "Det konsumentkooperativa medlems-engagemanget på 90-talet", Stockholm : KFS Medlemskommitténs rapport till förbundsstyrelsen.

Kooperativa Institutet, 1991 ; *Medikoop-Vård och omsorg i konsument-kooperativa former*, Stockholm : Kooperativa Institutet.

Kooperativt Utvecklingscentrum i Skåne ek. för. Rapport 2. *Personal-resp. föreningsdrivna daghem i Skåne.*

Kornhauser, W., 1960 ; *The Politics of Mass Society*, London : Routledge and Kegan Paul. 辻村明訳『大衆社会の政治』東京創元社, 1966年。

Kramer, R., 1981 ; *Voluntary Agencies in the Welfare State*, Berkeley : Univ. of California Press.

Kramer, R., 1990a ; "Nonprofit Social Services and the Welfare State : Some Research Considerations" Anheier, H. & W. Seibel (eds), 1990 ; *The Third Sector : Comparative Studies of Nonprofit Organizations*, Berlin & New York : de Gruyter.

Kramer, R., 1990b ; "Voluntary Organizations in the Welfare State on the Threshold of the '90s", London : paper presented 29.11.89 at the London School of Economics.

Kramer, R., 1992 ; "The Role, of Voluntary Social Service Organizations in Four European States : Policies & Trends in England, the Netherlands, Italy & Norway", pp. 34-52 in *Governments & Voluntary Organizations*, Kuhnle, S. & P. Selle (eds).

Kreps, T., 1940 ; *Measurement of the Social Performance of Business*, Washington, DC : An Investigation of Concentration of Economic Power for the Temporary Economic Committee.

Kuhnle, S., 1991 ; "Government and the Voluntary Sector in Norway in the Post War

Period", Vienna : EGOS paper.

Kuhnle, S. & P. Selle, 1992 ; "Government & Voluntary Organizations : a relational perspective", in *Government & Voluntary Organizations*, Kuhnle, S. & P. Selle (eds), Aldershot, Brookfield, USA : Avebury.

Kumar, K., 1993 ; "Civil society : an inquiry into the usefulness of an historical term", *Brit. Journal of Sociology*, v. 42 : 375-95.

Kumar, K, 1994 ; "Civil society again : a reply to C. Bryant's 'Self-organization, civility and sociology' ", *British Journal of Sociology*, v. 45/1.

Lantz, A. & B. Pingel, 1988 ; *Att gestalta en organization-perspektiv på offentlig barnomsorg*, Stockholm : Akademitryck.

Laville, J.L., 1992 ; *Les Services de Proximité en Europe*, Paris : Syros Alternative.

Laville, J.L., 1994 ; *L'économie solidaire. Une perspective internationale*, Paris : Desclée de Brouwer.

Laycock, D., 1994 ; "Can co-operatives make a difference? Political culture, state institutions and civil society in the development of economic democracy in Canada", Berlin : IPSA World Congress, paper.

Le Grand, 1990 ; *Quasi-Markets & Social Policy*, Bristol : SAUS, Studies in Decentralization & Quasi-Markets.

Le Grand, J. & W. Bartlett, 1993 ; *Quasi-Markets and Social Policy*, London : Macmillan.

Leibfried, S., 1991 ; "Towards an European welfare state? : on integrating poverty regimes in the European Community", Bremen : Zentrum für Sozialpolitik, 1991 : 2.

Leira, A., 1990 ; "Coping with Care", *Gender and Caring : Work and Welfare in Britain & Scandinavia*, Ungerson, C. (ed.), NY & London : Harvester Wheatsheaf, pp. 133-159.

Lennerlöf, L., 1981 ; *Arbetsmiljön ur psykologisk och sociologisk synvinkel. En introduktion i beteendevetenskaplig arbetsmiljöforskning*, Stockholm : Liber

Förlag.

Levi, L., 1987 ; "Definitions and the Conceptual Aspects of Health in Relation to Work", Kalimo, R., El-Batawi, M.A:, Cooper, C.L. (Eds), *Psychosocial Factors at Work and their Relation to Health*, England : World Health Organization.

Lewis, H., 1989 ; "Ethics and the private nonprofit human service organizations", *Administration in Social Work*, v. 13 : 2, 1-14.

Likert, R., 1959 ; *New Patterns of Management*, New York : Mc Graw-Hill. 三隅二不二訳『経営の行動科学:新しいマネジメントの探求』ダイヤモンド社, 1973年。

Lindblom, C., 1959 ; *Politics and Markets : the world's political economic system*, New York : Basic Books.

Lindkvist, L., 1990 ; *Arbetskooperation*, Stockholm : Nordiskt Ministerrad & Kooperativa institutet.

Lindkvist, L. & A. Westenholz (eds), 1987 ; *Medarbetarägda företag i Norden*, Stockholm : Nordiskt Ministerråd.

Lipset, S.M., 1960 & 1963 ; *Political Man*, New York ; Doubleday & Co. 内山秀夫訳『政治のなかの人間:ポリティカル・マン』東京創元新社, 1963年。

Ljungdahl, S. & M. Mörner-Walter, 1993 ; *Vägledning i barnomsorg*, Stockholm : Förädra-kooperativens Riksförening-Vårat Dagis & Folksam.

Locke, E. A., 1984 ; "Job satisfaction", Gruneberg M. and Wall T. (eds), *Social Psychology and Organizational Behavior*, New York : John Wiley & Sons.

Locke, J., 1946 ; *Second Treatise of Civil Government and a Letter Concerning Toleration*, J.W. Gough, (ed.) ; Oxford : B. Blackwell.

Lundström, T. & F. Wijkström, 1994 ; "The Swedish Nonprofit Sector", Stockholm : School of Economics, EFI.

Mabon, H., 1977 & 1992 ; *Organisationslära-struktur och beteende*, Stockholm : Psykologiförlaget.

Manfield, R., 1984 ; "Formal and Informal Structure", Gruneberg M. & Wall T (eds),

Social Psychology and Organizational Behavior, New York : John Wiley & Sons.

Marin, B. & P. Kenis, 1997 ; *Managing AIDS : Organizational Responses in Six European Countries*, Aldershot & Brookfield : Ashgate.

Marshall, T.H., 1973 ; *Class. Citizenship and Social Development,* Westpoint, CT : Greenwood Press. 岩崎信彦,中村健吾訳『シティズンシップと社会的階級:近現代を総括するマニフェスト』法律文化社,1993年。

Marshall, T.H., 1975 & 1977 ; *Social policy* London : Hutchinson. 岡田藤太郎訳『社会(福祉)政策:二十世紀における』相川書房,1990年。

Marshall, T.H., 1981 ; *The Right to Welfare*, London : Heinemann Educational. 岡田藤太郎訳『福祉国家・福祉社会の基礎理論:「福祉に対する権利」他論集』相川書房,1989年。

Mellbourn, A., 1986 ; *Bortom det starka samhället. Socialdemokratiska förvaltningspolitik*, Stockholm : Carlssons.

Meyer, M. & L. Zucker, 1989 ; *Permanently Failing Organizations*, Newbury Park, CA, London & New Delhi : Sage.

Michels, R., 1911 & 1962 ; *Political Parties*, New York & London : the Free Press.

Minister for Welfare Reforms, 1998 ; *A New Contract for Welfare*, the Green Paper, 26 March, 1998 ; http://www.dss.gov.uk/hq/wreform/.

Möller, T., 1996 ; *Brukare och klienter i välfärdsstaten : om missnöje och påverkans möjligheter inom barn-och äldreomsorg*, Stockholm : Publica, Nordstedts juridik.

Nielsen, K., 1989 ; "Flexible adjustments and political stability : the terms of the debate", *Scandinavian Political Studies*, v. 12 : 297-313.

Nielsen, K. & O.K. Pedersen, 1988 ; "The Negotiated Economy : Ideal and History", *Scan. Political Studies*, v. 11, no. 2 : 79-101.

Nielsen, K. & O.K. Pedersen, 1989a ; "Is Small Still Flexible?-an Evaluation of Recent Trends in Danish Politics", *Scandinavian Political Studies*, v. 12, No. 4 : 343-372.

Nielsen, K. & O.K. Pedersen, (eds), 1989b ; *Forhandlingsökonomi i Norden,* Copenhagen & Oslo : DJÖF and Tano.

Nisbet, R .A., 1966 ; *The Sociological Tradition,* New York : Basic Books. 中久郎監訳『社会学的発想の系譜』アカデミア出版会, 1975-1977年。

North, D., 1990 ; *Institutions, Institutional Change and Economic Performance,* Cambridge University Press, Cambridge and New York. 竹下公視訳『制度・制度変化・経済成果』晃洋書房, 1994年。

North, D., 1993 ; "Economic Performance through Time", Stockholm : Nobel Prize Lecture.

Official Statistics of Sweden, 1992a ; *Den psykosociala arbetsmiljön. Information om arbetsmarknaden,* 1992 : 4, Stockholm : Statistiska Centralbyrån.

Official Statistics of Sweden, 1992b ; *Statistiska Meddelanden. Arbetsmiljön 1989/91.* Stockholm : Statistiska Centralbyrån.

Olson. M., 1965 & 1971 ; *The Logic of Collective Action,* Harvard University Press, Cambridge, MA & London. 依田博, 森脇俊雅訳『集合行為論：公共財と集団理論』ミネルヴァ書房, 1996年。

Olsson Hort, S-E., 1993 ; "Models and Countries-the Swedish Social Policy Model in Perspective", *Social Security in Sweden and Other European Countries-Three Essays,* Olsson-Hort, S-E. et al., (eds), Stockholm : Finansdept. & ESO, Ds 1993 : 51.

Onn, G., 1995 ; "Kooperativdaghem och deras ekonomi", Stockholm : WECSS project report.

Onn, G., 1995 ; "Effectiveness, Co-Production and Swedish Child-Care Co-operatives", Stockholm : School of Business, Ph.D. seminar paper.

Osborne, S. & M. Tricker, 1995 ; "Researching nonprofit organizational effectiveness : a comment on Herman & Heimovics", *Voluntas,* v. 6 : 1 : 85-92.

Parry, R., 1993 ; "The Political and Financial Basis of the New Welfare Mix in Britain", Leiden : ECPR conference paper.

Palme, J., 1990 ; *Pension Rights in Welfare Capitalism-the Development of Old-Age Pensions in 18 OECD Countries 1930 to 1985*, Stockholm : SOFI no. 14.

Pedersen, O.K., 1992 ; "The Social Responsibility of the Firm", Copenhagen paper.

Perrow, C., 1986 (3rd edit.) ; *Complex Organizations : A Critical Essay*, New York : Random House & McGraw-Hill. 佐藤慶幸監訳『現代組織論批判』早稲田大学出版部, 1978年。

Perrow, C., 1988 ; "A Society of Organizations", New Haven : paper.

Pestoff, V., 1977 ; *Voluntary Associations and Nordic Party Systems, A study of overlapping memberships and cross-pressures in Finland, Norway and Sweden*, Stockholm : Studies in Politics : 10.

Pestoff, V., 1978 ; "Soviet Non-Governmental Organizations-Limits of Empirical Studies", *Polittikki*,

Pestoff, V., 1984 ; *Konsumentinflytande och konsumentorganisering-den svensha modellen*/Consumer Influence & Consumer Organization-the Swedish Model, Stockholm : Min. of Finance, Ds Fi 1984 : 15.

Pestoff, V., 1988 & 1989 ; *Näringslivsorganisationerna och politiken i Sverige* / Business Interest Associations and Politics in Sweden ; Stockholm : TCO.

Pestoff, V., 1989 ; "Organisationernas medverkan och förhandlingar i svensk konsumentpolitik"/Organizational Participation and Negotiations in Swedish Consumer Policy, *Forhandlingsökonomi i Norden*/The Negotiated Economy in the Nordic Countries, Nielsen K. & O.K. Pedersen (eds), Copenhagen & Oslo : DJÖF & Tano ; reprinted in *Tidskrift för rättssociologi*, v.6, nr.3/4, 1989 : 150-203.

Pestoff, V., 1990 ; "Joint Regulation, Meso-Games and Political Exchange in Swedish Industrial Relations", in *Governance & Generalized Exchange. Self-Organizing Policy Networks in Action*, Marin, B. (ed.), Frankfurt & Bolder : Campus Verlag & Westview Press.

Pestoff, V., 1991 & 1996 ; *Between Markets and Politics-Co-operatives in Sweden*,

Frankfurt, Bolder & Tokyo : Campus Verlag, Westview & English Books. 藤田暁男, 他訳『市場と政治の間で：スウェーデン協同組合論』晃洋書房, 1996年。

Pestoff, V., 1992 ; "Cooperative Social Services-an Alternative to Privatization", *Journal of Consumer Policy*, v. 15 : 21-45.

Pestoff, V., 1994a ; "Beyond Exit and Voice in Social Services-Citizens as Co-producers", in 6, P. & I. Vidal (eds), *Delivering Welfare-repositioning non-profit and co-operative action in western European welfare states*, Barcelona : CIES.

Pestoff, V., 1994b ; "Employer Organizations : their Changing Structures and Strategies in Nine OECD Countries", *Changing Structures and Strategies of the Employers' and Employees' Organizations*, Helsinki : Proceedings from the IIRA 4th European Regional Congress.

Pestoff, V. (ed.), 1995a ; *Reforming Social Services in Central and Eastern European Eleven Nation Overview*, Cracow : Cracow Academy Press.

Pestoff, V., 1995b ; "Towards a New Swedish Model of Collective Bargaining", *Employer Organizations and Trade Unions in Changing Industrial Relations*, Crouch, C. & F. Traxler (eds), London & Newbury Park : Sage Pubis.

Pestoff, V., 1995c ; "Local Economic Democracy and Multi-Stakeholder Cooperatives", *Journal of Rural Cooperatives*, v.XXIII, no.2 : 152-167.

Pestoff, V., 1996a ; "Social Enterprises and Civil Democracy : Enriching Working-Life & Empowering Consumers as Co-Producers in Sweden," Stockholm : School of Business.

Pestoff, V., 1 996b ; "Reforming Social Services in Central and Eastern Europe : Shifts in the Welfare Mix and Meso-Level Institutional Change ", in *Legacies of Change-Transformations of Postcommunist European Economies*, Campbell, J. & O.K. Pedersen (eds), New York : A. De Gruyter

Pestoff, V., 1998a ; "Enriching Swedish Women's Work Environment-the Case of

Social Enterprises in Day Care", *Advances in the Economic Analysis of Participation and labor-Managed Firms*, v. 6 : 233-256.

Pestoff, V., 1998b ; "Social Enterprises and Civil Democracy in Sweden : Developing a Participative Welfare Society in the 21st Century", *2lst Century Economics : Perspectives of Political Economy for a Changing World*, Halal, W. & K. Taylor (eds), New York : St. Martins Press.

Pestoff, V., 1998c ; "Civil Democracy and Trust", Tokyo & Vienna, JCCU, SASE conference paper.

Pestoff, V., forthcoming ; *Social Enterprises in Sweden : Enriching Work Life, Empowering Citizens as Co-Producers and Transforming the Welfare State*, Stockholm : Södertörns Acta series, no.1.

Pestoff, V. & L. Gullström 1994 ; "Social service i kooperativ regi : dess population : mätinstrument och urval av daghem samt annan social service", Stockholm : WECSS Project paper.

Peters, B. Guy, 1994 ; "Alternative Models of Governance : the Changing State and Public Service", Berlin : IPSA World Congress, paper RC 27.

Petersen, J., 1989 ; "Pensionsfonde som aktieejere" i *Forhandlingsökonomi i Norden*, Nielsen, K. & O. K. Pedersen (eds), Copenhagen & Oslo : DJÖF and Tano.

Pierre, J., 1995 ; "The Marketization of the State : Citizen, Customer and the Emergence of the Public Market", pp. 55-81 in Savoie, D. & B. G. Peters (eds), *Governance in a Changing Society*, Montreal : McGill/Queens Univ. Press.

Polanyi, K., 1944 & 1957 ; *The Great Transformation*, New York : H. Holt & Co. 吉沢英成, 他訳『大転換:市場社会の形成と崩壊』東洋経済新報社, 1975年。

Pontusson, O. & E Åkerlund, 1993 ; *Daghemsverksamhet-kostnader och konkurrens-förutsättningar*, Stockholm : Konkurrensverket.

Porter, M., 1985 ; *Competitive Advantage Creating*, New York : Free Press. 土岐坤, 中辻萬治, 小野寺武夫訳『競争優位の戦略:いかに高業績を持続させる

か』ダイヤモンド社, 1985年。

Porter, M., 1992 ; "Capital Choices : Changing the Way America Invests in Industry", Boston : Harvard Business School.

Porter, M. et al., 1991 ; *Advantage Sweden*, Stockholm : Nordstedts.

Prior, C. & M.J. Sabel, 1984 ; *The second industrial divide*, New York : Basic Books.

Prop. 1993/94/11 ; Utvidgad lagreglering av bamomsorgsområdet, mm., Stockholm : Riksdagstryckeri,

Prop. 1994/95:l00 ; *Budget propsitionen 1994/95/* The Swedish National Budget, 1994/95, Stockholm : Riksdagens tryckeri.

Putnam, R. D., 1993 ; *Making Democracy Work–Civil Traditions in Modern Italy*, Princeton, NJ : Princeton Univ. Press.

Putnam, R., 1995 ; "Tuning In, Tuning Out : the Strange Disappearance of Social Capital in America", *PS : Political Science & Politics*/APSA, pp. 664–683.

Ramanthan, K.V., 1976 ; "Towards a theory of corporate social accounting", *The Accounting Review*, 516–528.

Rehnman, E., 1967 ; "Företagsdemokrati och företagsorganisation", Stockholm Dept. of Business Administration, RR 1967 : 3.

Riesman, D., 1950 & 1969 ; *The Lonely Crowd*, New Haven, CN : Yale University Press. 加藤秀俊訳『孤独な群衆』みすず書房, 1965年。

Rose–Ackerman, S., 1990 ; "Competition between non–profits and for–profits : entry and growth", *Voluntas*, 1/1 : 13–25.

Rose–Ackerman, S., 1989 ; "Altuistic Nonprofit firms in competitive markets : the case of day–care centers in the US", *Journal of Consumer Policy*, v. 9 : 291–310.

Rosseau, J.J., 1919 ; *Om samhällsfördraget eller Statsrättens grundsatser*, Stockholm : Bonniers Förlag.

Rovira, J., 1990 ; "The Role of Nonprofit Organizations in the Spanish Health Care Market", *The Third Sector : Comparative Studies of Nonprofit Organizations*, H. Anheier & W. Seibel (eds), Berlin & New York : de Gruyter.

Sackett, P.R., Larson, J.R., 1990 ; "Research Strategies and Tactics in Industrial and Organizational Psychology", Dunnette M.D. and Hough L.M. (eds), *Handbook of Industrial and Organizational Psychology*, Palo Alto, CA : Consulting Psychologists Press.

Salamon, L., 1987 ; "On Market Failure, Voluntary Failure, and Third Party Government : Towards a Theory of Government-Nonprofit Relations in the Modern Welfare State" *Journal of Voluntary Action Research*, v. 16 29-49.

Salmon, L. & H. Anheier, 1996 ; "The Third Route : Government-Nonprofit Collaboration in Germany and the United States", Baltimore, ML : Johns Hopkins Univ., Occasional Paper, No. 9.

Saltman, R. & C. v. Otter, 1992 ; *Planned Markets and Public Competition : Strategic Reform in Northern European Health Systems*, Buckingham & Philadelphia : Open Univ. Press.

Scarpello, V. & H. Theeke, 1989 ; "Human Resource Accounting : a Measurement Critique", *Journal of Accounting Literature*, v. 8 : 265-280.

Schmitter, P., 1974 ; "Still the Century of Corporatism?", Pike, F. & T. Stritch (eds), *The New Corporatism : Socio-Political Structures in the Iberian World*, Notre Dam & London : University of Notre Dam Press.

Seibel, W., 1990 ; "Government/third sector relationship in a comparative perspective : the cases of France and W. Germany", *Voluntas*, v. 1/1 : 42-60.

Seidler, L.J. & L.L. Seidler (eds), 1975 ; *Social Accounting*, Los Angeles : Melville Press.

Siim, B., 1990 ; "Women & the welfare state : between private and public dependence. A comparative approach to care work in Denmark and Britain", *Gender and Caring : Work and Welfare in Britain & Scandinavia*, Ungerson, C. (ed.), NY & London : Harvester Wheatsheaf, pp. 80-109.

Simmel, G., 1912 ; *Melangees de philosophie relativiste*, Paris : F. Alcan.

Simon, H.A., 1957 ; *Administrative Behavior*, New York : Macmillan. 松田武彦, 高

柳暁, 二村敏子訳『経営行動:経営組織における意思決定プロセスの研究』ダイヤモンド社, 1989年。

Sjöstrand, S-E., 1992 ; "On the Rationale behind Irrational Institutions", *Journal of Economic Issues*, v.XXVI, no. 4 : 1007-1040.

Sjöstrand S-E., 1993 ; *Om företagsformer*, Stockholm : Stockholm School of Economics, EFI.

Socialstyrelsen, 1992/93 ; *Privata daghem och fritidshem*, Stockholm : Socialstyrelsen.

Socialstyrelsen, 1994 ; *Privata daghem och fritidshem*, Stockholm : Socialstyrelsen.

Socialstyrelsens statistik, 1995 ; *Barnomsorg 1994*, Stockholm : Socialtjänst 1995 : 9.

Sommer, R. et al., 1989 ; "Cost and program availability in co-operative preschools", *Journal of Consumer Studies & Home Economics*, v. 13 : 285-91.

SoS & SCB, 1997 ; *Jämförelsetal för socialtjänsten, 1996*, Stockholm : Socialstyrelsen Svenska Kommunförd. o. Statistiska centralbryrån.

SOU 1972 : 26 & 27, *Förskolan*, Stockholm : 1968 års Barnstugautredning, Liber/ allmänna förlaget.

SOU 1981 : 25, *Bra daghem för små barn*, Stockholm : Familjstödsutredningen, Liber/ Allmänna förlaget.

SOU 1990 : 80 *Förskola åt alla 1991-Hur blir det?* Stockholm : Liber/Allmänna förlaget.

SOU 1993 : 82 ; *Frivilligt socialt arbete*, Stockholm : Social Service Committee, Liber/ Allmänna förlaget.

SOU 1996 : 162 ; *På medborgarnas villkor-en demokratisk infrastruktur*, Stockholm : betänkande av Demokratiutvecklingskommittén, Liber/Allmänna förlaget.

Steen, A., 1989 ; "Velferdsstat, korporatisme og selvreglering" i *Forhandlingsökonomi i Norden*, Nielsen, K. & O.K. Pedersen (eds), Copenhagen & Oslo : DJÖF and Tano.

Steinberg, R., 1987 ; "Nonprofit organizations and the market", in W. Powell (ed.), *the Nonprofit Sector : a Research Handbook*, New Haven, CT : Yale Univ. Press.

Stevens, J., 1996 ; "The Scandinavian Welfare States : Achievements, Crisis and Prospects", in Esping-Andersen, G. (ed.), *Welfare States in Transition. National Adaptations in Global Economies* ; London, Thousand Oaks, etc. : Sage Publs.

Stiglitz, J.E., 1988 (2nd edit) ; *Economics of the Public Sector*, New York : Norton. 薮下史郎訳『スティグリッツ公共経済学（上下）』東洋経済新報社，1996年。

Stockholms finanskontor, 1995 ; "Likvärdiga villkor : för enskilt driven bamomsorg och skolbarnomsorg", Stockholm : Stockholmstads finanskontor.

Streeck, W., 1989 ; "The Social Dimension of the European Firm", Florence pa per.

Streeck, W., 1991 ; "Industrial Relations in a Changing Western Europe", Bari : IIRA keynote speech.

Streeck, W. & P. Schmitter, 1985 ; "Community, Market, State-and Associations?" in *Private Interest Government-Beyond Market and State*, Beverly Hills and London : Sage.

Stryjan, Y., 1989a ; "Why Does Established Cooperation Need New Cooperation?", Uppsala : conference paper.

Stryjan, Y., 1989b ; *Impossible Organizations. Self-management and Organizational Reproduction*, Greenwood Press, Westport, CT.

Stryjan, Y., 1990 ; "Co-operatives in a Changing World : Membership, Organizational Strategies and Adaptation", Madrid : conference paper.

Styjan, Y., 1994 ; "Cooperatives in the welfare market : the Swedish Case", in *Delivering Welfare : repositioning non-profit and cooperative action in western European welfare states*, Perri 6 & I. Vidal (eds), Barcelona : CIES.

Stryjan, Y., 1995 ; "Kooperativa dagis-de första åren"/Cooperative day care-the first years, *Kooperation & välfärd*/Cooperatives & Welfare, Stockholm : Fdreningen Kooperativa Studier

Stryjan, Y., 1996 ; "Systemskiftets irrgångar", Stockholm, School of Business,

Research Report No. 1.

Stryjan, Y., 1997 ; "Personalkooperativ-bättre än sitt rykte?"/Worker Co-ops-Better than their Reputation? *Förändring och förnyelse*/Change & Renewal ; Stockholm : Föreningen Kooperativa Studier.

Stryjan, Y. & F. Wickström, 1996 ; "Cooperatives and Nonprofits in Swedish Social Welfare", *annals of Public and Cooperative Economy*, v. 67/1.

Ståle, Y., 1995 ; *Insyn eller medverkan? Hur huvudmannashapet påverkar föräldrars val av barnomsorg, trivsel och föräldrarmedverkan*, Stockholm : Socialtjänstens FoU.

Svenska Dagbladet, 1990 ; 05.11, interview with Ulf Laurin, SAF's Chairman ; Selander, 17/5-97, NL, p.1.

Svensson, L., 1986 ; *Grupper och kollektiv-en undersökning av hemtjänstens organisation i två kommuner*. Utredningsrapport nr 2,. Göteborg : Graphic Systems.

Sweden, Ministry of Civil Affairs, 1992 ; "Kommittédirektiv : en konsumentpolitisk översyn", Ministry of Civil Affairs, 1992 : 63, Stockholm.

Széman, Z., 1995 ; "The Role of Non-Governmental Organizations in the Transformation of Hungary", Pestoff, V. (ed.), *Reforming Basic Social Services in Central and East Europe-an Eleven Nation Overview*, Cracow : Cracow Academy of Economics.

Szulkin, R., 1989 ; *Privat eller offentlig? Organisationsstruktur och arbetsförhållanden under olika ägandeformer*. Stockholm : Institutet för social forskning.

Szulkin, R., & M. Tåhlin, 1994 ; "Arbetets utveckling", Fritzell, J. & O. Lundberg (eds), *Vardagens villkor. Levnadsförhållanden i Sverige under tre decennier*, Stockholm : Blombergs, pp. 87-116.

Taylor, M. et al., 1992 ; *Using empowerment in community care : unraveling the issues*, Bristol : School for Advanced Urban Studies, University of Bristol,

Studies in Decentralization and Quasi-Markets, no.11.

Thullberg, P. & K. Östbcrg, 1995 ; *Den svenska modellen*/the Swedish Model ; Stockholm : Raben & Sjögrens förlag.

Titmuss, R.M., 1958 ; *Essays on the "Welfare State"*, London : Allen & Unwin. 谷昌恒訳『福祉国家の理想と現実』東京大学出版会, 1979年。

Titmuss, R.M., 1970 ; *The Gift Relationship*, London : Allen & Unwin.

Titmuss, R.M., 1974 ; *Social Policy. An introduction*, London : Allen & Unwin. 三友雅夫監訳『社会福祉政策』恒星社厚生閣, 1981年。

Truman, D., 1951 & 1971 ; *The Governmental Process*, New York : Knopf.

Turner, B.S., 1986 ; *Citizenship and capitalism : the debate over reformism*, London : Allen & Unwin.

Turner, B.S., 1994 ; "Citizenship", *Citizenship : critical concepts*, Turner, B.T. & P. Hamilton (eds), vol. 1 & 2, London : Routledge.

Turner, G., 1995 ; "Human Resource Financial Accounting–Whim or Wisdom?", Stockholm. Workshop in Human Resource Costing and Accounting.

Tåhlin, M., 1989 ; *Psykosociala arbetsvilkor och nedsatt hälsa i oliko yrkesgrupper i Sverige–en analys på grund av levnadsnivåundersökningen 1981*, Stockholm : Dept. of Sociology.

Tåhlin, M, 1995 ; "Psykosociala faktorer i arbetet", *Arbetsliv och hälsa*, Järvholm, B. (ed.), Stockholm : ASS, ALI & RALF, pp. 34-41.

United Kingdom, Home Oiffce, (1992) ; *The citizen's charter : first report 1992*, Her Majesty's Stationary Office, London, Cm 2101.

Viviani, M., 1995 ; "Tools of co-operative identity–Fixing values in turbulent conditions : the case of Lega delle Cooperative", Manchester : ICA conference paper.

Wagner, J.A., 1994 ; "Participation's Effects on Performance & Satisfaction : a Reconsideration of Research Evidence", *Academy of Management Review*, v.19, no. 2 : 312-30.

Wahlgren, I., 1996 ; *Vem tröstar Ruth? En studie av alternativa driftsformer i hemtfänsten/* Who Comforts Ruth? A Study of Alternative Providers of Home Help Services for the Elderly, Stockholm : Stockholm University, School of Business.

Walden Laing, D. & V. Pestoff, 1997 ; "The Role of Nonprofit Organizations in Managing HIV/AIDS in Sweden", in Marin, B. & P. Kenis, 1997 ; *Managing AIDS : Organizational Responses in Six European Countries*, Aldershot & Brookfield : Ashgate.

Walsh, K., 1995 ; *Public Services and Market Mechanisms : Competition, Contracting and the New Public Management*, London : Macmillan.

Walzer, M., 1990 ; "The Civil Society", Stockholm : Gunnar Myrdal Lecture.

Weisbrod, B.T., 1988 ; *The Nonprofit Economy*, Cambridge, MA & London : Harvard University Press.

Wells, M., 1981 ; "Success in Whose Terms? Evaluations of a Cooperative Farm", *Human Organizations*, v. 40, no. 3 : 239–246.

Westerberg, L., 1992 ; *Föreställningar på Arenan–ett utvecklingsarbete kring eget budgetansvarpd hommunala barnstugor*, Stockholm : Akademitryck.

Wikman, A., 1989 ; *Att beskriva arbetsmiljön med hjälp av surveyfrågor–slutrapport från arbetsmiljöprojektet*, Stockholm : Statistiska Centralbyrån.

Wikman, A., 1991 ; *Att utveckla sociala indikatorer–en surveyansats belyst med exemplet arbetsmiljö*/Developing Social Indicators–A Survey Approach Exemplified by the Working Environment, Stockholm & Örebro : SCB, *Urval 21*.

Wikström, S., 1993 ; "The Customer as Co–Producer", *Studies in Action and Enterprise*, Stockholm : Dept. of Business Administration, 1993 : 1.

Wikström, S., 1996 ; "Value Creation by Company–Consumer Interaction", *Journal of Marketing Management*, v. 12 : 359–374.

William–Olsson, I., 1988 ; *Vilka tar ansvar inom barnomsorgen*, Stockholm : Lärarhögskolan.

Williamson, O., 1985 ; *The Economic Institutions of Capitalism : Firms, Markets and Relational Contracting*, New York : the Free Press.

Williamson, O., 1992, "Institutional Aspects of Economic Reform : the Transaction Cost Economic Perspective", *Transformation Processes in Eastern Europe-Challenges for Socio-economic Theory*, Sem. paper, no. 19, Cracow Academy of Economics.

Wistow, G. & M. Barnes, 1993 ; "User Involvement in Community Care : Origins, Purposes and Applications", in *Journal of Public Administration*, v.71/3.

Young, D.R., 1989 ; "Beyond tax exemption : a focus on organizational performance vs. legal status", in V. A. Hodgkinson, R.W. Lyman & Assocs (eds), *the Future of the Nonprofit Sector* ; San Francisco : Josssey-Bass.

Zadek, S. & R. Evans, 1993 ; *Auditing the Market : A practical approach to Social Auditing*, London : New Economics Foundation.

Zadek, S., 1993 ; "Socializing the Accounting Process", *Social & Environmental Accounting*, v. 13/2.

Zan, S., 1982 ; *La Cooperazione in Italia* (Bari : De Donato coop).

Zan, S., 1988 ; "The Social Responsibility of Consumer Co-operatives", Stockholm : speech delivered at the ICA World Congress.

6, Perri & V. Pestoff, 1994 ; "La recherche sur la troisième secteur en Europe : directions et perspectives", *Revue des Études Coopératives, Mutualistes et Associatives*, no. 47 : 142-57.

索　引

【ア行】

アカウンタビリティ（説明責任）　58, 67, 70-74, 79, 88, 126, 129, 135, 160, 169-171, 180, 287
アフタスクール活動　214, 217, 218
アンハイヤー，H.とナップ，M.　50-51
イギリス労働党政権　7, 30
ウェーバー，M.　195
ウォルドーフ　215, 218
エイブラハムソン，P.　95-96
エージェンシー理論　131-132
エヴァース，A.　47-48, 63
エンホラス，B.　100
オズボーン，S.とリッカー，M.　163
親の研究　34, 213, 221, 222, 293
価値憲章　185-187
外部委託　15, 32, 67, 73, 74, 116, 160, 164, 239, 241

【カ行】

外部社会会計　168, 180-181, 188
カラセック，R.とテオレル，T.　34, 194-195, 198, 200, 202, 208, 210, 253, 254, 289, 299
感情的費用　112
監督費用　104
機会主義　58, 127, 129, 133, 141, 279, 303
ギドロン，B.　58
企業的福祉国家　77-78
協同組合社会サービス　8, 15, 62, 80, 127, 148, 155, 261, 279, 288, 298
協同組合的自主管理　29-30, 67, 127, 279, 287
協同組合の効果性　166-167
協同組合の効率性　184
協同主義　94
協同的民主主義　93

クマール，K.　39, 42-43
クラウセン，K.　49
クレイマー，R.　23-24
グラムシ，A.　41-42
グリンドハイム，J-E.とセレ，P.　48
グレイエール，J.とスターク，A.　169, 180
計画経済モデル　115
経済民主主義　28, 32, 139, 151, 161, 191
決定の自由度　196, 198, 203-204, 210, 253
機能付与モデル　80
交渉経済　4, 45, 114, 127, 287
交渉費用　104
功利主義哲学　195
コントロール　129, 132-137, 155, 195, 197-200, 205-206, 300
国際協同組合同盟（ICA）　142, 143
混合経済　68, 69

【サ行】

サービス基準　72
サービス民主主義　260, 279, 302
サラモン，L.とフォン・オッター，C.　62, 86
参加型国家　82, 83, 259
参加型福祉社会　4, 7, 33, 282, 304, 308
参加型民主主義　180
参加的連帯　76
残余的福祉国家　4, 10, 60, 78
市民憲章　71, 72, 86
社会監査　16, 33, 159, 177-180, 182-184, 191, 202, 242, 289
社会監査運動　160, 174, 188
社会資本　10, 26, 27, 29, 63
社会的アカウンタビリティ　170
社会的価値　24, 25, 65, 169, 285, 286, 307, 310
社会的経済　9, 32, 49, 50, 94

社会的協同組合　145, 146, 188
社会的支援　198-200, 210, 289, 298, 304
社会的市民制度　86
社会秩序　45-47, 60
社会バランス・シート　176-177, 185
社会報告　160-161, 170, 173-174, 177, 183-184, 289
社会民主主義　95, 96
社会民主党　2, 5
自助グループ　24, 50, 91
慈善的連帯　76
職員研究　34, 213, 221-222, 228, 234, 242, 270, 293, 298
職員の影響力　244, 253, 298
準市場　73, 74, 87, 99, 101-105, 117, 127, 279, 287, 306
準市場モデル　80
純粋市場モデル　80
情報の不均衡　99, 100, 102, 118, 125, 127, 128, 132-133, 136, 154, 156, 157, 278, 287, 288, 305
受動的な仕事　197, 229, 295
新自由主義　4, 9, 10, 43, 44, 64, 78, 81, 83, 85, 286, 307
新自由主義モデル　115
新情報技術　121
人的資源会計　174, 175, 177, 184
水平的連帯　76, 287
スウェーデン福祉国家　2, 3, 9, 10, 34, 96, 214, 285
スウェーデン経営者連盟（SAF）　6, 44
スウェーデンの消費者政策　71, 115
スウェーデンの農業政策　115
スウェーデン生協　167
スカンジナビア諸国の労働政策　115
ステイクホルダー協同組合　242, 255
ステイクホルダー理論　131-132
ストリーク, W.とシュミッター, P.　46, 57
スミス, A　195
セイフティネット　1, 4, 6, 14, 44, 64, 306, 312
政治的アカウンタビリティ　172
説明責任→アカウンタビリティ
組織研究　34, 213, 221, 222, 227, 293

【タ行】

第三セクターの失敗　99
高い緊張の仕事　197, 229, 236, 295, 298
単一ステイクホルダー組織　136, 139, 140, 145, 154
地域協同組合支援組織　225
ティトマス, R.　3, 11, 12, 13
テイラー, F.　195
デュルケーム, É.　41, 75
デンマークの年金諸基金　115
デンマークの労働交渉　115
トクヴィル, A. de　41
取引費用　74, 88, 99, 105, 111-113, 125, 140, 156, 278, 287, 306
道具的価値　277, 303

【ナ行】

ニスベット, R.　43
日本の保健医療協同組合　122
ノルウェーの交渉経済　115
ノルウェーの権力構造　68
能動的な仕事　197, 229, 236, 295, 298

【ハ行】

ハーシュマン, A.　20, 106, 107, 109, 111, 117, 125
ハーマン, R.とハイミヴィクス, R.　163, 164
バートレット, W.　106
ハバーマス, J.　13, 14, 44
ハンセン, H.　14
非営利連邦主義　62
ヒルシュ, P.　93, 94
ピーターズ, B.　82
評価基準　161, 179, 184
表現的価値　277, 302, 303
ピオリ, M.とセーブル, C.　192-193
低い緊張の仕事　197, 229, 295

フォーディズム　193
不確実性　279, 281, 302
福祉多元主義　63
福祉トライアングル　47, 48, 60
福祉ミックス　3, 32, 59, 60, 62-64, 305, 306
プットナム, R.　26, 30
普遍的福祉国家　1-5, 11, 30, 35, 43, 59, 64, 76-78, 92
プリンシパルとエージェント　170, 171, 181, 188
ブレイバーマン, H.　192
プレスクール活動　214, 216
フランスのビラン・ソシアル　184
ヘーゲル, G.　42
ベル, D.　192
ベンナー, A.とヴィ・フーイセム, T.　168, 169
ヘンリクセン, L.　40, 44, 49, 55
ベヴァリッジ, W.　1, 13
保育マザー　214
ポランニー, K.　45, 46

【マ行】

マルクス, K.　41, 42
マルティ・ステイクホルダー協同組合　150-153, 242, 255
マルティ・ステイクホルダー社会的企業　135, 136
ミーンズテスト（資産資格検査）　12, 43, 64, 77, 286
メイヤー, M.とツッカー, L.　165
メーラー, T.　107, 108, 117
モンテソーリ　215, 218
モニタリング機関　133
モンドラゴン　146

【ラ・ワ行】

ライブフリード, S.　13
ラヴィユ, J.　46
利潤非分配制約　51, 52, 135
リッカート, R.　89
倫理基準　185-187
レジオ・エミリア　215, 218
労働活動の3つの次元　199
労働者参加　200, 232, 230
労働者所有　20
労働心理的労働環境　3, 8, 33-34, 176, 191, 193-196, 222, 228-230, 233-236, 242, 247, 263, 290, 295, 297, 304
ワイスブロッド, B.　51

執筆・翻訳者一覧

藤田　暁男（ふじた　あきお）　（日本語版への序文，第7章，第8章，第9章，訳者あとがき，索引）
1934年生まれ，金沢大学名誉教授，経済理論・経済システム論専攻。
「新しい社会経済システム論への接近」川口・富沢編『非営利・協同セクターの理論と現実』日本経済評論社，1997年。

川口　清史（かわぐち　きよふみ）　（第1章，第2章）
1945年生まれ，立命館大学政策科学部教授，社会政策・非営利組織論専攻。
『転換期の生活協同組合』（共編）大月書店，1986年。『非営利セクターと協同組合』1994年，日本経済評論社。

石塚　秀雄（いしづか　ひでお）　（第3章，第4章）
1948年生まれ，都留文科大学講師，（財）生協総合研究所客員研究員，欧州社会政策専攻。
『バスク・モンドラゴン』彩流社，1991年。『非営利・協同セクターの理論と現実』（共著）日本経済評論社，1997年。

北島　健一（きたじま　けんいち）　（第5章，第6章）
1955年生まれ，松山大学経済学部教授，サードセクター論専攻。
『社会的経済とは何か』（共訳）日本経済評論社，1996年。

的場　信樹（まとば　のぶき）　（第10章，第11章，参考・引用文献）
1948年生まれ，金沢大学経済学部助教授，生活科学，非営利・協同組織論専攻。
「アメリカのNPOと日本の生協運動――創出される公共性／分化する公共空間――」『生活協同組合研究』財団法人生協総合研究所，1998年。

福祉社会と市民民主主義
――協同組合と社会的企業の役割――

2000年10月15日　第1刷発行

著　者	ビクター・ペストフ
訳　者	藤　田　暁　男
	川　口　清　史
	石　塚　秀　雄
	北　島　健　一
	的　場　信　樹
発行者	栗　原　哲　也

発行所　株式会社　日本経済評論社

〒101-0051　東京都千代田区神田神保町3-2
電話03-3230-1661　FAX 03-3265-2993
E-mail : nikkeihyo@ma4.justnet.ne.jp
URL : http://www.nikkeihyo.co.jp
装丁・大貫デザイン事務所
印刷・シナノ印刷　製本・協栄製本

Ⓒ A. Fujita et.al., 2000　　　　　　　Printed in Japan
落丁本・乱丁本はお取替いたします。

Ⓡ〈日本複写権センター委託出版物〉
本書の全部または一部を無断で複写複製（コピー）することは，著作権法上での例外を除き，禁じられています。本書からの複写を希望される場合は，日本複写権センター（03-3401-2382）にご連絡ください。

G. フォーケ著　中西啓之・菅伸太郎訳 **協同組合セクター論** 四六判　180頁　1800円	資本主義社会のなかで，その欠陥と障害を越える途が協同組合セクター論であり，日本におけるセクター論の研究は，近年活気を増している。本書はその原点をなすものである。　(1991年)
川口清史・富沢賢治編 **福祉社会と非営利・協同セクター** A5判　276頁　3500円	福祉国家から福祉社会へ転換の今日，非営利・協同セクターの概念を再確定し，その組織と運営・機能の実際をヨーロッパ各国からの報告を元に，日本の課題と共に分析する。　(1999年)
W. F. ホワイト，K. K. ホワイト著　佐藤・中川・石塚訳 **モンドラゴンの創造と展開** —スペインの協同組合コミュニティー— A5判　422頁　3800円	スペイン・バスク地方の小都市モンドラゴンに展開するユニークな協同組合複合体の分析。フランコ独裁のなか，その運動がどのように生まれ発展し，今日に至るか。　(1991年)
川口清史著 **非営利セクターと協同組合** A5判　217頁　3000円	国家の失敗と市場の失敗を打開する途として注目される「社会的経済」「非営利セクター」および「アソシエーション」の新しい動き。欧米の現実からその可能性を追求する。　(1994年)
辻村英之著 **南部アフリカの農村協同組合** —構造調整政策下における役割と育成— A5判　274頁　5200円	小農の絶対的貧困の解消に農村協同組合は貢献しうるのか。その場合，どんな育成手段と役割，機能を組合に負わせるのがいいか。80年代後半の事例と現地調査から分析する。　(1999年)
富沢賢治・川口清史編 **非営利・協同セクターの理論と現実** —参加型社会システムを求めて— A5判　350頁　3400円	現在の社会経済システムへの反省から非営利組織がふえ，協同組合・共済組織と共に今後の活動が期待されている。欧米と日本国内の活動状況を分析し論ずる関係者待望のテキスト。　(1997年)
富沢賢治・中川雄一郎・柳沢敏勝編著 **労働者協同組合の新地平** —社会的経済の現代的再生— A5判　325頁　4400円	労働者が自らを雇用し生産活動を行う協同組合。その理念・制度・実態をイギリス，スペイン，イタリアを中心に検証。既存の産業構造のなかでどのように活動しているのか？　(1996年)
CRI・生協労働研究会編 **90年代の生協改革** —コープかながわ・コープしずおかの葛藤— 四六判　256頁　2400円	組織・事業の拡大をはかった多くの生協は，いまその反動により苦境にある。経営危機発生の根本を捉え，組合員・職員・経営者の共同作業による危機克服の方途。　(1997年)
村岡範男著 **ドイツ農村信用組合の成立** —ライファイゼン・システムの軌跡— A5判　280頁　5500円	資本主義経済の進展下，ライン地方における自助・自己責任・自己管理という近代的協同組合の実態をもつ信用組合がいつ，どんな形で誕生したのか。その成立過程を解明する。　(1997年)
J. モロー著　石塚秀雄ほか訳 **社会的経済とは何か** —新自由主義を超えるもの— 四六判　223頁　2500円	協同経済組織に対して，国家と新自由主義が「自由と両立しない」としているが，はたしてそうだろうか。本書は「分権・自発・自助・連携」のための行動と倫理を主張する。　(1996年)
田中秀樹著 **消費者の生協からの転換** 四六判　224頁　2300円	日本も世界も，今までの協同組合の時代が終わり，新しい時代が始まろうとしている。主体と協同の変化に対応した生協運動の構築のために何を志向せねばならないか。　(1998年)

表示価格に消費税は含まれておりません

福祉社会と市民民主主義
協同組合と社会的企業の役割(オンデマンド版)

2007年5月25日 発行

著　者　　ビクター・ペストフ
訳　者　　藤田　曉男
　　　　　川口　清史
　　　　　石塚　秀雄
　　　　　北島　健一
　　　　　的場　信樹
発行者　　栗原　哲也
発行所　　株式会社 日本経済評論社
　　　　　〒101-0051　東京都千代田区神田神保町3-2
　　　　　　電話 03-3230-1661　FAX 03-3265-2993
　　　　　　E-mail: nikkeihy@js7.so-net.ne.jp
　　　　　　URL: http://www.nikkeihyo.co.jp/

印刷・製本　株式会社 デジタルパブリッシングサービス
　　　　　　URL: http://www.d-pub.co.jp/

AE005

乱丁落丁はお取替えいたします。
Printed in Japan
ISBN978-4-8188-1651-0

Ⓡ〈日本複写権センター委託出版物〉
本書の全部または一部を無断で複写複製(コピー)することは、著作権法上での例外を除き、禁じられています。本書からの複写を希望される場合は、日本複写権センター(03-3401-2382)にご連絡ください。